北京地区普惠金融现状及发展研究

主　编◎郝硕博　杨永胜
副主编◎张新福　潘　琍

BEIJING DIQU PUHUI JINRONG XIANZHUANG JI FAZHAN YANJIU

首都经济贸易大学出版社
Capital University of Economics and Business Press
·北 京·

图书在版编目(CIP)数据

北京地区普惠金融现状及发展研究/郝硕博,杨永胜主编. —北京:首都经济贸易大学出版社,2017.9

ISBN 978-7-5638-2636-0

Ⅰ.①北… Ⅱ.①郝… ②杨… Ⅲ.①地方金融事业—经济发展—研究—北京 Ⅳ.①F832.71

中国版本图书馆 CIP 数据核字(2017)第 060196 号

北京地区普惠金融现状及发展研究

主　编　郝硕博　杨永胜

副主编　张新福　潘　琍

责任编辑　群　力

封面设计　砚祥志远·激光照排 TEL: 010-65976003

出版发行　首都经济贸易大学出版社

地　　址　北京市朝阳区红庙(邮编 100026)

电　　话　(010)65976483　65065761　65071505(传真)

网　　址　http://www.sjmcb.com

E-mail　publish@cueb.edu.cn

经　　销　全国新华书店

照　　排　北京砚祥志远激光照排技术有限公司

印　　刷　北京玺诚印务有限公司

开　　本　710 毫米×1000 毫米　1/16

字　　数　326 千字

印　　张　18.25

版　　次　2017 年 9 月第 1 版　2017 年 9 月第 1 次印刷

书　　号　ISBN 978-7-5638-2636-0/F·1462

定　　价　48.00 元

编　委　会

前言

自2005年国际小额信贷年提出普惠金融概念以来，国际上先后成立了普惠金融联盟(Alliance for Financial Inclusion, AFI)、普惠金融专家组(Financial Inclusion Experts Group, FIEG)、全球普惠金融合作伙伴组织(Global Partnership of Financial Inclusion, GPFI)等组织，专注于普惠金融技术、模式的研究和推广。联合国、国际货币基金组织、世界银行等国际组织也通过多种方式来积极推动发展中国家普惠金融活动的展开。2016年G20杭州峰会通过了《G20数字普惠金融高级原则》《G20普惠金融指标体系》(升级版)和《G20中小企业融资行动计划落实框架》。显然，普惠金融对于促进发展中国家弱势群体的脱贫致富既重要又可行，已被国际上各国认可并广泛推动。

1978年改革开放以来，中国经济建设取得了长足的发展，已经成为世界第二大经济体，但中国仍然是一个发展中国家，东西部差距、城乡差距都还很大。根据2014年国家统计局的统计监测公报，我国还有7 017万现行标准下的贫困人口，弱势群体的脱贫、致富、创业等问题仍是当前发展的重要问题。因此，普惠金融概念自2005年引入中国后，迅速得到认可，频繁见诸政府文件。2013年十八届三中全会提出“发展普惠金融，鼓励金融创新，丰富金融市场层次和产品”；2015年政府工作报告中提出“大力发展普惠金融，让所有市场主体都能分享金融服务的雨露甘霖”；2015年年底，国务院印发《推进普惠金融发展规划(2016—2020年)》，全面阐述普惠金融体系建设的原则、内容以及组织实施等，普惠金融成为解决弱势群体发展的重要支撑。

发展普惠金融是一项系统工程。项目组从金融的本质出发，结合普惠的特性，明确了成本可负担和商业可持续两大原则、弱势群体是普惠金融主要对象、解决融资是普惠金融的核心问题等关键理念，构建了由普惠金融对象、金融机构、服务产品、服务渠道、金融模式、相关政策、技术水平和金融环境8个要素组成的普惠金融体系框架，以此作为普惠金融课题研究的基础框架。

北京占据首都之利，无论经济发展水平还是金融发展水平都位居全国前列，发展普惠金融的目标集中在致富和创业支持方面，解决“三农”、小微企业、创业企业融资难是其核心。从普惠金融对象看，北京小微企业、个体工商户的数量呈逐年下降趋势；从金融机构数量看，银行和保险占据了77%，作为有益补充的新型金融机构占14%，数字金融机构占6%，在乡镇一级，金融机构虽有覆盖，但数量很少；从融资情况看，北京地区社会融资总量占全国的10%左右，小微贷款、“三农”贷款和个人贷款都呈上涨趋势，但“三农”贷款占比呈下降之势，小微贷款户均贷款余额超过500万元，显示其覆盖上还存在明显不足，个人贷款具有较强的消费属性；从理财投资情况看，北京居民财富总额占全国的10%左右，居民风险偏好明显高于全国平均水平，基金占比高达41%，几乎是全国平均水平的两倍；从保险产品看，保险产品以人身险和财险为主，农业保障险和信用保证险业务规模不大，对农业风险保障和小微企业贷款的支持力度仍有很大提升空间；从支付产品看，北京地区形成了由金融机构网点、ATM、POS和互联网组成的四级支付服务体系，基本达到支付服务的物理全覆盖；从产品创新看，涉农产品主要集中在农信社、农行、工行、邮储等银行，很多股份制银行没有涉农产品，是由于银行本身发展的小微企业贷款产品较多，因此政策性保险和信用保证保险呈现推广不足、规模不大的现象；从政策层面看，在普惠金融概念出现前，针对“小额贷款”的贴息政策就已经开始实施，支持方式既有财政补贴、税收优惠、奖金奖励，也有降低金融机构普惠金融业务的不良率、不良资产核销监管指标要求等措施；从消费者保护和教育看，“一部三局”等监管部门，都设立了投诉通道，并采用多种多样的形式进行普惠金融教育。

北京地区普惠金融发展也存在一定不足，表现为：普惠金融对象没有根据北京地区经济发展水平做出清晰界定；普惠金融政策相对宽泛，多从鼓励和支持的角度着眼；新型金融机构管制仍较严，部分类型金融机构增长缓慢，甚至多年未增加审批准入，能够下沉的小型、微型金融机构明显不足；数字金融对普惠金融发展的推动得到认可，但在金融稳定压力下，互联网金融又受到严格监管；从产品服务看，“三农”、小微、创业企业等弱势群体融资难依然是普惠金融面临的核心问题,理财产品则需要增加不同风险类型产品的供给,保险产品更需要加强农业保险、信用保证保险的推广;普惠金融涉及部门众多,部门间的协调存在难度;普惠金融对象往往缺少征信记录,摆脱以贷款记录为核心的征信信息约束是征信体系完善的方向;非法集资、金融诈骗、投资亏损等一直是金融消费者面临的投资风险,监管机构既要加强对消费者的事前金融知识教育,也要完善事后救济措施,维护消费者权益。

基于北京地区普惠金融的发展现状,项目组提出以下建议:一是建立由金融局牵头的地方普惠金融实施组织机构;二是明确界定普惠金融对象的标准;三是对金融机构"管放"结合,在放松准入的同时加强监管,构建完善的金融机构服务体系,为金融创新留出适当空间,更好地为不同经济群体、不同经济层次、不同产业、不同领域以及不同金融投资者和消费者提供金融服务;四是鼓励针对弱势群体、金融技术的产品创新;五是做好财政资源的匡算,搭建合理的财税支持框架,提高财政资金使用的精准性和有效性;六是为普惠金融提供一个相对宽松的金融监管环境;七是组织全面、系统、多层次的消费者教育,将风险防范于未然;八是建立"人人有征信"的征信体系,利用支付、资产、违法、违章等多方面信息完善征信体系;九是按照"互联网+金融监管"的思路进行监管创新;十是完善数据的采集、加工和发布流程,提高普惠金融数据的可获得性和及时性。

本课题由北京市金融发展促进中心与互联网普惠金融研究院共同完成。为落实《国务院关于印发推进普惠金融发展规划(2016—2020)的通知》等相关文件精神,推进北京地区普惠金融发展,课题组通过深入的普惠金融相关调研,梳理分析北京地区普惠金融发展现状及存在的问题,在此基础上较系统地构建了普惠金融发展框架,提出促进北京地区普惠金融发展的方向、重点、路径及政策建议等。

最后,感谢中国人民银行、中国民生银行、包商银行和中国小额信贷联盟等部门和机构对于本课题在数据收集、调研访谈中的大力支持。在本课题研究过程中,对数据的收集和处理难免有不完全和疏漏之处,不足之处恳请广大读者批评指正。

2017 年 1 月

目录

第一章
普惠金融的发展历程与典型模式

一、普惠金融的起源与发展

（一）国外普惠金融的发展

普惠金融一词诞生于21世纪，最早用于联合国2005小额贷款年宣传，随后被联合国和世界银行大力推行，旨在强调金融的服务对象并不是单一的，呼吁各国关注以往未能便捷享有金融服务的人群。国外普惠金融的发展大致可以分为以下三个阶段。

1. 小额贷款阶段

普惠金融概念产生于2005年，但普惠金融的实践却源远流长，国外早在15世纪，政府及宗教社会团体就已开始探索为贫困者扩展提供金融服务渠道，比如意大利修道士通过开展信贷业务来抑制高利贷的利率，欧洲和日本的邮政系统与邮政金融服务成为储蓄和支付服务的主要提供者。

普惠金融真正发挥其帮助弱势群体脱贫、致富的作用，则是伴随着近现代银行的出现和发展而不断增强的，并以现代小额信贷、微型信贷作为其典型模式。1970年左右，现代小额信贷在孟加拉、印尼、巴西等国开始出现。穆罕默德·尤努斯在孟加拉创办的格莱珉银行、印度尼西亚人民银行（BRI）的村行系统，都是小额信贷支持贫困人口、农民等弱势群体脱贫致富的重要实践，并取得了良好的效果，尤努斯也因此获得2006年诺贝尔和平奖。

普惠金融发展的几十年间，涌现出很多成功的普惠金融模式，对普惠金融实践和创新进行了大量探索。比如，孟加拉国的格莱珉银行、印度尼西亚村行系统、肯尼亚手机银行、玻利维亚阳光银行、巴西无网店银行、美国社区银行模式等。这些模式通过金融服务对象、金融服务渠道和服务模式等方面创新，为更多的人尤其是贫困人口提供微型贷款、金融基础服务等，以达到普惠金融的核心目标，解决贫困地区金融需求无法满足的问题。

小额贷款阶段，属于朴素的普惠金融实践阶段，该阶段的普惠金融实践有两个典型的特征：一是普惠金融的内涵以小额信贷为核心，探索通过贷款改善穷人、农民等弱势群体的经济状况，实现脱贫、致富等目标；二是各国的普惠金融实践相对割裂，普惠金融的概念、技术、实践之间交流相对较少。几十年的普惠金融实践取得的巨大成就之一，是证明了贫困者也有信用水平，普惠金融可以承担相对较高的利率水平，从而实现商业可持续。

2. 普惠金融阶段

1990 年后，普惠金融的概念由“小额信贷”向“微型金融”演变，不仅向低收入客户提供贷款，更可以提供多元化的金融服务，包括借贷、储蓄、保险以及转账等，为弱势群体提供多元化金融服务。

世界银行扶贫协商小组（CGAP）最早提出并探索普惠金融体系的相关问题，旨在促进建设为包括贫困人群在内的所有人群提供所需金融产品和服务的普惠金融体系，让全部人群尤其是贫困人群拥有公平的金融权利，让金融发展红利惠及全体社会。CGAP 发布了《Access for All：Building Inclusive Financial Systems》，对普惠金融体系、小额信贷（发展、要求、服务目标）进行了阐述。

联合国在 2005 年国际小额信贷年提出“建设普惠金融体系”的概念，并开始立项专门分析实现普惠金融的障碍。2005 年 9 月的联合国世界首脑会议达成共识，认为让贫困者获得金融服务尤为必要，包括获得微型金融和小额信贷，通过资助分散的微型金融机构和金融创新向建立普惠金融体系转变，这意味着融入了更加广泛的金融体系。

2005 年联合国“小额信贷年”是普惠金融领域的重大事件，是普惠金融发展过程中的一个重大分水岭。首先是提出了普惠金融的概念，将普惠金融的产品范围由信贷拓展到了支付、理财、保险、证券等全面金融服务的范畴。其次是普惠金融的国际合作蓬勃发展。2008 年 9 月成立了普惠金融联盟

（Alliance for Financial Inclusion，AFI），旨在提供资金、技术、物流等方面的支持以及建立经验、研究成果等信息的共享平台，其成员有包括亚非拉 60 多个发展中国家的央行或相关政策制定机构；2009 年 9 月成立普惠金融专家组（Financial Inclusion Experts Group，FIEG），旨在帮助创造一个既有利于促进普惠金融创新，又能维护金融稳定以及消费者利益的政策和监管环境，并为政策制定者在制定本国政策时提供参考意见；2010 年 12 月成立全球普惠金融合作伙伴组织（Global Partnership of Financial Inclusion，GPFI），致力于提供一个高效的信息共享机制，协调各种为普惠金融所做的努力，并调动所需的金融支持，推动全球普惠金融的发展。最后是探索建立普惠金融发展指标，为各国普惠金融发展提供技术标准。

（1）GPFI 提出了 3 大类 29 项的评价体系，包括以下几个方面。

• 使用情况：成年人账户、存款、贷款和保险保有量情况，使用非现金交易、移动设备支付、侨汇、高频账户使用和储蓄倾向等情况，中小企业账户、存款、未偿贷款等，

• 可获得性：服务网点数量、电子资金账户数量和服务网点互通情况等。

• 服务质量：金融服务的质量包括金融知识、金融行为、信息披露要求、纠纷解决机制、使用成本和贷款障碍等。

（2）世界银行提出了 5 大类 474 项的评价体系，包括以下几个方面。

• 账户：细分为银行账户、借记卡、贷记卡、手机账户、存取情况、存取途径。

• 储蓄：细分为储蓄机构、储蓄目的等。

• 借款：细分为借款余额、借款机构、借款目的等。

• 支付：细分为支付手段、支付用途、收款方式、收款来源、侨汇等。

• 应急：细分为筹集应急基金的可能性和应急基金的资金来源等。

（3）IMF 提出了 3 大类 242 项的评价体系，包括以下几个方面。

• 综合指标：包括人口数、存款需求、国土面积和 GDP 等。

• 可获得性：细分为金融机构、金融机构分支机构、ATM 和移动货币代理网点的总数、单位面积数和人均数。

• 使用情况：细分为储蓄、贷款、保险和移动货币的人数、账户数、余额等。

在普惠金融阶段，普惠金融的模式得到了全面总结，并在全世界范围推广，国际上对普惠金融技术、政策、模式和评价体系的交流得到了空前的发展，特别是在国际货币基金组织（International Monetary Fund，IMF）、世界银行和20国集团（G20）等层面，发达国家在对普惠金融的支持方面做出了很大的探索和贡献，普惠金融的发展进入到最好的时期。

3. 数字普惠金融阶段

数字普惠金融将大数据、云计算以及移动互联网等数字技术应用到普惠金融领域，能显著提升普惠金融的获得性，有效扩大金融服务的覆盖面。随着近现代科技不断发展，普惠金融不断演变。信息技术的应用给普惠金融带来新的变化：从公益活动到建立了可持续的商业模式；从局部地区到世界范围；从小微贷款到整个普惠金融体系；从人工实现到数字技术实现。数字技术的发展实际上让普惠金融跃升到了“数字普惠时代”。

2016年3月，全球普惠金融合作伙伴组织（GPFI）通过了2016GPFI白皮书《全球金融业标准制定机构和普惠金融：演变中的格局》，旨在提升人们对于演变中的格局意识，报告全球金融业标准制定机构及其他全球性机构目前正在开展的工作，推动普惠金融目标融入能有效实施的国家层面的标准和指南。

于2016年9月召开的二十国集团（G20）领导人峰会上，数字普惠金融广泛进入大众视野，“数字普惠”成为备受各界瞩目的热词。会议通过了由普惠金融全球合作伙伴组织制定的数字普惠金融高级原则，并鼓励各国在制定其更广泛的普惠金融计划时考虑这些原则，特别是数字普惠金融领域的技术。促进数字金融成为推动包容性金融体系的发展重点，利用手机银行、数字征信、大数据、人工智能身份识别、区块链等技术，在金融基础设施、消费者保护、数据的收集分析、风险识别等方面，提高金融的可得性、有效性和可负担性，同时推动普惠金融的发展与监管升级。

从发展阶段来看，数字普惠金融的概念经过了从互联网金融到金融科技、最后到数字普惠金融的演变。国内外针对数字普惠金融的研究极少，从互联网金融到数字普惠金融，二者内容上有些微差异，但数字技术在普惠金融发展中凸显出越来越强的作用趋势。随着这一内涵的不断发展，数字普惠金融的概念得到进一步强化，移动通讯、云计算和数字技术在普惠金融中的作用越来越重要，逐步体现出普惠金融的可获得性更高、覆盖范围更广、金融成本更低三大特征。

（二）国内普惠金融的发展

中国作为有着五千年文明的东方古国，其普惠金融的理念比西方足足早了500年，甚至已有了相关的律法规定。比如，北宋年间王安石变法推出“青苗法”，就改变了旧有常平仓制度的“遇贵量减市价粜，遇贱量增市价籴”的呆板做法。主要举措是灵活地将常平仓、广惠仓的储粮折算为本钱，以20%的利率贷给农民、城市手工业者，以缓和民间高利贷盘剥的现象，同时增加政府的财政收入，达到“民不加赋而国用足”，改善了北宋“积贫”的现象。

为解决中小企业融资难和农村金融扶贫等问题，普惠金融作为一种理念被引入中国。

从2005年开始，联合国开发计划署与商务部国际经济技术交流中心、中国人民银行、国家开发银行、哈尔滨银行及包商银行合作，开展了“建设中国普惠金融体系”项目。项目内容为普惠金融政策研究，由中国人民银行主导，由中国人民银行研究局焦谨璞副局长为项目主任，并翻译出版了联合国《普惠金融体系蓝皮书》。

2006年3月，中国人民银行研究局焦谨璞副局长在北京召开的亚洲小额信贷论坛上，正式使用了这个概念。

2012年6月19日，原国家主席胡锦涛在墨西哥举办的20国集团峰会上指出：“普惠金融问题本质上是发展问题，希望各国加强沟通和合作，提高各国消费者保护水平，共同建立一个惠及所有国家和民众的金融体系，确保各国特别是发展中国家民众享有现代、安全、便捷的金融服务”。

2013年11月，中国共产党第十八届中央委员会第三次全体会议通过《中共中央关于全面深化改革若干重大问题的决定》，正式提出“发展普惠金融，鼓励金融创新，丰富金融市场层次和产品”。

2016年1月，国务院印发《推进普惠金融发展规划（2016—2020年）》，首次从国家层面确立普惠金融的实施战略。从国家层面确立普惠金融的原则、任务和服务群体。原则是希望普惠金融有可持续的发展；任务是希望有可负担的成本支持发展；服务群体也作了清晰的界定。体现了普惠金融发展的重要性。

过去几年中，政府多次制定并出台支持小微企业发展的相关政策和意见。2014 年 3 月，人民银行下发《关于开办支小再贷款支持扩大小微企业信贷投放的通知》，设立支小再贷款，全国支小再贷款额度达 500 亿元。

2014 年 6 月 9 日，人民银行决定自 2014 年 6 月 16 日起，对于对符合审慎经营要求且“三农”和小微企业贷款达到一定比例的商业银行下调人民币存款准备金率 0.5 个百分点。

2014 年 7 月 23 日，银监会下发《关于完善和创新小微企业贷款服务提高小微企业金融服务水平的通知》，推动完善小微企业金融服务，降低小微企业融资成本；证监会提出资本市场支持小微企业十条建议，其中包括扩大公司债券范围。

2014 年 10 月，财政部和国家税务总局联合发布《关于金融机构与小型微型企业签订借款合同免征印花税的通知》，提出自 2014 年 11 月 1 日至 2017 年 12 月 31 日，对金融机构与小型、微型企业签订的借款合同免征印花税。

2015 年 1 月，保监会、工信部、商务部、人民银行、银监会联合发布《关于大力发展信用保证保险服务和支持小微企业的指导意见》，鼓励保险公司与银行合作，提供更加灵活的带宽保证保险产品。

2015 年 3 月，银监会发布《关于 2015 年小微企业金融服务工作的指导意见》，指导明确提出银行业小微企业金融服务工作目标“三个不低于”，即在有效提高贷款增量的基础上，努力实现小微企业贷款增速不低于各项贷款平均增速，小微企业贷款户数不低于上年同期户数，小微企业申贷获得率不低于上年同期水平。

2015 年 8 月，国务院决定自 2015 年 10 月 1 日起到 2017 年年底，依法减半征收企业所得税，小微企业范围应交所得税额扩大至 30 万元以内（含 30 万元）；同时将月销售额 2 万元至 3 万元的小微企业、个体工商户和其他个人免征增值税、营业税的优惠政策执行期限，由 2016 年年底延长至 2017 年年底。

在金融扶贫的优惠政策方面，2016 年 3 月人民银行、发展改革委、财政部、银监会、证监会、保监会、扶贫办联合印发《关于金融助推脱贫攻坚的实施意见》。在普惠金融发展方面，《意见》提出鼓励探索利用移动支付等新兴支付手段促进贫困地区支付服务市场发展，鼓励发放无抵押、免担保的扶贫补贴贷款和小额信用贷款；金融机构要加大对贫困地区发行地方政府债券置换存量债务的支持力度，稳步化解贫困地区政府债务风险；对不良贷款比率实行差异化考核，适当提高贫困地区不良贷款容忍度；建立和完善脱贫攻坚金融服务专项统计监测制度。

2016 年 3 月 25 日，人民银行决定成立扶贫再贷款，专项用于支持贫困地区地方法人金融机构扩大涉农信贷投放。扶贫再贷款具备两个主要特点：实行更加优惠的利率，利率在正常支农再贷款利率上下调 1 个百分点；累计展期次数可达到 4 次，实际期限可达 5 年。

在涉农贷款方面，2015 年 6 月 11 日，财政部国家税务总局下发通知，要求自 2015 年 5 月 1 日至 2015 年 12 月 31 日，对中国农业银行纳入“三农金融事业部”改革试点的各省、自治区、直辖市、计划单列市分行下辖的县域支行和新疆生产建设兵团分行下辖的县域支行（也称县事业部），将提供农户贷款以及农村企业和农村各类组织贷款取得的利息收入减按 3% 的税率征收营业税。

2016 年 1 月 18 日，财政部国家税务总局下发通知自 2016 年 1 月 1 日至 2018 年 12 月 31 日，对中国农业发展银行总行及其各分支机构提供涉农贷款取得的利息收入减按 3% 的税率征收营业税。

2016 年 6 月 23 日，财政部会同农业部制定了《农业支持保护补贴资金管理办法》，办法明确规定用于粮食适度规模经营的资金可以采取贷款贴息、重大技术推广和服务补助方式进行支持；同时在近几年，资金将重点用于支持建立完善的农业信贷担保体系。

二、国内外普惠金融典型模式综述

（一）国外典型模式与特征

国外在普惠金融领域有很多尝试，在普惠金融的服务对象、渠道、产品、教育和保护等各个层面的创新模式上都做出了大量的探索。这些新模式的探索实践能够为我国普惠金融发展提供大量的宝贵经验。

根据定位环节的不同，国外领先的普惠金融创新模式可以分为四类：一是普惠金融服务对象创新，即针对某些以往未能覆盖的特定人群，比如孟加拉国的格莱珉银行、印尼的村行系统，针对穆斯林女性的妇女银行，以及针对本地客户融资服务的美国社区银行等；二是普惠金融渠道创新，例如可解决偏远地区金融分支机构设立难题的巴西代理银行模式、针对金融机构普及度低的肯尼亚手机银行等；三是普惠金融教育与保护，例如俄罗斯与秘鲁的普惠金融与消费者保护计划、印度储备银行的金融普及活动；四是普惠金融产品服务创新，例如德国的IPC小微贷款技术、美国的FICO评分体系。

1. 普惠金融服务对象创新

（1）格莱珉模式。具体内容如下。

①模式源起。格莱珉银行是诺贝尔和平奖获得者、小额信贷之父穆罕默德·尤努斯在孟加拉国创建的一种乡村银行模式。格莱珉银行为穷人提供微型贷款，帮助穷人实现自我雇佣，从而创造就业，消灭贫困。

②突出亮点。定位无抵押担保的贫困人群阶层，可持续金融扶贫，通过制度设计解决信用问题。

③服务对象。赤贫阶层（包括乞丐）、妇女。

④业务模式。格莱珉模式创立了贷款小组这一核心机制，辅以联系人制度、顺序放贷、分期还款等制度，要求借款人整借零还、按周还贷。具体内容包括以下几方面：

- “五人小组+贷款中心”的激励机制。格莱珉银行要求每一个贷款申请人加入一个由相似社会背景、相似贷款目的贷款人组成的五人小组，并要求绝大部分为女性，形成最基本的内部激励单位，随后若干个五人小组组成一个贷款中心。五人小组的核心作用是形成一种团队激励机制，格莱珉银行通过这一激励机制代替传统抵质押物担保的贷款制度。在五人小组中，每一代理人既是监督人，也是其他代理人的被监督人，不同的小组之间也同时兼具监督人和被监督人的功能，从而实现用代理人监督代理人的目的。

- 联系人制度。在格莱珉模式中，每个小组的组长和秘书以及每个贷款中心选出的主任和助理主任作为联系人，与银行保持联系，并且组织召开中心会议；组长和秘书负责推荐每个成员的贷款提议，并确保贷款被适当利用和准时还贷；中心主任负责管理每周中心会议，并协助银行工作者（或银行助理）收取每周还款、每周存款和解释银行的规章。格莱珉银行通过联系人制度来确保成员间信息的同质性，通过定期会议制度来督促小组成员按期还款，出现任何问题都将使小组所有成员失去享受银行服务来改善经济状况的资格。

●顺序放贷。格莱珉银行采取 2－2－1 顺序放款，小组中先选出两名成员获得银行贷款，后两名成员能否获得贷款将取决于前两名成员的还款情况。小组组长最后获得贷款，同时承担监督还款的职责，通过这种模式，小组组长实际上起到风险控制的作用。

●分期还款。格莱珉发放的贷款为期限一年、按周分期偿付的微型贷款。借款人必须在一年内还清贷款，才有资格获取下一笔贷款，银行对贷款人进行长期贷款扶持，一直到其脱贫为止。

⑤成果。截至 2015 年底，格莱珉银行已经建立 1 277 个分行，覆盖孟加拉 46620 个村庄，累计中已经有 58% 的借款人通过格莱珉银行的金融服务脱离了贫困线，借款人中 96% 是农村妇女，还款率达 99%。格莱珉银行在 30 年运营期间维持盈利。

⑥模式评价。格莱珉模式有这样几个特点：一是改变小组成员的人生理念。格莱珉银行完全超出了金融服务的范畴，格莱珉银行的“十六条决议”从朴素的层面，引导小组成员形成正确的人生观、世界观，培养其积极向上的生活理念。二是将妇女定位为服务对象。贫困地区的妇女具有勤劳的本质，具有劳动的能力和意愿；基于照顾贫困家庭的母性，具有很强的韧性；与男人相比，妇女更少有赌博等劣习；但与此同时又缺少借款渠道和借款意愿。三是借款用途是自雇式生产。格莱珉银行通过给予妇女必要的生产资料贷款，让妇女建立起自雇式家庭生产，从而实现脱贫目的。四是改变穷人信用低的理念。家庭自雇式生产不会过多地考虑劳动力成本等问题，每天收入剔除原材料和利息后有剩余就算盈利。五是可以维持较高的利率。自雇式家庭式生产剔除原材料、利息后有剩余就算盈利，劳动力报酬是收入中重要的组成部分。从实践看，格莱珉银行的客户可以容忍 10% 以上的利率水平。六是有效解决普惠金融运行机制问题。格莱珉银行的运行机制可操作性强，一切要求都力求简单，充分体现了务实和以人为本的精神。五人小组针对信息不对称问题，通过成员筛选确保小组内的信息同质，并将监督的职责内化，节省了监督成本。

（2）印尼微型金融。具体内容如下。

①模式源起。印尼政府自 20 世纪 80 年代开始主导印尼的普惠金融发展，并承诺增强金融包容性，属于普惠金融的典型模式。

②突出亮点。改革金融机构，创新金融政策，为农村区域的贫困人士提供基本金融服务，大大增加贫困人士获取普惠金融基本服务的机会。

③服务对象。农村贫困人口。

④业务模式。发展众多微型金融机构，种类包括：商业银行、农村银行、合作社、信用社、国有开发银行以及国有典当行等机构。印度尼西亚各级政府均投资设立微型金融机构。具体内容包括以下几方面：

• 重视对金融消费者的保护与扶持。印尼央行设立了“消费者保护委员会”，并成立金融调解机构，建立消费者投诉机制，促进金融产品信息透明化和消费者教育，以加强金融消费者的保护。

• 推动小额贷款发展。印尼政府在促进小额贷款发展方面发挥重要作用。印尼政府建立了多层次、不同投资形式的小额贷款，村信用机构（LDKP）、乡信贷组织（BKK）、村庄信贷社（LPD）均是基于地方政府规章制度建立的小额贷款。政府通过小额信贷机构引导了许多政府项目，通过补助性项目鼓励可持续小额信贷机构的发展。

• 完善村行系统。印度尼西亚人民银行（BRI）建立了完善的村行系统。BRI 的村行是一种建立在乡镇并高度自治的机构，各村行经理拥有贷款决定权。村行的工作站负责吸收储蓄和回收贷款。支行的功能是监督和监测村行，并且为村行处理问题提供支持。分行对支行实施领导、检查职能，并充当支行与分行之间的信息中介。通过权力下放能够显著提高运行效率。总部主要负责村行系统的开发、运行、控制。村行系统的核心业务是以盈利为核心的商业化小额贷款，业务开展以客户的需要为出发点，其显著的特征是简单易行、权力下放、效率高、业务透明、标准化管理。村行的主要业务包括面向个人的、不低于借款等额担保或抵押的普通农业贷款；银行为农户提供可以随时提取的储蓄业务；BRI 还设计了一款面向联保小组的小额信贷产品，产品主要针对无地者、农业劳动者、小养殖户、边缘小农等，贷款额度由小组还款能力、实际用途所确定，贷款利率最高可上浮至 22.5%，还款周期可以根据实际灵活确定。村行建立了一套有效的安全保障激励机制，以应对小额信贷产品的客户缺乏担保抵押品的情况。

⑤成果。目前印度尼西亚已经建立了超过 5 万家小额信贷机构，形式多样，既包括传统商业银行、农村银行，也包括合作社、典当行、信贷联盟等

创新性组织。商业银行的典型是 BRI，其在全国设立了超过 4000 家网点，已经为 310 万借款人提供了小额信贷业务。

⑥模式点评。印尼微型金融有这样几个特点：一是政府在普惠金融中处于主导地位。各级政府都参与投资微型金融机构，印尼形成多类型、多层次的普惠金融服务体系。二是 BRI 村行系统不限定服务对象。BRI 村行系统发放的贷款不局限于特定群体或者行业，BRI 村行为所有信誉良好的客户提供贷款。三是 BRI 实现普惠金融的可持续性。BRI 村行系统是商业化的金融机构，其贷款的利息收入能够覆盖所有成本，包括资本金成本、管理成本以及必要的利润回报等，不依赖于外部补助。村行系统营业点设立在社区的商业中心，可以为更多的人提供便利的金融服务。四是 BRI 实施扁平化运行，大幅降低运行成本。分行以上机构的员工占工作人员总数不到 1.1%，从事业务和行政管理工作的只占 0.6%。分行以上机构负责检查管理，总部的村行发展部负责开发、运行和控制村行系统，这反映了村行系统的权力下放和一线业务人员的首要地位。扁平化的管理模式使得 BRI 的分支机构遍布各乡村。

（3）阿拉伯妇女银行。具体内容如下。

①模式源起。20 世纪以来，石油开发为阿拉伯地区带来了庞大财富，尤其是沙特地区，经济快速增长，同时随着阿拉伯妇女受教育程度提高，其投资理财意识和需求不断增强，但在这一地区，沙特妇女不能随意进出普通银行，因此为妇女提供便捷金融服务的妇女银行应运而生。

②突出亮点。满足穆斯林女性日益增长的金融业务需求。

③服务对象。中东妇女群体。

④业务模式。以金融回报和社会进步为双重目标，为妇女提供信用贷款、储蓄存款等储蓄产品以及保险等金融产品，为阿拉伯地区的妇女提供全方位金融服务并抵御风险。

⑤成果。起源于沙特的妇女银行，目前已经在中东地区大量出现。

⑥模式点评。妇女银行特点有这样几个方面：一是提高特定人群的金融服务水平。因为宗教信仰和行为习惯问题，沙特妇女不能随意进出普通银行，妇女专属银行的设立，极大提高了妇女享受的金融服务水平。二是阿拉伯妇女银行更重视全面的金融服务。与其他的普惠金融模式重视扶贫不同，阿拉伯妇女银行能为妇女提供财富管理、支付结算和贷款融资等全方位服务。三

是阿拉伯妇女银行是商业驱动的。阿拉伯妇女银行的设立是金融家开发潜在客户的产物，而不是公益性质的普惠金融。

（4）美国社区银行模式。具体内容如下。

①模式源起。社区银行是美国一种典型的金融模式，一般将资产规模小、为本地中小企业和居民家庭提供金融服务的地方性小型商业银行定义为社区银行。“社区”是一个很宽泛的概念，一个省、一个市，或者城乡居民的聚居区域，都可以看做一个社区。美国社区银行的资产规模一般在 10 亿美元以下，不跨区经营，主要为当地的居民、中小企业提供贷款和存款服务。

②突出亮点。以社区为基础开展金融服务。

③服务对象。社区人群。

④业务模式。业务模式有以下几种：

• 定位当地居民、农户和中小企业。差异化的定位使得社区银行在不被传统金融机构重视的中小企业和居民用户领域有着很强的核心竞争力，能够集中优质资源，为客户提供优质、便捷的金融服务，进而提升在该领域的竞争优势。

• 产品服务定位清晰。围绕目标客户的金融需求和社区特点设计金融产品和服务，提高风险管控能力，实现金融服务的个性化、精细化。

• 全面融入社区。社区银行的金融服务是以社区的企业和居民经济行为为基础开展的，除了满足社区居民在就业、创业、投资和财富管理等方面的需求，还参与整个社区建设，比如征信体系建设等，进而真正成为社区的成员。

⑤成果。美国共有大约 8 000 家社区银行，遍布 43 000 个地区，其中北部占 24%，中西部占 20%，东南部占 20%，西南部占 16%，西部占 10%，东北部占 10%。社区银行资产占美国整个银行体系资产的 21%，但是在中小企业贷款总额中的占比达到 58%。

⑥模式点评。美国社区银行的特点有这样几个方面：一是美国社区银行是制度产物。美国各州的金融体系相对独立，金融机构的设立由当地法律决定，有些州不允许跨州经营，有些州只允许在每个城市经营，从而形成了美国数量众多的社区银行。二是社区银行提供更贴身的金融服务。因为与社区人群深度接触，社区银行能为客户提供更全面、更适合的金融服务，同时能够维持机构和客户之间良好的合作关系。三是社区银行能够更好地控制风险。

对微型客户，没有比熟悉客户更好的风控手段，深度参与社区，获取更多贷款软信息，提高运营效率，能够有效降低贷款风险，减少银行坏账。

2. 普惠金融渠道创新

（1）肯尼亚手机银行。具体内容如下。

①模式源起。根据 IMF 报告显示，肯尼亚人口 4 000 万，人均收入 475 美元，手机用户 2 500 万人，手机普及率超过 50%，但是因为银行基础设施匮乏，其银行账户普及率很低。针对手机普及率远远高于银行账户普及率的情况，肯尼亚手机运营商 Safaricom 推出了 M－PESA 手机银行系统，能够实现汇款、转账、查询等一系列金融服务。

②突出亮点。解决肯尼亚尤其是其偏远地区基础设施落后、金融服务缺失的问题。

③服务对象。贫困偏远地区银行机构不能覆盖的人群。

④业务模式。具体有以下几方面特点：

• 移动银行服务（M－PESA）由肯尼亚运营商 Safaricom 公司后台支持系统、手机客户端、代理商网点组成。Safaricom 后台支持系统的主要功能是保证在线操作和交易的完成；手机客户端为客户提供操作界面；代理商网点帮助客户完成注册、现金存取和其他金融业务。

• M－PESA 由运营商主导，采取代理商模式扩展整个渠道网络。代理商是现实金融体系和虚拟货币体系的结合点，是整个网络中的关键节点，能够帮助客户完成现金的存取。以汇款业务为例，客户在代理网点将现金存入 M－PESA账户，然后通过手机短信将款项汇给他人，收款人凭借短信和身份信息到附近的代理网点提取现金。M－PESA 的业务功能见表 1－1。

表 1－1　M－PESA 业务功能

业务名称	描述
存取款	实现现金到 M－PESA 虚拟电子货币的相互转换，并通过和银行合作，支持 ATM 的无卡手机取现
汇款	通过手机汇款到 M－PESA 的注册或者非注册客户。若收款人为注册客户，汇款金额直接转入其 M－PESA 账户中；非注册客户的收款人会通过手机 SMS 短信得到一个密码，收款人可以凭借该密码和身份证件到任何 M－PESA 网点取现

续表

业务名称	描述
支付	与众多肯尼亚商户合作，实现网上交学费、服务费等
批量支付	面向公司客户提供的批量代收代付的服务
移动票务 (M - TICKETING)	一种预约服务，客户在 M - PESA 代理商网点预订酒店等服务，客户用手机完成预约支付后，通过电子签收信息在代理商网点申请服务的 ticket 凭证，然后通过 ticket 凭证享受预定的服务
购物	在超市、卖场、零售店等实现支付完成商品购物
M - KESHO Safaricom	和 Equity 银行联合推出的产品，允许客户通过手机直接使用银行的账户进行汇款、支付等业务
手机充值	直接对 Safaricom 手机进行充值
个人账户管理	账户查询、密码修改、语言设定、软件更新等 M - PESA 个人管理功能

• 肯尼亚央行在普惠金融发展过程中，发挥了很好的风险管控职能。央行积极介入产品开发，为产品的开发提供建议咨询等支持，做到事前风险监控和管理；加强反洗钱的监控，规范业务操作；注重偏远地区人群的金融服务诉求和用户体验；推出与产品服务相适应的监管，对金融产品和服务持续实施有效的监管。

⑤成果。截至 2015 年年底，M - PESA 手机银行系统在肯尼亚全国拥有了 850 万用户和 12 000 家代理商。

⑥模式点评。肯尼亚手机银行的模式有这样几方面特点：一是充分利用了空中通道。手机银行系统通过无线形式，解决了物理设施建设的局限性，有效满足了肯尼亚居民长期压抑的金融需求，解决了肯尼亚银行分支机构普及率低的问题，降低了金融服务的成本。二是手机银行提供了非融资性金融服务。手机银行的优势是提供汇款服务、支付结算服务以及财富管理服务，但在肯尼亚的信用环境下，手机银行并不能提供融资服务。三是手机银行是无竞争对手的创新。在肯尼亚，传统金融机构按照现在的成本收入结构并不能提供可持续的商业金融服务，因此造成大量地区金融服务缺失，因此，手机银行得到了监管当局的认同和支持。四是代理开户是手机银行的重要支撑。账户开立是网络金融服务商的重要约束，肯尼亚央行支持和认可的代理商网

点可以帮助客户完成注册，是手机银行成功的重要因素。

（2）巴西代理银行。具体内容如下。

①模式源起。巴西多高原和丛林的地理特征制约了银行等金融机构在某些区域设立分支机构，因此，以药店、邮局、超市等非银行机构作为银行代理机构的普惠金融形式应运而生。通过分解银行的功能，然后外包给这些银行代理机构，扩大了金融服务和产品的覆盖范围，实现了多元化经营和服务的广泛性。商业银行要为代理机构的经营行为负责。同时对代理结构制度，巴西监管当局采取了一系列政策措施，保证代理银行能够提供形式更多、覆盖更广、成本更低的金融服务和产品，同时做好风险管控。

②突出亮点。通过代理银行模式，极大拓宽了金融机构的服务范围。

③服务对象。偏远地区人群。

④业务模式。巴西代理银行模式的特点体现在以下几点：

• 代理银行模式是技术密集型模式，银行为签订合作协议的代理机构安装 POS 机、条形码扫描器、ATM 以及电脑等设备，这些设备通过网络或者卫星等方式与银行服务器连接，代理机构开展的所有业务通过这些设备传输至签约银行的服务器进行处理、确认并备份。

• 转账存款功能是其主要服务。因为贷款业务风险相对较高，银行对代理网点开展信贷实行严格限制，代理机构的金融服务主要包括开立储蓄账户、存取款、转账支付、发放政府津贴和养老金、代理申请银行贷款以及收集客户信息等，其中转账支付和存款服务占比高达 87.6%，账户开立占比不足 1%。票据支付、托收服务和委托付款等交易支付类业务是代理开展的主要业务，

• 代理机构在农村地区肩负着更为广泛的金融服务功能。在城市等经济发达地区，代理机构主要开展转账支付等便利客户金融交易的业务；而在农村地区尤其是北部和东北部的贫困地区，除了转账支付业务，存取款业务的需求量也极其庞大，这些地区的代理机构承担了更多的功能。

• 巴西的代理银行制度通过代理中介机构来拓展代理行网点网络，收取的手续费用在银行、中介机构、代理网点之间合理分配。不同代理机构因其所处区域和提供的金融服务产品不同，收取的手续费和分成比例也有所不同。见表 1－2。

表1-2　不同类型代理结构的交易量与利润

代理行类型	日均交易量（单位：笔）	日均佣金（美元）	每笔交易佣金（美元）	日均利润（美元）	利润率
独立代理商	170	48	0.28	3	6%
商店	236	52	0.22	19	37%
邮局	137	125	0.91	79	63%

⑤成果。巴西代理银行制度促进了国内银行账户数量增长，2008年银行账户数量比2000年增长了100%，同时也促进了秘鲁、哥伦比亚等国家发展代理机构模式。截至2010年，巴西各类代理银行机构累计超过15万家，占全国金融服务网点的比例超过62%，为全国各个地区尤其是贫困地区提供了适宜的金融服务和产品。

在巴西众多建立代理银行的金融机构中，布拉德斯科银行、联邦储蓄银行、巴西银行以及柠檬银行处于领先地位。布拉德斯科银行与邮政部门合作，在邮政网点的基础上建立了覆盖范围最大的代理银行网络；联邦储蓄银行与彩票投注站建立业务合作关系，在发放各项政府津贴方面发挥了重要作用；巴西银行和柠檬银行则与超市、药店和建材商店等开展合作。

⑥模式点评。巴西代理银行模式特点有这样几方面：一是代理银行极大降低了金融服务成本。代理银行制度能够在低成本的基础上，拓展银行客户和业务，极大地扩展了金融服务和产品的覆盖广度，避免了设立和运营金融分支机构的巨额费用。根据测算，40家代理机构的成本仅相当于一家分支机构。二是代理模式是互联网前时代的替代模式。在互联网产生前，代理模式是解决普惠金融服务的有效模式，极大降低了金融服务的成本，但在互联网时代，肯尼亚的手机银行，或中国的淘宝、微信等都会提供一个无须中间代理的普惠金融服务模式。三是代理模式拓宽了政府服务通道。巴西的代理银行制度还为政府发放财政补贴和福利提供了一条低成本的渠道，有效促进了社会经济发展和普惠金融的发展。

3. 普惠金融教育与消费者保护

在普惠金融发展过程中，除了建立完善的普惠金融基础设施、为弱势群体提供普惠金融服务外，对群众进行普惠金融教育、保护消费者权益也是有必要的。俄罗斯、秘鲁和印度三个国家从金融普及教育与消费者保护三个角度来发展普惠金融。

（1）俄罗斯五年金融扫盲计划。具体内容如下。

①规划目的。俄罗斯2011年制定了首个全国性金融扫盲五年计划，实施周期为2011年7月至2016年6月，投入资金1.13亿美元，其中包含2 500万美元的世界银行贷款，旨在改善俄罗斯整体的金融生态环境，提高民众金融行为的效率。

②目标人群。小学到大学的学生群体，潜在金融服务的低收入群体。

③突出亮点。重点地区试点，全国覆盖推进。

④实施方案。制定全国性扫盲国家战略，开展金融扫盲工作，制定金融消费者保护的政策框架，建立金融机构间协调机制和委员会，委员会由俄罗斯财政部负责，并选取重点地区进行试点，随后在全国普及。

⑤成果。俄罗斯的金融扫盲行动已经取得了很大进展，符合行动预期，目前已经完成学校儿童和成人的金融核心竞争力知识框架的拟定，并且在全国范围内开展了15岁高中学生金融知识水平调查和国民金融行为的调研，完成了各目标人群的教育资料的编写，并且培养了一大批相关专家、教师和助教。

（2）秘鲁普惠金融教育。具体内容如下。

①规划目的。秘鲁银行保险基金监督管理局在金融知识普及和金融消费者保护方面发挥了极其重要的推动作用，为普惠金融的发展奠定了良好的基础。在秘鲁银行保险基金监督管理局支持下，秘鲁很多金融机构开展金融普及和消费者保护的行动和措施，这有利于培养秘鲁大众对于银行和整个金融体系的信任感和金融常识。

②突出亮点。强调政策的一致性，增加信息的公开透明性。

③成果。通过普惠金融教育，秘鲁金融消费者，尤其是低收入人群使用金融产品和服务的比重逐年上升，同时选择也更趋于理智。

（3）印度普惠金融教育与保护。具体内容如下。

①规划目的。印度储备银行（RBI）从增强低收入群体金融需求和促进银行等金融机构向低收入群体提供金融服务和产品两个方向着手，推动金融普及教育、完善金融市场和金融服务结构层次，解决印度普惠金融发展过程中的痛点，实现贫困的潜在金融需求群体和金融机构服务之间的对接，切实改变这些地区金融服务匮乏甚至缺失的情况。

②突出亮点。每个邦建设一个“普惠金融100%实施县”，业绩与考核相

结合。

③实施方案。具体内容如下：

• 推进金融知识普及，增强中低收入群体金融需求。“金融教育普及工程”为各类目标群体提供13个语言版本的中央银行和商业银行知识教育材料。

“金融教育网”针对各年龄层次孩子，提供关于商业银行等方面的金融知识，采用连环画等孩子易于接受的方式，提高孩子学习兴趣。RBI与各邦政府合作，将金融纳入教育大纲，开设金融课程。

金融教育辅导中心采用“面对面”、电话等多种方式为群众提供银行理财等方面的金融咨询服务。RBI要求每个邦的银行业协会在其试点地区设立金融教育辅导中心，并向其他地区普及。截至2015年，印度已经建立154个金融教育辅导中心，为居民提供免费的金融咨询和教育，提高居民金融知识，强化居民和银行之间合作关系。

• RBI发起普惠金融百分百行动，旨在减少居民获取金融产品的成本。RBI定期对“普惠金融100%实施县”的普惠金融信息技术杠杆作用和普惠金融程度进行评估；RBI要求各银行机构为低收入群体提供免费或低成本基本账户，该账户可以保留很低的余额，以有效提高低收入群体银行账户覆盖率；RBI要求银行推广最高额度为2.5万卢比的通用信用卡，并提供便利工具，促使账户交易活跃；对每年余额在5万卢比以内、信贷额度在10万卢比以内的账户的开立，RBI要求银行将“了解你的客户（KYC）”流程简化，以解决低收入人群在开立银行账户方面的困难。

• RBI通过多种渠道和措施督促银行提供普惠金融服务，并且采取鼓励和考核并重的形式进行监管和支持。例如：技术推广和应用；放开银行增设分支机构和ATM的管制；普及业务联络员模式；鼓励银行将普惠金融纳入其内部考核等。

④成果。印度的普惠金融教育和金融保护为普惠金融发展奠定了良好基础。印度已经形成了政府主导，央行、各邦政府、学校等部门共同努力、有效协同的普惠金融教育发展格局。

4. 普惠金融产品服务创新

（1）德国IPC技术。具体内容如下。

①模式源起。德国国际项目咨询公司（以下简称IPC公司）是一家一体

化咨询服务（即传统的咨询服务与承担项目实施的管理责任相结合）公司，其客户是专门为小微企业提供贷款业务的银行。经过多年的发展，IPC公司在小企业贷款技术上形成了一套特色鲜明、行之有效的办法，并且在对外技术输出中取得了良好的效果。

②突出亮点。训练有素、高度制度化。

③服务对象。小微企业。

④业务模式。微贷技术，顾名思义是针对小微贷款的相关风险管理技术，具体而言，包括信贷员选拔、培训、贷前调查、审批、发放、贷后监控及追讨的完整机制。IPC具有如下特点：高度制度化、流程化的融资模式；每一环节均有极其细致的流程，要求训练有素的信贷员完成，贷款效率极高；相对机器来说，训练有素的人是更可靠的银行从业者。IPC微贷技术流程见表1－3。

表1－3　IPC微贷技术流程

流程	内容
调查	（1）对客户进行“单人调查” （2）眼见为实原则：获得的直观信息的真实性 （3）交叉检验原则：获得的隐性信息的真实性 （4）制定基于现金流的“权益损益表”和“资产负债表”
审批	（1）四眼原则 （2）随时审批原则 （3）一票否决制
监控	（1）标准化监控 （2）非标准化监控
催讨	针对客户的性格特点、还款意愿、还款能力等情况制定追讨策略
风险控制	（1）提升信贷员的素质 （2）严格务实的贷前调查 （3）严格的审批环节 （4）大容量贷款笔数（规模） （5）高度标准化和流程化＋较高素质的信贷员 （6）大数定理：取决于实施微贷技术的水平 （7）其他辅助环节：严格证件审查和面签，贷后监控，科学合理的追讨

续表

流程	内容
绩效考核	(1)考核以正向激励为主 (2)按贷款发放笔数、余额及贷款质量三重要素为核心的绩效考核办法; (3)分客户经理和审贷委员会两个层面进行考核:1)按月统计评估客户经理业务量和工作质量,客户经理绩效工资收入的高低主要取决于发放贷款笔数和贷款组合质量,有效消除“畏贷惜贷”心理,建立有效的贷款免责制度;2)信贷人员只要在授权管理中尽职履责,允许贷款有一定的逾期率,在限定的期限内不追究信贷人员责任。

IPC公司信贷技术中,最值得中国金融机构借鉴的是其对客户偿还贷款的能力的评估。主要包括以下三个部分:

• 对借款人偿还贷款的能力进行严格调查。其流程主要是信贷员通过实地调查,了解客户生产、营销、资金运转等状况,并依据此编制财务报表来分析客户的还款能力,为发放贷款的整体决策提供信息。小微企业自身的财务数据不作为评估业主偿还能力的重要指标。

• 对借款人偿还贷款的意愿进行审慎衡量。对于客户的还款意愿,IPC公司首先通过其个人声誉、信用历史、贷款申请的整体情况和所处的社会环境,来评估客户个人的信用状况。IPC公司要求客户提供严格的抵押品,以降低客户的道德风险,同时,公司对还款积极的客户给予激励,包括可能得到更大金额和更优惠条件的贷款以及获得长久性的融资途径等。

• 对合作银行的内部操作风险进行精准控制。在控制银行操作风险方面,IPC公司强调银行内控制度的建设,重视建立小微企业和商业银行之间的关系,努力实现小微贷款的商业化,并且使其成为银行整体战略的一部分。同时,IPC公司着重建立、实施简洁有效的小微贷款处理流程,降低交易成本。另外,IPC公司为合作银行培养各个层次必要的能力,在清晰的组织结构下分配责任,通过引入有效的激励机制来保证良好的公司治理。

⑤模式点评。该模式有以下特点:

• IPC公司技术制度建设的核心内容是对客户经理的激励和约束机制。通过责任追究制度,信贷员对每笔贷款的全过程负责,其收入直接跟信贷业绩挂钩,这促使信贷员既要非常关注贷款规模,又要高度重视资产质量,必须通过频繁地访问客户来获取大量的“软信息”,严格监控客户以降低违约贷款率。

IPC 公司帮助合作银行建立了稳定、训练有素、劳动密集型客户经理制度。

• 强调业务流程的高度制度化和对业务员的高度培训。高度制度化的流程确保 IPC 公司借贷业务的每一步都尽可能做到在规则上有迹可循；高度培训的业务员确保 IPC 公司业务顺利开展和追讨贷款时极高的成功率。

（2）美国 FICO 体系。具体内容如下。

①模式源起。FICO 的雏形是 20 世纪 50 年代工程师 Bill Fair 和数学家 Earl Isaac 发明的信用分统计模型，80 年代开始在美国流行。如今 FICO 是美国 FairIsaac & Company 的专有产品。美国 FICO 体系是一种信用评分模型，根据银行客户的历史信用资料，对客户进行信用评分，并划分信用等级。根据客户的信用分数，授信者评估客户按时还款的可能性，据此决定是否给予授信以及授信的额度和利率。

②突出亮点。历史基础深厚，科学技术含量高。

③服务对象。美国人民，真正做到了普惠金融，上至金字塔顶尖人士，下至平民百姓。

④业务模式。以统计模型为基础，对客户进行“画像”，获得信用加权评分。FICO 信用分模型通过高达100 万样本数据，确定了消费者的信用、品德，以及支付能力具体指标，通过这些指标可以对用户各个方面进行定量打分，再通过一定的加权方式，得到消费者信用得分。

FICO 信用分的打分范围是 325 ~ 900。关注的关键因素主要包括五类：客户的还款记录、信用账户数、建立信用的年限、新开立的信用账户和拥有的信用类型。具体见表 1 – 4。

表 1 – 4　FICO 关注关键因素

类型	权重	说明
还款记录	35%	（1）各种信用账户的还款记录，包括信用卡（例如 Visa、Master）、零售账户（直接从商户获得的信用）、分期偿还贷款、金融公司账户、抵押贷款 （2）公开记录及支票存款记录，主要包括破产记录、丧失抵押品赎回权记录、法律诉讼事件、留置权记录及判决。金额越大的事件对 FICO 的影响越大，越晚发生的事件对 FICO 的影响越大。一般来讲，破产信息会在信用报告上记录 7 ~ 10 年 （3）逾期偿还情况，包括逾期天数、未偿还的金额、逾期还款的次数和逾期发生距现在的时间长度等

续表

类型	权重	说明
新开立的信用账户	10%	人们总是倾向于开立更多的信用账户，在很短时间内开立多个信用账户的客户具有更高的信用风险，尤其是那些信用历史不长的人。该项因素主要包括： （1）新开立的信用账户数，系统将记录客户新开立的账户类型及总数 （2）新开立的信用账户账龄 （3）目前的信用申请数量，主要由查询该客户信用的次数得出 （4）贷款方查询客户信用的时间长度 （5）最近的信用状况，新开立的信用账户及时还款，会在一段时间后提高客户的 FICO 得分
信用账户数	30%	对于贷款方来讲，一个客户有信用账户需要偿还贷款，并不意味着这个客户的信用风险高。相反地，如果一个客户有限的还款能力被用尽，则说明这个客户存在很高的信用风险，有过度使用信用的可能，同时也就意味着他有更高的逾期还款可能性。该类因素主要是分析对于一个客户，究竟多少个信用账户是足够的多，从而能够准确反映出客户的还款能力
使用信用年限	15%	使用信用的历史越长，越能增加 FICO 信用得分。该项因素主要指信用账户的账龄，既考虑最早开立的账户的账龄，也包括新开立的信用账户的账龄，以及平均信用账户账龄。美国最早开立的信用账户平均账龄 14 年，超 25% 客户的信用历史长于 20 年，只有不足 5% 客户的信用历史小于 2 年
正在使用信用类型	10%	主要分析客户的信用卡账户、零售账户、分期付款账户、金融公司账户和抵押贷款账户的混合使用情况，包括持有的信用账户类型和每种类型的信用账户数

⑤成果。FICO 信用评分体系是美国使用最广泛的信用评分体系，被美国三大信用局所使用，每份报告都会附有 FICO 信用分。FICO 信用分应用广泛，在金融信贷、保险、房屋租赁等方面均有应用，为美国金融系统尤其是商业银行的运行提供重要支撑作用。

⑥模式点评。具体特点如下：

• 惠及所有人的信用体系。美国 FICO 信用体系最值得称道之处在于，这是一个针对全体美国人的信用体系，每个人都有其信用评级。这恰恰是发展中国家发展普惠金融亟须解决的问题，没有信用记录，甚至没有可以查询的金融记录是发展中国家难以对弱势群体进行个人信用评价的重要障碍。

- 科学的信用评价体系。FICO 信用体系的建立，一方面得益于美国的经济实力，另一方面得益于美国的技术优势。无论是建立数据库存储每一个国民的信用记录，还是运用高端技术建模确立信用评级标准，都需要强大的技术实力作为后盾。

- 诚信是信用的基础。美国国民对信用的看重以及信用消费的普及，也是美国信用体系的重要组成部分。

（二）国内典型模式与特征

尽管我国普惠金融发展起步较晚，但随着国外很多先进理念的引入以及国内金融机构的自主探索，我国的普惠金融也具有很多的典型模式，值得分析和借鉴。

根据其主导主体的不同，我国普惠金融实践的典型模式可分为四类：一是政府部门主导的、给予地方政策性支持的普惠金融模式，如政府扶贫贷款、政策性银行贷款等；二是商业银行主导的面向农村偏远人群和小微企业的解决方案，比如中国农业银行的“三农”金融事业部模式、民生银行的两小模式、包商银行的 IPC 模式等；三是农村金融机构主导的农村金融互助合作实践，比如农村信用合作社、互助合作社、村镇银行模式、中国格莱珉银行的实践；四是互联网金融机构主导的创新型普惠金融模式，如小额贷款公司模式、P2P 网贷、众筹、第三方支付、京东、阿里模式等。

1. 政策性支持的普惠金融模式

政策性支持的普惠金融服务，主要是由政府相关部门主导的，旨在面向普惠金融的重点人群，提供财政补助或者政策性优惠的普惠金融模式。其中最典型的就是政府扶贫贷款和政策性银行贷款。政府扶贫贷款是为实现精准扶贫的目标，通过适当的财政补助，为特定人群提供的小额信贷，比较成功的实例是中和农信的社会企业实践以及贵州妇女贷款。政策性银行贷款主要是我国三家政策性银行发放的贷款，即国家开发银行、中国进出口银行、中国农业发展银行，这三家银行在各自负责的领域，对重点的贷款项目提供以政策性扶持为主、盈利为辅的贷款支持。当前政策性银行在普惠金融建设中发挥着较重要的作用，比如棚户区改造和涉农贷款定向扶持等。

（1）政府扶贫贷款。具体内容如下。

①源起。政府扶贫贷款是以农村信用体系建设为支撑，在精准扶贫建档立卡工作的基础上，以小额信贷为载体，通过适当的政策引导和资金支持，鼓励金融机构针对信用度好的农村贫困人口开展免担保小额信用贷款。

1986 年，区域开发式扶贫政策列入国民经济与社会发展“七五”计划，政府开始发放扶贫贷款，主要用于扶贫项目的发展，支持全国重点贫困县开发经济，解决群众温饱问题。扶贫贷款管理按照计划经济模式办理，所贷资金由中国人民银行专项安排，中国农业银行发放并进行专项管理，中央财政补贴利差 4% 。

1999 年起，中国人民银行不再对农业银行发放扶贫补息再贷款。农业银行新发放的所有扶贫贷款，期限一般为 1 年，最长不超过 3 年，统一执行优惠利率 3% 。

2006 年，国务院扶贫办、财政部、中国农业银行共同决定，对扶贫信贷管理运行体制进行改革，改为两部分运作：一种是到户的小额扶贫贷款；另一种是发放给龙头企业以及基础设施建设的扶贫贷款。

2016 年 3 月，人民银行、发展改革委、财政部、银监会、证监会、保监会、扶贫办联合印发《关于金融助推脱贫攻坚的实施意见》，在普惠金融发展方面，《意见》提出，鼓励探索利用移动支付等新兴支付手段促进发展贫困地区支付服务市场，鼓励发放无抵押、免担保的扶贫补贴贷款和小额信用贷款；金融机构要加大对贫困地区发行地方政府债券置换存量债务的支持力度，稳步化解贫困地区政府债务风险；对不良贷款比率实行差异化考核，适当提高贫困地区不良贷款容忍度；建立和完善脱贫攻坚金融服务专项统计监测制度。

2016 年 3 月 25 日，人民银行决定设立扶贫再贷款，专项用于支持贫困地区地方法人金融机构扩大涉农信贷投放。扶贫再贷款具备两个主要特点：一是更加优惠的利率，利率在正常支农再贷款基础上下调 1 个百分点；二是累计展期次数可达到 4 次，实际期限可达 5 年。

②服务对象。为贫困户建档立卡，以实现精准扶贫，对通过“能人大户”等带动贫困户共同致富的项目，也适当提供支持。按照贫困村、贫困户的产业发展规划，贷扶贫款用于支持扶贫对象为发展生产和增加收入所从事的生产经营业务，包括种养业、服务业、运输业、农家乐旅游业及小型加工业等。

③具体模式。扶贫贷款有两种主要模式：一是提供优惠利率资金；二是贷款贴息。

• 优惠利率资金模式的典型案例是中和农信模式。中和农信是一家专注于农村小额信贷的社会企业，成立于1996年，前身是中国扶贫基金会小额信贷项目部，2008年转制成公司化运作，专门负责小额信贷扶贫试点项目的实施与管理。中和农信长年提供无须抵押、方便快捷的小额信贷服务，支持贫困地区中低收入家庭开展创收性活动，为地方百姓生活周转、发展生产解决资金短缺问题，同时还提供多种形式的非金融服务，全面提升客户的综合能力，从而实现可持续脱贫致富。

• 贴息贷款模式的典型案例是贵州妇女贷款。贵州省目前623万贫困人口中，女性占比约为65%。妇女已成为农村的主要劳动力，但她们大多生活在深山区、石山区、革命老区和少数民族聚居区，扶贫开发的任务成本较高、难度颇大。为支持妇女创业，根据2009年7月国家财政部、人力资源和社会保障部、中国人民银行、全国妇联四部门联合下发的《关于完善小额担保贷款财政贴息政策 推动妇女创业就业工作的通知》（财经〔2009〕72号）精神，贵州下发了《关于印发〈贵州省就业小额担保贷款实施办法〉的通知》，推出了妇女小额贴息担保贷款政策，有需求的创业妇女可向当地就业局担保中心、农信社、妇联提出申请，贷款由农信社负责发放，符合条件的贷款可以获得中国人民银行贷款基准利率50%的贴息。

④成果。2015年，中和农信新设分支机构25家，使小额信贷业务覆盖面增至17个省的166个县；当年共发放贷款32.4万笔共计41.3亿元，其中18.5万户为新增贷款客户，占57%，平均单笔贷款额度为12 742元，64%的贷款额度低于1万元，56%的贷款被用于发展农村种养殖业。

2015年，贵州发放贷款10亿元，扶持妇女1.9万余名。中央贴息资金5.4亿元，省级贴息资金1.26亿元全部到位。

⑤模式点评。具体特点如下：

• 政府性扶贫贷款具有补贴性质。无论是政府提供低息贷款，还是提供贷款贴息，都是直接降低了借款人的借款成本，从而达到支持扶持对象经济活动的目的。

• 政府性扶贫贷款需要精准使用。低息或贴息贷款是一种社会福利，在市场上的需求一定会大于供给，因此，只适用于特定对象的精准扶贫。

• 政府性扶贫贷款不具有商业可持续性。政府性扶贫贷款是一种补贴性财政政策，收益不能覆盖成本，不具有商业可持续性。

（2）政策性银行贷款。具体内容如下。

①源起。政策性银行贷款由中国三家政策性银行（即国家开发银行、中国进出口银行、中国农业发展银行）提供，在中国人民银行确定的年度贷款总规模内，根据申请贷款的项目或企业情况按照相关规定自主审核，确定贷款与否。

②服务对象。一般来说，政策性银行贷款利率较低、期限较长，有特定的服务对象，主要支持商业性银行在产业发展初始阶段不愿意进入或涉及不到的领域。

③具体模式。国家开发银行服务于国民经济发展的能源、交通等“瓶颈”行业和需要优先扶持的领域，包括西部大开发、振兴东北老工业基地等，这些领域的贷款量占其贷款总量的91%。民生金融方面，国家开发银行在棚户区改造、扶贫、养老、水利、现代农业、助学贷款等方面提供贷款服务。

中国农业发展银行主要承担国家政策性的农村金融业务，以国家信用为基础筹集资金，代理财政性支农资金拨付，专司粮棉油收购、调销、储备贷款业务等，为农业和农村经济发展服务。同时，农发行在全国金融系统率先成立了扶贫金融事业部，彰显了政策性银行在金融扶贫中的引领和骨干作用。

④成果。截至2015年11月底，国开行扶贫贷款业务已覆盖832个国家级贫困县和集中连片特困县中的727个县，累计发放贷款1.34万亿元，贷款余额超过8 000亿元，重点支持了贫困地区基础设施建设、特色产业发展、农户脱贫致富以及教育卫生等领域项目建设；累计发放现代农业贷款1 824亿元，贷款余额623亿元，为保障国家粮食安全、加快农业现代化建设、促进农民致富增收作出了积极贡献。

目前，农发行共有31个省级分行、300多个二级分行和1 600多个县域营业机构，有一支5万多人的农业政策性金融专业队伍，服务网络遍布中国大陆地区。截至2015年11月末，农发行已审批贷款项目412个，审批金额2 700亿元，用于支持贫困搬迁人口518万人，其中建档立卡贫困人口321万人，易地扶贫搬迁贷款余额达803亿元。

⑤模式评价。具体如下：

• 政策性银行贷款能够支持大型项目。国家开发银行、中国农业发展银行、中国进出口银行，在职责范围上各有分工。作为全国性银行，政策性银行在资金和贷款规模上能够有很强的实力，能为大型项目解决融资需求。

• 政策性银行贷款支持具有普惠性质的短期无收益基础设施项目。政策性银行贷款主要投向短期内并不能产生经济回报的项目，比如基础设施建设。更多承担社会责任，弥补商业银行在满足基础设施建设等融资需求上的不足，是普惠金融的重要组成部分。

2. 商业银行普惠金融模式

商业银行是我国金融机构的服务主体，包括国有商业银行、股份制商业银行、城市商业银行、农村商业银行以及村镇银行等多层次、全覆盖的银行体系。商业银行承担了更多的融资需求，以控制风险和盈利为主要目的。随着社会经济的发展和更深层次金融服务产生的诉求，以前商业银行业务未覆盖的群体对商业银行有了更深层次的需求，在此基础上，商业银行开始探索为这些群体提供金融服务的探索。

当前商业银行在满足“三农”和小微企业群体的融资需求中发挥着越来越重要的作用。多家银行成立了相应的部门，比如中国农业银行的“三农”金融事业部模式、民生银行的“两小”模式、包商银行的 IPC 模式，都是具有代表性的商业银行普惠金融业务。探索出具有可持续性的商业模式，才能使商业银行在匹配社会资本供需、促进国民经济发展方面，充分发挥其雄厚的资本实力和专业的服务能力，为普惠金融对象提供能满足其需求的金融服务。

（1）中国农业银行“三农”金融事业部。具体内容如下。

①源起。中国农业银行“三农”金融事业部，是中国农业银行为贯彻落实党中央、国务院关于“三农”工作的战略部署，适应“三农”和县域经济金融发展的新形势、新特征，满足“三农”客户的金融需求，将“三农”业务独立出来，实施“三农”和县域金融服务专业化经营而设立的。

2007 年全国金融工作会议确定了农业银行股份制改革“面向‘三农’、整体改制、商业运作、择机上市”的改革原则。2008 年 3 月起，农业银行在推进股份制改革的同时，选择部分省市分行，开始了“三农”金融事业部改革试点。2009 年 5 月，农业银行制定了《中国农业银行“三农”金融事业部制改革试点实施方案》。

2010 年 5 月，选择四川、重庆、湖北、广西、甘肃、吉林、福建、山东等 8 家省级分行下辖的 561 个县域支行，开展深化“三农”金融事业部改革试点。2011 年 9 月，人民银行印发《关于扩大中国农业银行“三农”金融事业部改革试点范围等有关事项的通知》，农业银行将改革试点范围拓展至黑龙江、河南、河北、安徽 4 省。2015 年 8 月，国务院正式批准农行将“三农”金融事业部改革试点覆盖到所有县域支行。

②服务对象。重点服务农村，以“三农”客户为主。

③具体模式。有别于城镇业务，农行对“三农”金融事业部从资本管理、信贷管理、会计核算、风险拨备与核销、资金平衡与运营和考核激励约束 6 个方面进行单独管理，并建立“三级督导、一级经营”的事业部管理体制，即在总行、一级分行和二级分行设置专门机构，提供督导服务，同时下沉经营重心，加大对县域支行业务授权和资源投入力度，强化县域支行的经营能力。

目前，农业银行提供的“三农”个人产品包括金穗惠农卡、惠农信用卡、农户小额贷款、农村个人生产经营贷款、地震灾区农民建房贷款和县域工薪人员消费贷款等；“三农”对公产品包括农村城镇化贷款、季节性收购贷款、县域商品流通市场建设贷款、化肥淡季商业储备贷款、农业产业化集群客户融信。

④成果。截至 2015 年年底，农行涉农贷款余额 2.58 万亿元，比年初增加2 054亿元，增速为 8.64%。其中，农行在 13 个粮食主产省（区）涉农贷款余额达到 1.32 万亿元，共支持各类专业大户（家庭农场）20 万户、专业合作社及社员 8.1 万户，对国家级、省级农业产业化龙头企业的覆盖率分别达到 82% 和 61%，农业产业化龙头企业贷款余额达 1 683 亿元。农行县域法人贷款余额 1.9 万亿元，县域小微企业贷款余额 5 465 亿元，比年初增加 824 亿元。农行县域城镇化贷款余额达 1.23 万亿元，比 2015 年初增加 766 亿元。农户购房贷款余额达4 472 亿元，比2015 年初增加 1 092 亿元，较好地支持了农民进城定居和改善住房条件。农行在 832 个国家扶贫重点县贷款余额达5 907亿元，积极推进金融精准扶贫。此外，农行加大普惠金融支持力度，加

快推动“金穗惠农通工程”创新升级，进一步提高服务覆盖面和服务水平。截至2015年年底，农行在全国范围内共设立“金穗惠农通工程”服务点64.9万个，覆盖全国75%以上的行政村，有效打通了农村金融服务“最后一公里”。

⑤模式评价。具体如下：

• 模式创新。中国农业银行将“三农”金融事业部作为一个利润单元，独立出来单独管理，增强基层支行的经营能力，有力地支持了“三农”金融和县域经济发展。

• 差异化服务。在业务开展层面，“三农”金融事业部根据农村地区的实际发展情况，制定差异化的贷款需求，在合理控制风险的同时，实现了商业银行向农村地区的覆盖，一方面使得更多的群体享受到金融服务，另一方面实现了商业银行的业务拓展和盈利水平提升。

（2）民生银行“两小”模式。具体内容如下。

①源起。2009年，民生银行提出做“小微企业的银行”。在随后数年中，其小微金融业务以每年千亿贷款规模的增速突飞猛进，2013年年底时即突破4 000亿元。2014以来，针对宏观经济增速放缓，小微企业风险不断暴露的市场环境变化，民生银行的小微业务开始从规模向结构和质量升级调整，大幅放缓小微金融的业务增速。但综合来看，整个民生银行小微贷款占比已经超过以做小企业客户见长的泰国开泰银行和富国银行。

2013年7月，民生银行正式启动小区金融战略，随后，其社区网点建设全面铺开。2014年，其他各家银行纷纷转战小区金融。

②服务对象。小微企业和社区居民。

③具体模式。民生银行开展小微企业金融服务之初，其主要目标客户定位于全国4 000万户小微企业，通过“一圈一链”实现规模化的客户筛选，通过“大数定律、收益覆盖风险”来探索商业可持续的小微企业融资服务模式，力图实现全行业务由大公司业务向公司和零售兼顾的战略转型，使民生银行业务向健康均衡的方向发展。发展小区金融则是着眼广大居民最日常的需求，围绕居民衣食住行，搭建便民服务平台，在实现居民近身服务的同时，为客户提供全面的综合性服务。

在增设服务网点的同时，民生银行开展金融服务并最终形成自己的商业模式。民生银行提出“居住地战略”，即以个人客户家庭居住地或社区为核心，通过传统零售、信用卡、直销银行、小微等内部渠道，以及广泛的物业合作、生活服务商合作等外部渠道，实现小区客户的普惠制批量化获取。此外，使用互联网、大数据等信息技术，挖掘和分析小区客户数据，逐步完成小区客户分层体系，通过数据化营销手段，匹配差异化的产品供应及个性化的金融服务。在打通获客渠道并对客户需求进行深入分析的基础上，细化产品的销售管理体系，采取对小区定向供应、对小区优质客户定向销售的方式，通过差异化的投资方向、产品组合及产品定价，为小区客户提供丰富的定向理财及消费信贷等产品。

④模式评价。具体如下：

- “两小”战略是民生银行业务开发的战略尝试。基于互联网技术进行金融产品及服务的设计和营销，对民生银行“两小”模式的成功起着至关重要的作用。民生银行“两小”模式，即小微金融和小区金融，打开了商业银行参与小微企业融资和社区居民金融服务的市场，引领各大商行纷纷将战略重点转移至零售金融业务。
- “两小”战略是可持续商业银行普惠金融模式的大胆尝试。秉承“大数定律和收益覆盖风险”理念，通过对小微客户和小区客户的差异化分析，将金融服务进一步落地，拓展了业务范围。同时，“两小战略”试图打通小微企业服务小区客户的桥梁，寻找商业银行、小微客户、小区客户间的多赢策略。

（3）包商银行小微企业贷款。具体内容如下。

①源起。包商银行通过引进德国 IPC 公司的小贷技术，结合国情和行情进行固化优化，形成一套具有商业可持续性的小微企业贷款解决方案。

2005 年 11 月，包商银行正式与国家开发银行合作开办小微企业贷款业务，成为国内首批实施小微企业贷款项目的城市商业银行之一。项目资金由国家开发银行以人民银行基准利率下浮 10% 提供，并出资聘请具有 20 余年中小企业信贷服务经验的德国 IPC 咨询公司，对包商银行微贷业务初期的人员招聘、培训、考核、信贷管理系统开发及业务操作等方面进行指导。

②服务对象。小微企业。

③具体模式。IPC 技术援助仅两年期限，其小微贷款技术适用 3 000 元至

50 万元的贷款客户，不良率要控制在 2% 以内。针对小微企业多经营管理水平差、财务制度不规范的情况，包商银行将小微企业贷款标准利率定为每年 18%、每月 1.5%，同时以 50 万元为界限执行不同的利率框架。18% 的利率设计，考虑了小微企业筹资成本、商业风险加价、贷款业务的人工费用、合理利润空间以及当地银行市场竞争状况和民间借贷利率水平（20% ~30%）。这样的高利率综合考虑了处于成长期、边际利润率较高的小企业和需要覆盖小企业贷款高成本和高风险的银行，具有商业可持续的市场基础。随着业务的发展进程，对还款意愿和履约情况较好的优质客户，包商银行还会实行 1% 的利率优惠。

此外，包商银行充分利用小贷技术，从还款意愿和持续经营能力考察小企业的还贷能力，更多提供信用贷款而非一味要求贷款企业提供抵押物。因为客户通常以未来现金流作为第一还款来源，包商银行依据客户的经营和结算周期及现金流情况灵活制定还款方案，实时了解客户的经营状况和偿债能力，同时促使客户更好地规划资金用途和经营现金流。

针对小贷业务可能出现的道德风险，包商银行坚持对信贷员进行正向激励，实行以放款能力为主的业务指标考评，即在考核信贷员的信贷笔数的同时，兼顾放款额度和信贷质量；仅考核小企业信贷员的信贷业务，不考核包括存款在内的其他业务。对客户方则关注诚信度来授信和放贷。

包商银行“基于个人的技术方法”要求实行特殊的员工培训，即新员工上岗前接受 6 ~12 个月的师徒制培训，所有员工每年定期参加关于业务和信贷技术的再培训。

④模式点评。具体如下：

• 技术引入和消化是基础。IPC 是一项成熟的技术，在信贷技术植入的过程中，包商银行对技术先固化、后优化，将其与本地的国情、行情相结合，并逐渐将业务范围延伸至宁波、深圳等经济发达地区。

• 秉承 IPC 注重培训的原则。学徒制培训方式贴近实际，利于信贷员的快速成长，同时可以几何级数倍增，与小企业信贷业务的长期发展相得益彰。但学徒制培训也会囿于师傅水平，表现出培训效果逐级衰减的现象。同时由于师傅数量有限，包商银行小企业业务发展速度受到影响，也限制了其异地分支机构开办的速度。

• IPC 将微贷进行到底。包商银行将微贷技术应用到内蒙古 500 万以下的小企业，并根据国内现状，将贷款金额延伸到 3 000 元至 50 万元的微型企业信贷市场，有效扩大了金融服务的受惠范围。

3. 农村金融机构主导的普惠金融实践

农村金融是普惠金融的一项重要内容。中国众多农村地区，经济水平较低，金融需求得不到满足。考虑到金融服务的有效性，作为政府主导的定向扶贫和商业银行开展涉农业务的补充，农村金融机构开展了包括农村信用合作社、村镇银行、中国格莱珉银行、互助合作社等在内的众多实践，在推进农村普惠金融方面发挥着很大作用。

（1）农村信用合作社。具体内容如下。

①源起。农村信用合作社隶属于商业银行序列，由银监会监管，成立之初是由农民社员入股、实行民主管理、主要为社员提供金融服务的农村合作金融机构。农村信用社是独立的企业法人，以其全部资产对农村信用社债务承担责任，依法享有民事权利，其财产、合法权益和依法开展的业务活动受国家法律保护。农村信用社体系以县域信用社为基础主体，市级和省级联社对县域联社的约束力因各地的改革进程不同而不同，总体上县域信用社是独立的企业法人主体。目前，农村信用合作社体系经过改制，形成了合作社、合作银行、农村商业银行三种模式。

②服务对象。县域经济主体，包括中小企业、小微企业、“三农”等。

③具体实践。农村信用合作社模式的典型范例是浙江江山农村商业银行。浙江江山农村商业银行由江山市农村信用社改制而成，基于农村特点，建立独特的农户信用评级和村庄信用评级体系，根据信用等级开展有针对性的农村金融服务。

具体来说，江山农商行从 1996 年起开始农户信用评级的探索，除考察生产、生活资料等资产状况外，还充分考虑诸如孝顺、勤劳、信用、口碑、计划生育、土地政策等品质因素，将农户分别评为 5A、4A、3A、2A、A、B、C 诸多等级。农户的信用等级与银行可提供的信用额度挂钩，同时会在其家门口挂不同颜色的标牌。信用评级每两年复评一次，评审成员包括农商行员工、联络员、村委会、村民小组、德高望重者等，并经过初评、农商行审核、村庄公示、村民复议等环节，以确保评级结果公允和准确。

江山农商行从 2002 年起开始村庄信用评级的探索。村庄信用评级内容包括富裕程度、村庄农户的信用程度、村庄对信用评级的配合程度等指标，将江山各村庄分为 AAA、AA、A 三个等级，根据信用等级调整其信贷利率，即基准信贷利率分别上浮 18%、28%、38%。如果一个村庄没有信用评级，其贷款利率则按基准利率上浮 48%。

对一个村整体实行统一利率，单个农户的逾期和违约既会影响该村的信用等级进而提高整体融资成本，也与该村的江山农商行联络员业绩和乡干部绩效挂钩，这样的联动效应和监督机制会形成稳定和谐的信用环境，为农村微型金融贷款提供有利的社会基础。对农户借款金额和借款用途进行适当控制，有利于降低贷款不良率和违约率，从而保持整村的信用等级，维护信用体系。

④实践成果。2015 年，江山农商行服务农村 90% 以上的客户，农户小额信用贷款余额 16. 4 亿元，小额信用贷款户数达 26 553 户；批量发放爱心卡 33 253张，对低收入农户发放丰收小额贷款卡 4 626 张。发放粮食生产贴息贷款 72 户，金额 1 544. 3 万元，贴息 24. 77 万元。各项存款余额达 133. 98 亿元，占全市金融机构各项存款余额的 38. 26%，超过 1/3；各项贷款余额达 91. 28 亿元，占全市金融机构贷款的 29. 42%；进一步降低准入门槛，扩大普惠面，重新核定计划，新增符合无缝对接循环贷款企业 132 户，金额 10. 46 亿元，新增授信企业 106 户，金额 7. 57 亿元；2015 年共发放扶贫小额信贷 2 996户，金额 24 338 万元。

⑤模式点评。具体如下：

• 农村信用社是最贴近农村的传统金融服务机构。农村信用社以县域为核心开展业务，服务对象以中小企业和“三农”业务为主，分支机构遍布各行政镇及繁华村庄，是距离农民最近的商业银行，也是农村普惠金融的前沿。

• 农村信用合作社是最熟悉农民的金融机构。作为基层金融组织，农村信用合作社开展金融服务具备天然的基因优势，通过对农村信用环境的评级，能够有效实现风险评估和具体金融产品的定向支持。同时，农村信用合作社能够更好地识别农户的金融风险承担能力和偿债能力，更好地为农村普惠金融需求服务。

• 很多情况下，农村信用社是农民唯一的金融服务机构。大量农村地区远离城镇，邮储银行、农行和农村信用社是分布最广的三家金融机构，其中邮储银行的贷款业务刚起步，农行分支机构数量远少于农村信用社，而小贷公司、典当行等业务基本都在县城，农村信用社对很多农民来说是唯一的金融服务机构。

（2）村镇银行。具体内容如下。

①源起。村镇银行是不同于银行的法人机构，指的是在农村地区设立的，由中国银行业监督管理委员会依据相关法律法规批准，由境内外金融机构、境内非金融机构企业法人、境内自然人出资，服务于当地农民、农业和农村经济发展的银行业金融机构。

2006 年 12 月，银监会出台了《关于调整放宽农村地区银行业金融机构准入政策 更好支持社会主义新农村建设的若干意见》，提出了在湖北、四川、吉林等六省（区）的农村地区建立农村试点银行，为新农村提供更高效、更优质的金融服务。这标志着国内村镇银行试点项目正式启动。

对村镇银行的设立，《意见》规定，村镇银行应有 1 家以上（含 1 家）境内银行业金融机构作为发起人，单一境内银行业金融机构持股比例不得低于 20%，单一自然人持股比例、单一其他非银行企业法人及其关联方合计持股比例不得超过 10%。任何单位或个人持有村镇银行、农村合作金融机构股份总额 5% 以上的，应当事先经监管机构批准。

2007 年 3 月，全国首批村镇银行在四川、青海、甘肃、内蒙古、吉林、湖北 6 省（区）试点成立。

2007 年 10 月，试点省份由 6 省（区）扩大到 31 个省（自治区，直辖市）。

②服务对象。服务“三农”。

③成果。截至 2013 年末，已组建村镇银行 1 071 家。

④模式评价。具体如下：

• 村镇银行是农村普惠金融的重要尝试。村镇银行的发展，为解决农村地区银行业金融机构网点覆盖率低、金融供给不足、竞争不充分等问题提供了新的思路，能更好地促进农村地区形成投资多元、种类多样、覆盖全面、治理灵活、服务高效的银行业金融服务体系的发展，更好地改进和加强农村金融服务，支持社会主义新农村建设。

• 村镇银行的发展也存在一些问题：一是资金短缺问题，农村地区经济相对城市依然落后，村镇银行采取独立法人的运作模式，运行时间短，客户认同度低，许多农户不愿意将钱存入村镇银行，使其吸收存款较为困难。二是政策规范问题。村镇银行的实践较短，相关的监管措施以及优惠政策还有提升的空间。三是风险盈利问题。村镇银行的客户以农民为主，种植、养殖贷款需求较多，而这些贷款风险较高，加之农村交通不便，农户住得可能较为偏远，也提高了业务成本。

（3）农村资金互助合作社。具体内容如下。

①源起。资金互助合作社是一种新型的农村互助合作机构，与银行不同，它由农民自愿发起、自律管理、自主经营、自担风险，是独立的企业法人，通过社员的合作与联合，为社员提供小额生产生活担保和互助，其资金主要用于发放社员贷款。

2006 年 12 月，银监会出台《关于调整放宽农村地区银行业金融机构准人政策 更好支持社会主义新农村建设的若干意见》，其中准许产业资本和民间资本到农村地区新设银行，批准在农村设立村镇银行、信用合作组织、专营贷款业务的银行全资子公司，并允许农村地区的农民和农村小企业发起设立为入股社员服务、实行社员民主管理的社区性信用合作组织。

2007 年 1 月，银监会发布《农村资金互助社管理暂行规定》，农村资金互助合作社从此有法可依，其中将农村资金互助社定义为“经银行业监督管理机构批准，由乡（镇）、行政村农民和农村小企业自愿入股组成，为社员提供存款、贷款、结算等业务的社区互助性银行业金融机构”。

②具体实践与成果。从江苏省盐城市的实践中，我们可以看到农民资金互助合作社的优势及产生的积极作用。2005 年，江苏省盐城市阜宁县硕集镇 5 位农民自发注册成立盐城第一家农民资金互助合作社——阜宁县硕集镇富民合作社，随后，盐城的农民资金互助合作社快速发展。截至 2012 年 5 月，盐城市已经有农民资金互助合作社 135 家，覆盖 90% 的乡镇，共有 13. 89 万农户入社，吸收互助资金 18. 42 亿元，入社农户借款达 15. 1 亿元，有效缓解了农村金融发展中资金不足的问题。

③模式评价。具体如下：

• 社员之间互相了解是农民资金互助合作社的内在生命力。成员之间互相了解情况，信任度高，在信息较为对称的情况下，成员之间对各自贷款的用途、偿还能力等可以及时掌控，有较好的抗风险能力；同时可以节省居住在偏远农户的交通费用，降低交易成本等。

• 向社员外投资是农民资金互助合作社的致命危险。按照盐城市农民资金互助合作社的管理规定，农民资金互助合作社的资金不能投向非农产业，只能投向本区域内的农业。但是部分合作社显然违背了服务“三农”的初衷，违规投资非农产业失败，无法回收资金，引发储户挤兑，因此盐城出现部分农民资金互助合作社倒闭。连云港、南京等地多家农民资金互助合作社也出现了同样的情况。

• 农民资金互助合作社监管不到位。目前农民资金互助合作社有两类：一类由银监会审批；另一类由农经委审批。两类互助合作社并行存在，监管理念和监管方式也存在很大不同。农民资金互助合作社内部管理薄弱，社员基本都是农民，缺乏金融、管理方面的知识，导致农民资金互助合作社问题频现。

4. 互联网金融主导的创新模式

近年来随着互联网技术的进步，新型金融机构开始涌现，并提供更加贴近大众的金融服务，作为传统金融机构的补充。P2P、众筹、第三方支付、电商金融均是普惠金融业态。这些创新模式的诞生主要基于两大变化：一是技术环境的革新；二是商业模式的转变。互联网金融带来的是金融服务产品、服务模式、服务成本的巨大变化。

（1）P2P 网络借贷。具体内容如下。

①源起。P2P 网络借贷指个体和个体之间通过互联网平台实现的直接金融。根据目前的法律政策，P2P 仍属民间借贷范畴，受合同法、民法通则等法律法规以及最高人民法院相关司法解释规范。

2007 年，第一家 P2P 网络借贷平台拍拍贷成立，近十年来 P2P 网络借贷成交规模快速扩张，并逐渐成为冒险投资者的理财渠道，以及农民、个体工商户、小微企业等小微客户的重要融资渠道。

②服务对象。个人投资者，农民、个体工商户、小微企业等小额贷款融资人群。

③模式。P2P 网贷通过借贷双方在线的直接交易，大大节省了交易成本，在一定程度上降低了交易双方的信息不对称程度，拓宽了小微客户的融资渠

道。P2P网贷平台作为中介，资金融资方将需要融资的项目、融资金额、承诺利率发到P2P平台上，由有投资意愿的个人在平台上对比筛选，选择中意的项目投资。另一种衍生的商业模式是，P2P平台将高质量的项目打包后，供投资人购买和选择，从而达到风险分散的目的。

2015年7月18日，央行等十部委联合印发《关于促进互联网金融健康发展的指导意见》，指出“个体网络借贷要坚持平台功能，为投资方和融资方提供信息交互、撮合、资信评估等中介服务。不得提供增信服务，不得非法集资”。这再次明确了平台信息中介的角色：“网络借贷其本质是信息中介而非信用中介，因此其不得吸收公众存款、归集资金设立资金池、不得自身为出借人提供任何形式的担保等”。

④模式评价。具体如下：

• P2P大大降低了运营成本。融资者和投资者在网上交易，大大降低了传统金融服务中经营场所成本，这是互联网企业的普遍优势。

• P2P大大提高了成交速度。融资者和投资者在网上可以进行7×24小时的交易，网上直接联系，极大地提高了交易的速度。

P2P克服了传统金融服务的服务区域和服务时间限制，但P2P毕竟刚刚起步，其运行也面临很多问题：第一，P2P交易中的金融风险责任问题。P2P平台提供的项目是由平台来审核的，监管当局希望P2P是信息中介，不能提供担保或保证，平台如何保证审核的质量、能否有效识别出客户的道德风险、信用风险，是一个巨大的挑战。第二，P2P平台的经营能力不足。2015年以来，P2P出现大量跑路现象，表明P2P平台管理者水平良莠不齐，存在较高的道德风险、技术风险、交易风险，投资者很难有效识别P2P平台的风险。

（2）互联网众筹。具体内容如下。

①源起。众筹是指在传统资本市场外，通过互联网渠道为多元化的项目或创意进行融资的方式，具有门槛低、多样性、注重创新、大众参与等特点。

最早的众筹模式是捐赠型众筹，即有融资意愿的人群将自己的项目发在众筹平台上，可能是一个愿望、一个产品、一个创意，乐于慈善的人为帮助他们实现愿望而提供支持。这种众筹方式有一定慈善属性，对回报并没有太多要求。

此后出现了股权众筹这一新形态，投资人通过自己的投资，获得项目的一部分收益权，大大降低了投资人参与股权投资的门槛；而融资方则通过大众的力量使自己的项目快速获得资金。众筹作为一种降低交易成本的业态快速发展，互联网众筹成为互联网金融的重要组成部分。

②模式。众筹的类型可以分为没有回报或者仅获得纪念品的捐赠众筹（公益众筹），以项目的产品或服务作为回报的产品众筹（奖励众筹）和以项目的股权或资产收益权作为回报的股权众筹。

对捐赠众筹和产品众筹而言，项目本身的盈利能力不是投资者决定是否投资的唯一标准，对创意、产品的支持和喜爱，甚至仅出于参与社会慈善活动的想法，是投资者的主要动机，这给创业者、小微企业带来更多的机会和资本来源。

对股权众筹而言，项目盈利能力是投资者决定是否投资的重要考量。参与股权众筹的投资人希望获得未来的项目收益，由于信息不对称，投资人很难对项目收益做出有效评估，因此，在股权众筹过程中，领投人十分重要。领投人一般是专业投资人，能够有效识别商业模式的风险，并占有较大比例。领投人对项目的背书，在一定程度上能够解决股权众筹项目的不对称问题，赢得不能完全了解项目真实情况的投资人的投资。

③模式点评。具体如下：

- 互联网众筹可以分散创业风险。股权众筹融资具有公开、小额、大众的特征，分散创业风险，筹资创业资金是互联网众筹的重要价值。
- 互联网众筹让众筹走向繁荣。互联网 7×24 小时无地域限制的沟通，为众筹项目寻找潜在投资者提供了巨大便利，互联网众筹作为最简洁的股权融资方式，具备了实际操作的可行性。

（3）第三方支付。具体内容如下。

①源起。第三方支付指非金融机构在收付款人之间作为中介机构提供互联网支付（网络支付）、预付卡发行与受理、银行卡收单以及中国人民银行确定的其他支付服务中的部分或全部资金转移服务。

2010 年发布的《非金融机构支付服务管理办法》中明确规定：非金融机构提供支付服务，应当依据本办法规定取得《支付业务许可证》，成为支付机构。截至 2015 年年底，中国人民银行共发放 270 张牌照。

②模式。第三方支付在大众生活中扮演着越来越重要的角色。通过第三

方支付，大众可以在生活中快速实现付款的需求。第三方支付的迅速发展得益于其众多优势：通过支付平台，降低了直连银行的成本；提供个性化服务，产品多样化；使用方便快捷；支付担保业务使付款人的利益得到了较高程度的保障；支付数据可以作为个人征信数据的一部分，有很高的参考价值等。

③模式点评。具体如下：

• 第三方支付是唯一取得经营牌照的互联网金融模式。

• 第三方支付推进了普惠金融服务。第三方支付在推进汇款和支付结算方面实现了质的飞跃，第三方支付出现后，只要有网络的地方就可以实现支付，不再受物理区域、物理设施的限制。

• 第三方支付大大降低了纸币的使用量。扫码支付或微信支付是小商小贩的标配，现金使用量大幅下降。

（4）电商金融。具体内容如下。

①源起。不同于线下经营为主的小额贷款公司与 P2P 网络借贷，网络小额贷款是互联网企业通过其控制的小额贷款公司，利用互联网向客户提供小额贷款的一种形式，并基于互联网产生的大数据进行风控管理。京东、阿里是两种典型模式。

京东与阿里在互联网金融领域的业务布局和产品种类有很高相似度，都会针对供应商、商户和消费用户提供小额贷款，不同之处主要在于起步阶段。

2013 年 7 月，京东金融开始独立运营。同年 12 月，贷款业务“京保贝”正式上线，2014 年 2 月，另一核心的贷款业务“京东白条”公测，2014 年 10 月，“京小贷”上线。在短短一年多时间里，京东金融与小额贷款相关的三个产品问世。

蚂蚁金融服务集团起步于 2004 年成立的支付宝。2014 年 10 月，蚂蚁金服正式成立，其“互联网推进器计划”助力金融机构和合作伙伴加速迈向“互联网 +”，为小微企业和个人消费者提供普惠金融服务。蚂蚁金服旗下有支付宝、余额宝、招财宝、蚂蚁聚宝、网商银行、蚂蚁花呗、芝麻信用、蚂蚁金融云、蚂蚁达客等业务子板块。

②服务对象。商户和电商平台消费者。

③模式。京东的电商模式是 B2C（Business To Client）模式，是供应商将商品零售给用户，因此京东以“供应链金融”为起步点进入互联网金融领域。

而以 C2C（Client To Client）模式经营的淘宝与消费用户联系更紧密，其互联网金融从支付宝开始，更倾向为消费用户提供金融服务。

京东金融是京东集团旗下子集团，主要包括理财、众筹、保险、白条、企业金融和股票六个业务模块，其中与小额贷款相关的是白条和企业金融两个模块，白条部分的产品有“京东白条”，企业金融部分的产品有“京保贝”和“京小贷”。

“京保贝”“京小贷”和“京东白条”三个产品都向用户发放小额贷款，区别在于用户群体不同。“京保贝”面向京东自营产品的供应商，属于“供应链金融”，也是京东金融与蚂蚁金服的区别之处。京东商城以 B2C 模式运营，相对淘宝与供应商联系更紧密，因此京东金融最先推出的贷款是面向供应商的。“京小贷”面向京东开放平台的商家，为其提供小额短期的贷款服务。“京东白条”则面向京东的消费者用户，可以提供最多 24 个月的分期付款和 30 天的延后付款。

蚂蚁小贷是蚂蚁金服贷款业务的核心组成部分，其前身为阿里小贷，为小微企业和网商个人创业者提供互联网化、批量化、数据化的小额贷款服务，以 100 万元以下的贷款为业务主体，通过依托网络和数据的小贷技术创新，尤其是基于电子商务平台上海量的客户信用数据及行为数据，实现向小微企业群体批量发放“金额小、期限短、随借随还”的纯信用小额贷款。发展至今，蚂蚁小贷已相继开发出阿里信用贷款、网商贷、淘宝（天猫）信用贷款，淘宝（天猫）订单贷款等小贷产品。截至 2015 年 3 月底，已经累计为超过 140 万家小微企业解决融资需求，累计投放贷款超过 4 000 亿元。

芝麻信用是蚂蚁金服旗下独立的第三方信用评估及管理机构，通过云计算、机器学习等技术客观呈现个人的信用状况。芝麻信用采用了国际上通行的信用分来直观表现信用水平，以用户信用历史、行为偏好、履约能力、身份特质、人脉关系五个维度为计算基础。芝麻信用分最低 350 分，最高 950 分，分数越高代表信用程度越好。这与美国的 FICO 评分非常相近。

④模式点评。具体如下：

• 与传统金融行业相比，京东和阿里等互联网企业在提供小额贷款方面具有其得天独厚的优势。他们积累了大量的用户，在网上消费时产生的海量用户数据和行为数据，对个人征信体系的完善是可贵的资源；以此为基础的电商金融，流程更方便快捷。

• 电商金融是一个生态。与传统金融不同，电商金融是由供应链、交易链、大数据征信、客群组成的经济生态链，金融和经济的融合形成共生，比传统金融更具有稳定性。

虽然互联网企业有其独特的行业优势，但是也存在问题：行业竞争激烈，没有持续的创新就会被淘汰；起步时间短，监管方面尚存在空缺，违法行为时有发生；依托互联网平台，存在技术风险；众多用户缺乏基础的金融知识，容易上当受骗等。

互联网金融对促进小微企业发展和扩大就业发挥了现有金融机构难以替代的积极作用，为大众创业、万众创新开拓了更宽广的渠道，是推进普惠金融发展的一大助力。

随着技术的发展、互联网的普及，互联网金融将覆盖到传统金融机构达不到的各个区域，与农村信用社、小额贷款公司、村镇银行、农民资金互助合作社等金融组织的结合，会给小微金融、农村金融带来巨大的变革。

三、普惠金融国际组织和创新发展

（一）普惠金融主要国际组织

自2005年普惠金融概念诞生以来，国际上涌现一批联合发起的联盟和研究组织，致力于普惠金融领域的理论研究和发展调研，其中影响力最大的三大组织是普惠金融联盟（Alliance for Financial Inclusion，AFI）、普惠金融专家组（Financial Inclusion Experts Group，FIEG）、全球普惠金融合作伙伴组织（Global Partnership of Financial Inclusion，GPFI）

1. 普惠金融联盟（Alliance for Financial Inclusion，AFI）

普惠金融联盟（AFI）成立于2008年9月，总部位于泰国曼谷，是由发展中国家政策制定者组成的国际联盟，旨在通过提供资金、技术、物流等方面的支持以及经验、研究成果等信息的共享平台，帮助各成员国制定并实施有效、可行的金融服务拓展政策和计划，以便加快实现金融服务全覆盖。其成员包括亚非拉60多个发展中国家的央行或相关政策制定机构；战略合作伙伴包括研究机构（如芝加哥大学）、国际组织（如国际清算银行）、微型金融机构、非政府组织以及私人企业等。

普惠金融联盟（AFI）成立了“手机金融服务”“消费者扶持和市场行为”“普惠金融数据”“金融一体化”和“太平洋岛国”等五个工作组。普惠金融联盟（AFI）主要关注6个政策领域：一是设立代理银行；二是设立移动电话银行；三是设立低收入人群金融服务机构；四是促进国有银行改革；五是建立个人金融身份；六是加强消费者保护。普惠金融联盟经过多年的发展逐步形成了相对完善的普惠金融体系框架。

2015年9月，AFI发布了监控小型企业普惠金融的关键指标。小微企业是经济增长的主要驱动因素，构成了世界95%的商业活动并提供了超过半数的工作机会。然而在世界范围内，超过两亿的商业活动无法获得金融的支持。因此小微企业金融对政策制定者和机构意义重大，基于此，AFI指标为机构当局提供了丰富而完整的评价一个国家小微企业金融包容性状态的测度方法。

2015年11月，AFI发布《中小企业普惠金融指标基本集》，对中小企业的普惠金融指标基本设置指南说明由普惠金融数据工作组（FIDWG）咨询，由AFI中小企业金融工作组（SMEFWG）开发。这个基本集旨在作为测量、访问和使用金融服务质量的工具，为不同国家的中小企业服务，基本规定了中小企业普惠金融的背景、关键问题、财务设置的关键原则，并从访问指标、使用指标、质量指标三个维度介绍了中小企业金融设置。

2016年3月，AFI发布《支持妇女普惠金融的政策框架》，从微观与宏观角度论证了妇女普惠金融的意义，阐述了当前妇女普惠金融发展遇到的障碍以及妇女普惠金融的发展前景，并着眼于不同国家政策制定者与中央银行如何对改善妇女的普惠金融环境进行调整。见表1-5。

表1-5　支持妇女普惠金融的政策框架政策措施

更注重妇女普惠金融的价值定位，有明确的政策目标与量化指标
按性别分类的数据收集和调查为政策的制定提供依据
完善法律与监管体系，为妇女普惠金融的发展提供空间与支持
完善和加强对金融消费者的保护
加强对妇女普惠金融教育的投资
加强金融基础设施建设
超越金融部门政策、法律和法规，解决约束妇女普惠金融的社会规范可以产生积极的影响

2016 年 6 月，AFI 发布了《Working Groups And Regional Initiatives Annual Report 2015》，总结了 AFI 6 个工作组在 2015 年取得的进展和成果，6 个工作组帮助促进 AFI 成员国之间的交流讨论与知识共享，同时负责丰富 AFI 资源图书馆，如提供政策指导文书、案例研究和会议论文等。在 2015 年，项目组提出了富有创意的方案，促进普惠金融的发展。采取的形式有成员调研、知识交流互访和同行评审（对成员国的政策、制度和策略提出公允的反馈评论）。此外，AFI 不断扩充数据库为成员国在不同方面提供指导。2015 年项目组还指导完成了两个区域性项目：非洲移动电话金融服务政策项目和太平洋岛屿区域项目。见表 1－6。

表 1－6　AFI 六个工作组的工作内容

工作组	工作内容
消费者权益和市场	对金融消费者的授权和保护，能保证金融服务的可获得性，提高普惠金融的质量
电子金融服务	为政策制定者讨论有关电子金融工具的议题提供平台，如代理银行、电子货币、移动金融服务等
普惠金融数据	致力于在普惠金融工作的测度方面促进一致性指标建设和分享各地的实践信息
普惠金融策略	引导政策制度改革，鼓励公众机构和私营部门在统一的愿景和共同的目标下达成合作
全球性标准	提供 AFI 成员国之间互相学习的平台，有关政策制定者和管理者在金融的普惠性、完整性和稳定性三个目标之间达成平衡，同时检测各国目标的实现比例
小微企业金融	小微金融政策、制度制定过程中的挑战和问题

2. 普惠金融专家组（Financial Inclusion Experts Group，FIEG）

普惠金融专家组（FIEG）成立于 2009 年 9 月，总部位于美国华盛顿，是由二十国集团（G20）领导人倡导创立的国际联盟。旨在帮助创造一个既有利于促进普惠金融的创新，又能维护金融稳定以及消费者利益的政策和监管环境，并为政策制定者在制定本国政策时提供参考，以帮助和指导决策。

FIEG 下设两个分组：“创新金融服务专家组”和“中小企业融资组”。其最著名的研究是《G20 创新普惠金融九项原则》和《G20 创新普惠金融七项行动计划》。《G20 创新普惠金融九项原则》内容是：加强领导；提高多样化；

促进创新；保护消费者权益；加强能力建设；鼓励合作；制定合理政策；推行差别监管；构建金融“一揽子”框架。《G20创新普惠金融七项行动计划》主要包括进行数据收集、鼓励私人企业参与、督促各国建立普惠金融指标体系、建立中小企业融资知识共享平台等。

3. 全球普惠金融合作伙伴组织（Global Partnership of Financial Inclusion, GPFI）

全球普惠金融合作伙伴组织（GPFI）成立于2010年12月，是普惠金融专家组（FIEG）的延伸，致力于提供一个高效的信息共享机制，协调各种为普惠金融所做的努力，并调动所需的金融支持，推动全球普惠金融的发展。每年举办的全体会议不仅成为G20成员国的普惠金融平台，还邀请荷兰、挪威、智利、秘鲁、菲律宾、马来西亚、泰国、肯尼亚等非G20成员国和利益相关者共同分享经验、研究政策。GPFI的执行伙伴包括普惠金融联盟（AFI）、扶贫协商小组（CGAP）、国际金融公司（IFC）、经济合作与发展组织（OECD）和世界银行。

GPFI共设有四个工作组，分别是：“G20普惠金融原则和标准设立机构参与工作组”（韩国和印度尼西亚担任主席国）、“中小企业融资和妇女企业家工作组”（德国、美国、土耳其和英国担任主席国）、“普惠金融数据和目标设定工作组”（墨西哥、法国和南非担任主席国）和“金融消费者保护和金融能力工作组”（中国、俄罗斯和美国担任主席国）。

2015年11月，GPFI发布了私营部门普惠金融发展战略，战略旨在促进公共机构与私营部门之间就设立普惠金融机构和实施普惠金融政策方面展开广泛合作。私营部门发展战略制定了完整的指导框架。见表1－7。

表1－7 私营部门发展战略指导框架

加强G20和B20协调工作
推动AFI的公共—私营部门对话平台的使用
计划并实施普惠金融促进策略
其他公共与私有部门合作的特殊成果

2016年5月，GPFI发布《GPFI2016工作计划》，工作计划内容与G20主席国中国提出的2016年主题“构建创新、活力、联动、包容的世界经济”相

一致，同时工作计划也将继续开展前几任主席国提出的议案工作。2016 年工作计划将重点关注以下几个议题。

（1）数字金融包容性：革新、规章以及监管。

（2）普惠金融数据以及指数。

（3）研究普惠金融最后一公里：偏远地区、贫困群体、老年群体以及幼年群体。

（4）金融消费者的保护以及金融教育普及。

（5）小微企业金融：多样化的金融渠道。

2016 年 5 月，GPFI 四个分支小组也公布了本部门 2016 工作计划，见表 1－8。

表 1－8　GPFI 四个分支小组 2016 年工作计划主要内容

分支小组	本部门 2016 工作计划
普惠金融原则和标准设立机构参与工作组	（1）提高主流金融的包容性，以及普惠金融、稳定性、完整性和消费者保护之间的协调性 （2）促进金融部门建立有效而一致的普惠金融评估
中小企业融资工作组	（1）完成安排日程，重点关注以下议题：新工具和电子解决方案的价值潜力、妇女经济赋权、青年创业的金融包容、促进私营部门参与、农业/气候保险、普惠金融宣传和推广 （2）加强与其他 G20 工作流合作和协调，避免重复工作，提升效率和工作有效性 （3）确保 G20 延伸组织比如 B20、T20、Y20 等之间的有效对话机制，广泛采纳对于普惠金融建设观点
金融消费者保护和金融能力工作组	（1）继续在发展中国家和新兴国家建立合适的金融消费保护以及金融扫盲机制 （2）从公共机构、私营部门、非营利组织（NGO）中确定最佳的消费者保护和教育实践，以支持电子金融产品和服务的应用 （3）工作组还将继续推动 2013 年 G20 发展展望中确定的日程，包括普惠金融激励措施、金融教育、金融扫盲、贫困消费者保护、关注妇女青年移民弱势群体等
市场和支付系统工作组	（1）提高包括汇款等支付系统的利用率，以实现金融包容性的可持续性和增长性 （2）关注新兴的技术和商业模式，并通过金融服务提供商将其与市场紧密结合 （3）促进电子支付系统和移动技术的应用，提高金融可获得性

GPFI 在 2015 年 6 月 1—2 日举办“小微企业法国研讨会”，讨论成功的商业模式，以及鼓励或抑制创新的因素。关于小微企业融资的机会和创新也是

研讨会的重点，尤其面向年轻的或者女性企业家。银行家、投资者以及政策制定者参与了这场研讨会。

（二）数字普惠金融

1. 数字普惠金融重要的相关文件

数字普惠金融的不断演变为全球金融业标准制定和普惠金融的发展带来新的变化。2016 年 3 月，全球普惠金融合作伙伴组织（GPFI）通过了 2016GPFI 白皮书《全球金融业标准制定机构和普惠金融：演变中的格局》，旨在提升人们对于演变中的格局的意识，报告全球金融业标准制定机构及其他全球性机构目前正在开展的工作，推动普惠金融目标融入能有效实施的国家层面的标准和指南。白皮书对数字金融为普惠金融发展带来的机遇和风险，以及普惠金融消费者的保护等方面进行了探讨。

2016 年 9 月，二十国集团（G20）领导人峰会首次落地中国，在杭州举行。普惠金融被列为重要议题之一，并聚焦了社会各界的关注。而数字普惠金融这个概念，虽然是首次被提出，但也受到了几乎同样的关注。数字普惠金融的基础是提升金融可获得性、降低服务成本，与此同时，要通过对数字技术和渠道的运用，在更短的时间内，达到更深层次的效果，完成为更广泛的人群提供高效、优质的金融服务的目标。

2016 年的 G20 会议上，通过了三个重要的普惠金融相关文件：分别是《G20 数字普惠金融高级原则》、《G20 普惠金融指标体系》升级版和《G20 中小企业融资行动计划落实框架》，在全球范围内，特别是中国，成为最新的具有指引性的普惠金融发展文件。

三份文件的主要内容见表 1 –9。

表 1 –9　三个重要普惠金融文件

文件	核心	主要内容
《G20 数字普惠金融高级原则》	国际社会首次在该领域推出的高级别指引性文件	8 项原则、66 条行动建议
《G20 普惠金融指标体系》升级版	增加了数字普惠金融领域的新指标，涵盖了“金融服务的可得性、使用情况、服务质量”等三个维度	19 大类、35 项指标（原版为 29 项指标）

续表

文件	核心	主要内容
《G20中小企业融资行动计划落实框架》	针对性地解决中小企业融资问题	优先的三项改革措施分别是改善中小企业征信体系、鼓励银行和非银行金融机构接受动产作为抵押贷款给中小企业、改革中小企业破产制度

原有的《G20普惠金融指标体系》从三个维度构建指标体系，分别是金融服务的使用情况、可获得性和质量，共29项指标。新的《G20普惠金融指标体系》保留了三个维度，细化为19大类、35项指标；增加的指标体系包括账户普及率、储蓄率、信贷普及率，数字支付、网上支付、移动支付的普及率，还有ATM机和银行网点的密度，客户账户的使用频度和消费者保护等方面，以更加全面地衡量一个国家或地区的普惠金融发展程度。具体见表1-10。

表1-10 原有《G20普惠金融指标体系》

维度	指标	指标数量
金融服务的使用情况	成年人在正规金融机构账户、存款、贷款和保险的保有量情况，使用非现金交易、移动设备支付、侨汇、高频账户使用和储蓄倾向等情况，中小企业在正规金融机构账户、存款、未偿贷款等情况	14项指标
金融服务可得性	服务网点数量、电子资金账户数量和服务网点互通情况等	6项指标
金融服务的质量	金融知识、金融行为、信息披露要求、纠纷解决机制、使用成本和贷款障碍等	9项指标

新指标体系关于信贷普及率的这些指标将对政府从主导地位建设完善征信体系起到推动作用。同时，数字普惠金融发展对于建立完善法律和监管框架，加强数字金融基础设施建设和管理，完善数字普惠金融对征信体系的辅助作用，提高征信风控的能力也将成为重要的助力。

《G20 数字普惠金融高级原则》提出 8 项原则和 66 条行动建议，使数字普惠金融一时间成为各界热议的话题。

《高级原则》中给出的数字普惠金融的定义是："泛指一切通过使用数字金融服务以促进普惠金融的行动。"我们可能需要接受一个新的名词"数字金融"，加上以前的"互联网金融"和国外比较常用的"金融科技"（Fintech）这两个类似概念，意思相差不多。在互联网金融出现问题后，国内一度采用"Fintech"的提法，现在可能又要转向"数字金融"。

此次提出的 8 项原则，其结构如图 1－1 所示。原则 1 是数字技术内容和普惠金融相结合，形成数字普惠金融的核心内涵，即利用数字技术实现普惠金融；原则 2 是创新与风险；原则 3 是法律和监管框架；原则 4 是基础设施；原则 5 和原则 6 是指导消费者教育和保护；原则 7 是用户识别指导普惠金融目标实现的主要推进内容；原则 8 是运行监测，指导监管环境。

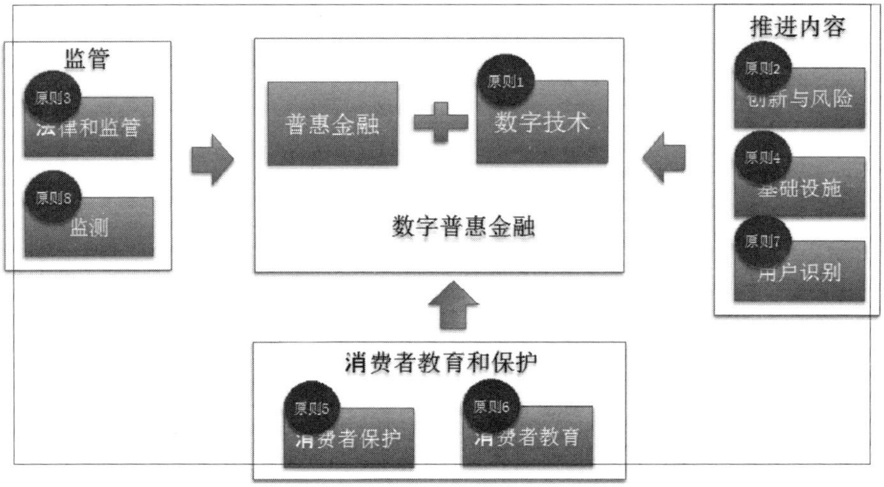

图 1－1　数字普惠金融八项高级原则

2. 数字普惠金融的含义

数字普惠金融是三个名词两次相加的结果，从这个意义上讲，数字普惠金融有三层含义：第一层含义是“金融”，是众多经济活动中的一种，可以与供给、需求、市场等经济术语并列。抑或说，金融是一个行业，与建筑、教育等并列，这是数字普惠金融的起点。第二层含义是“普惠”。“普惠”+“金融”的社会意义，是从社会公平的角度，希望能够为农民、老人、学生、小微企业等金融弱势群体提供更多的服务，使其能够利用金融服务获得更好的经济改善和生活便利。在这个意义上，普惠金融的重点对象是弱势群体，重点目标是帮助弱势群体获得融资，摆脱贫困。第三层含义是“数字”，这是实现普惠金融的手段。近十年来，互联网技术蓬勃发展，深刻影响到金融的发展，“普惠金融”和“数字”叠加，是普惠金融如何与时代特征结合的问题，这里的数字代表了互联网时代的所有成就，数字普惠金融的核心内涵是如何利用互联网技术来提高普惠金融水平。见图1－2。

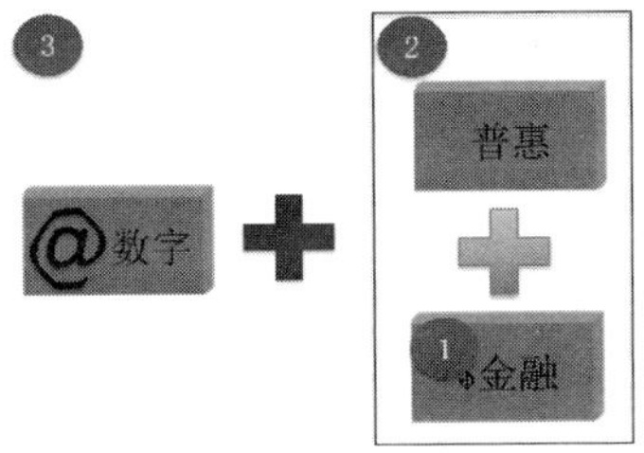

图1－2　数字普惠金融词解

无论是普惠金融还是数字普惠金融都没有离开金融，但其核心已不是简单的金融，而是利用金融改善弱势群体的生存状况，事关社会公平，是社会福利经济学研究的范畴，这显然与关于“互联网金融”“金融互联网”的讨论相去甚远。“互联网金融”与“金融互联网”之间的讨论，其核心在于未来金融服务的模式问题。见图1－3。

3. 数字普惠金融的特点

(1)“数字”使普惠金融的商业可持续成为可能。普惠金融的核心是提高弱势群体金融服务的可获得性和覆盖率。这包括两个角度：一方面从需求的角度看，在现有情况下，弱势群体的金融服务需求没有得到有效满足；另一方面从供给的角度看，金融机构基于成本收益考虑，不愿意为弱势群体提供更多的金融服务。普惠金融概念的提出是希望能增加对弱势群体的金融服务供给，要实现这一点，有以下两条路径可以选择：

第一条路径是政府提供优惠政策，包括贴息政策、税收优惠政策、优惠

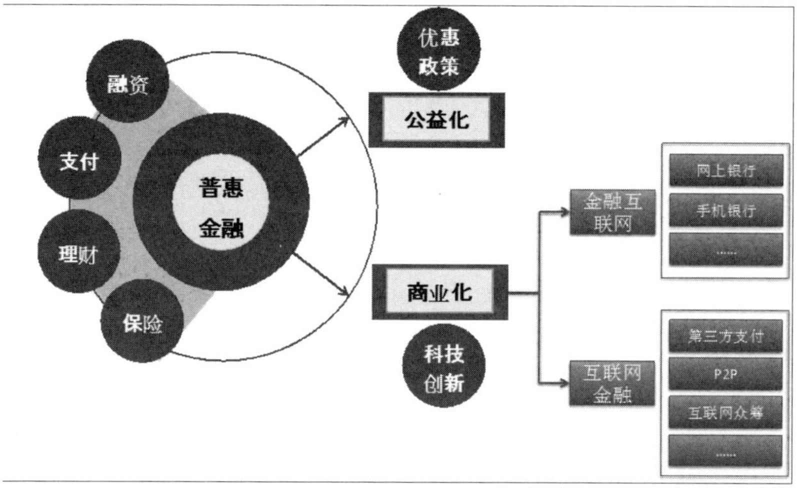

图 1－3 数字普惠金融商业可持续路径

资金政策等，实现金融对弱势群体服务供给的增加。政府优惠政策是在不增加弱势群体支出的情况下，增加金融机构提供金融服务的收入，以增加对弱势群体的金融服务供给。在政府参与下的普惠金融，金融市场的供求平衡由最初“弱势群体的需求价格＝金融机构的供给价格”，变为“弱势群体的需求价格＋政府优惠政策＝金融机构的供给价格”。政府优惠政策是打破原有均衡的影响因子。

第二条路径是通过商业化创新降低运营成本，提高金融服务供给。在数字普惠金融概念产生以前，商业创新主要体现在商业模式上，如孟加拉国格莱珉模式、印尼村行模式、巴西代理模式、肯尼亚手机银行模式等。

而在数字普惠金融环境下，普惠金融问题的解决发生了很大的变化，由“需求侧”政府参与增加供给，转向“供给侧”降低金融机构的服务成本，从而实现“商业可持续”的普惠金融供给增加。数字普惠金融的创新，既包括传统金融机构的“金融互联网”内容，如“网上银行”“手机银行”“直销银行”等金融创新，又包括“互联网金融”内容，如“第三方支付”“P2P”“互联网众筹”“互联网保险”等。

《高级原则》中指出，“过去几年，数字金融服务方面的创新速度惊人”，并在成本降低方面表现卓越，为商业可持续的普惠金融发展提供了广阔的空间。见图 1－4。

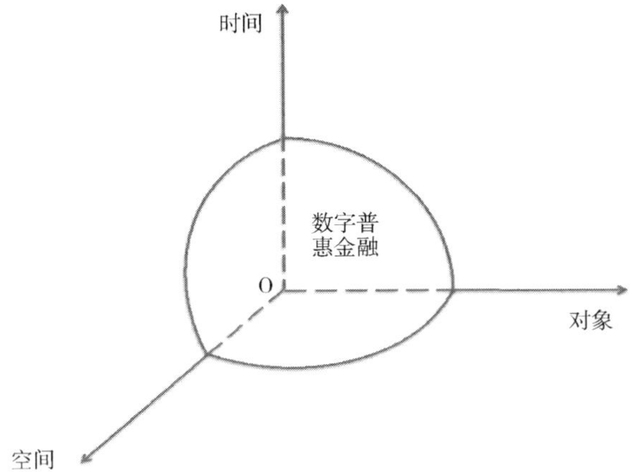

图1-4　数字普惠金融服务模式

（2）“数字”改变普惠金融的服务模式。“数字”消除了普惠金融的时间和空间限制。虽然互联网不能代表“数字”成就的全部，但互联网作为蒸汽机之后又一新时代的科技代表，为普惠金融插上了“时间”和“空间”解放的两只翅膀：一是实现了服务空间上的巨大跨越，互联网叠加无线电信号几乎能将金融服务提供到世界的任何一个角落。在互联网的帮助下，金融服务已经具备了“冲破”物理网点限制的任何能力，这是“数字”带给普惠金融的第一个质的变化，极大降低了金融服务的运营成本，从而使普惠金融“商业可持续”成为可能。二是实现了服务时间上的巨大提升，由于金融服务摆脱了物理网点的束缚，金融机构可以实现“7×24×365”的金融服务提供，提高了金融机构或互联网金融企业的服务能力。

在“数字”服务能力的强大支持下，普惠金融实现了对弱势群体金融服务能力的提升，互联网极大地降低了金融服务的成本，提升了服务能力，从而使弱势群体能够获得更多的金融服务。

（3）“数字”代表着全新的渠道。曾经对“互联网金融”与“金融互联网”的讨论已经销声匿迹，但其留下的产品如网上银行、电子银行、第三方支付、扫码支付、Apple Pay、网上贷款、P2P、互联网众筹概念，已经被广为接受。

互联网渠道实现了个人客户、企业客户与金融服务商无地域限制、无时间限制、无物理网点成本限制的接触，包括点对点的支付即第三方支付、手机银行汇款、网上银行汇款等；点对点的融资如网络借贷和互联网股权众筹；点对保险公司的接触如互联网保险；点对信托的接触如互联网信托；点对基金的接触如互联网基金；点对多个金融产品的对接如金融超市等。互联网实现了金融服务物理网点的跨越，形成了无时空约束的金融市场。

互联网提供的近乎零运营成本的服务，消除了弱势群体在消费“金融服务”方面的成本劣势，为普惠金融的实现提供了空前的良好平台。

“数字”提供了全新的技术平台。互联网时代是一个数字的时代，各种信息产生了大数据、客户画像、区块链等新的技术方式和方法。互联网新技术不断涌现，提升了传统模式的效率。

在互联网上，只要信息发生过就会在某个地方被保存下来，海量数据的存在就出现了大数据技术。通过大数据的分析获取有价值的加工信息；在数据加工基础上，就出现了客户画像，通过客户画像了解客户的消费习惯、行为习惯、浏览习惯、购物习惯、信用记录等，以便为各种营销服务；在大量中心化数据被黑客攻击，或大量客户信息被有价值转让的情况下，一种分布式、不可篡改的数据记录技术——区块链技术出现。

“数字”和金融的结合——互联网金融，虽然一直处于监管灰色地带，第三方支付在获取牌照后经历了长时间等待，网络借贷被界定为信息中介，互联网众筹尚未讨论。但互联网金融远不只这些，监管当局和互联网金融创新的拉锯战才刚开始，“互联网＋监管”尚未成为热点，监管模式尚未采纳互联网思维模式。在互联网金融出现发展“障碍”时，“数字金融”概念的提出，可能会再度冲击创新通道。

“互联网金融”“数字金融”的每一次创新，都会带来服务成本的降低、服务产品或服务对象的细化、服务渠道的创新，每一次都会让普惠金融的对象——弱势群体成为重要的受益方。

与国外“金融科技”的快速发展相同，国内“互联网金融”也经历了快速的发展，“支付宝”“余额宝”红遍了天，“P2P 元年”“众筹元年”让很多人兴奋异常；但众多“跑路”事件的发生，让 2016 年成为“监管年”“整治年”，互联网金融一度冷却。但互联网科技的巨大社会生产力不会就此停步，《高级原则》对“数字金融”的高度认可，这也必将会再度引发新的创新实验潮，“数字金融”成功之日，也就是普惠金融问题解决之时。

第二章
普惠金融的内涵、特征和评价体系

一、普惠金融的内涵

中国普惠金融的实践早于国家发展规划的提出。2016 年 1 月，国务院公布中国首个发展普惠金融的国家级战略规划——《推进普惠金融发展规划（2016—2020 年）》（以下简称《规划》），确立了推进普惠金融发展的指导思想、基本原则和发展目标，从普惠金融服务机构、产品创新、基础设施、法律法规和教育宣传等方面提出了系列政策措施和保障手段，对推进普惠金融实施、加强领导协调、试点示范工程等方面做出了相关安排。

要落实好《规划》，首先要理解普惠金融的内涵和外延。普惠金融的原则、对象、内容和目的，是理解普惠金融内涵的基础。只有深刻理解这些要素，才能够完整诠释普惠金融的内涵，进而指导普惠金融规划中的政策制定、模式创新和成效考量。

（一）普惠金融的原则

《规划》第一句话，开宗明义指出："普惠金融是指立足机会平等要求和商业可持续原则，以可负担的成本为有金融服务需求的社会各阶层和群体提供适当、有效的金融服务。"根据这一定义，普惠金融的原则可以归纳为：机会平等、商业可持续、成本可负担。虽然在《规划》正文中对基本原则表述为"健全机制、持续发展；机会平等、惠及民生；市场主导、政府引导；防范风险、推进创新；统筹规划、因地制宜"五个主题，但远没有"机会平等、商业可持续、成本可负担"简洁和达意。

按照“机会平等、商业可持续、成本可负担”原则，对普惠金融的理解应包括以下三点。

1. 普惠金融是一种经济行为

毋庸置疑，普惠金融的主题是“金融”，是一种经济行为。如图2－1所示，普惠金融的基础是一个简单的金融供给和金融需求均衡问题。普惠金融需要增加金融供给，考虑到商业可持续性，最好的方式是依靠科技进步来实现金融服务成本的降低，使金融供给曲线右移。这是发展普惠金融最好的方式。互联网技术的进步正一步步向这个目标逼近：互联网支持的第三方支付将支付结算、汇款推向了不需物理设施、无地域限制的状态；互联网支持的商业银行电子银行服务、余额宝服务、互联网金融超市等将以存款为核心的理财投资服务也推向了无地域限制的状态。然而融资业务在隔离时空情况下的风险识别技术没有太大的进展，P2P和互联网众筹至今尚未获得合法身份。

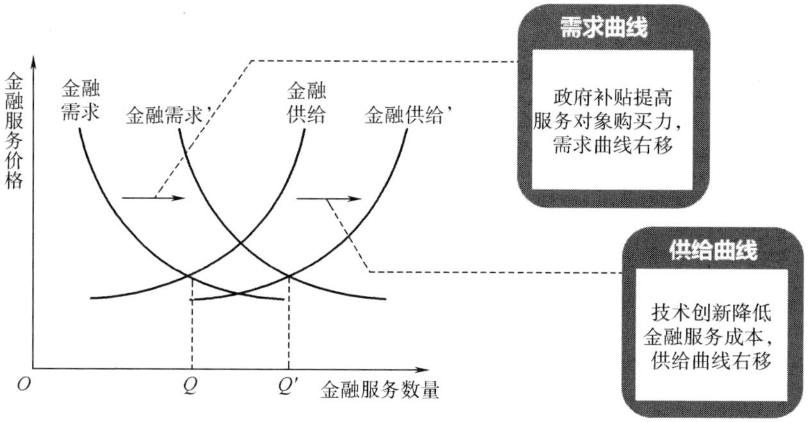

图2－1 金融市场供给和需求

2. 普惠金融具有公益性质

普惠金融强调的机会均等和成本可负担，都不属于供给和需求分析的范畴，因为如果每个消费者都能支付享受金融服务所需要的价格（如合理的利率、支付结算费用、汇款费用等），金融机构一定会提供服务，不存在成本可负担问题，也就不存在没有获得均等服务的问题。普惠金融实际上属于福利讨论的范畴，具有公益性质的内涵。

2015 年《政府工作报告》提出，要大力发展普惠金融，“让所有市场主体都能分享金融服务的雨露甘霖”。在金融供给曲线不变的条件下，为了实现金融服务雨露均沾，只能是政府提供补贴，让消费者感觉金融需求曲线不变，而金融供给提供者感觉到金融需求曲线右移，从而增加社会金融获得量。从这个意义上讲，普惠金融是社会经济水平和金融服务水平达到一定程度的情况下，为金融未覆盖人群提供公益性、公平性服务，政府补贴是实现这一目标必不可少的手段。

3. 商业化改进和公益化补贴促进机会均等

理解普惠金融商业形态中的机会均等，需要理解普惠金融商业化和公益化这两大属性（见图 2 -2）。传统意义上的金融服务尽管已经具备了多样化的产品和形态，比如贷款、理财、保险和支付等，但这些金融服务并不能真正惠及各社会阶层，特别是弱势群体，最直接的原因是对弱势群体提供金融服务的成本收益不匹配。普惠金融发展中亟须解决的也是为弱势群体提供金融服务成本收益不匹配的问题。

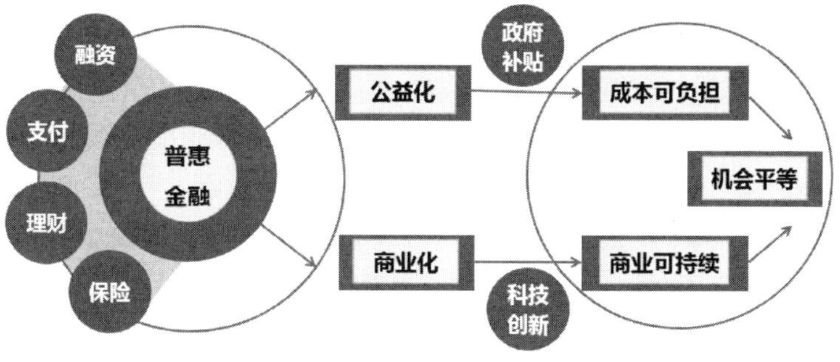

图 2 -2　普惠金融兼具商业性与公益性两大属性

解决的主要路径有两种：一是公益化解决，体现了普惠金融的责任层面。即通过政府补贴这一公益性支出，弥补普惠金融发展中的成本收益差。二是商业化解决方向，体现了普惠金融的创新层面。通过各种政策引导金融机构进行合理的制度优化和创新开发，在新技术与产品环境下，实现成本下降和收益上升，从而获得内生性盈利，使成本与收益相匹配，形成市场化条件下能自我运转的金融体系，实现普惠金融的可持续发展。

引导普惠金融体系与市场力量和外部力量发生良性循环，需要政府在统筹规划、组织协调、均衡布局、政策扶持等方面起到引导作用，针对基础金融需求、脱贫致富等不同的金融需求，制定适当的优惠政策和环境引导，构建具备商业可持续和成本可负担的普惠金融体系。

综合以上分析，对普惠金融原则的完整诠释是：①机会平等是核心目标，力争使社会所有群体享受到合适的金融服务；②可负担的成本是目标状态，实现普惠金融对弱势群体服务的责任，体现普惠金融的公益性；③创新是实现目标的手段，实现普惠金融的商业可持续发展，体现了普惠金融的商业稳定性。

（二）普惠金融的对象

《规划》在指导思想部分提出，“使最广大人民群众公平分享金融改革发展的成果”。现状是一部分私人客户、央企、国企、大型民企等，拥有大量的金融机构提供的金融服务，尚有相当一部分人群和小微企业的金融需求不能得到满足。见图2－3。

图2－3 普惠金融对象为金融服务不能覆盖的弱势群体

普惠金融的对象是有金融服务需求的弱势群体，据此《规划》中指出，“小微企业、农民、城镇低收入人群、贫困人群、残疾人、老年人及大学生等特殊群体是当前我国普惠金融重点服务对象”。普惠金融的核心原则是机会平等，使所有的市场主体都能享受到普惠金融的服务，普惠金融需要解决的是弱势群体的金融服务和金融基础设施不足的问题。

普惠金融服务不能覆盖的弱势群体表现为两个维度：一是财务状况较差的群体，小微企业、城镇低收入人群、贫困人群和残疾人、老年人、大学生都属于这一情况；二是居住地区较偏远的群体，农民和偏远山区的居民往往属于这种情况。

对财务状况较差的群体而言，金融机构识别其风险承担能力和信用还款能力时，面临更高的鉴别成本和坏账风险，导致很少有金融机构能够提供合适的贷款服务。居住地区较偏远的群体，面临的则是金融服务物理设施不足。由于地理条件的限制，很多金融机构因成本收益比过高，不能铺设足够的网点等基础设施，从而使金融服务不能完全覆盖。

总体而言，社会群体中能够享受到的金融服务丰富程度与其自身的财富水平存在正相关关系。财富水平较高的群体，往往因为其较高的风险承担能力和信用背书能力，能够享受到更多的金融服务。弱势群体因为其较差的财务状况和地理位置，不能拥有足够的金融服务和基础设施覆盖，无法享受金融服务带来的红利，这一弊端反过来又加重了其生存状况的弱势，甚至出现阶层固化、难以向上自由流动的窘境，这是迫切需要推动普惠金融发展的主要原因。简言之，普惠金融以全社会各阶层为服务对象，但重点是小微企业、农民、城镇低收入人群、贫困人群和残疾人、老年人等较少能够享受金融服务的弱势群体。

（三）普惠金融的服务重心

普惠金融的服务重心可以分为三个层次：最核心的是融资，其次是保险、支付和理财等多元金融服务，最外层是普惠金融教育和投资者保护以及政策体系，如图 2－4 所示。

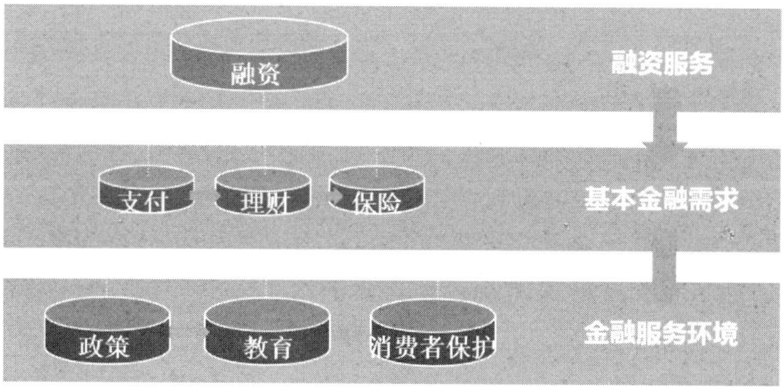

图 2－4　普惠金融服务内容三层次

第一层次：融资服务。债券、股票、信托等融资方式与小微企业、农民、城镇低收入人群、贫困人群、残疾人、老年人等弱势群体关系不大，因此，贷款是大众最核心的融资诉求，可以帮助弱势群体实现脱贫致富和创业。

根据贷款的种类不同，贷款可以分为消费类贷款、小微企业贷款、扶贫性贷款等。发展普惠金融，在贷款类产品提供时要注重创新和制度设计，在可控的范围内提高贷款活力。同时，注重发展多样化的资金融通渠道，比如为小微客户提供股权类或者债权类产品创新，为特定群体提供股权、债权等融资服务，必定会极大提高普惠金融水平。

第二层次：基本金融需求。从普惠金融的角度，理财、支付和保险等金融服务是一些基本的金融需求，但其重要性远低于融资。因为理财的目的是保值增值，对个人财富不多的弱势群体，不进行储蓄或理财不会对其资产状况产生太大影响；支付方面，对弱势群体来说，没有比现金更方便的方式，唯一的需求可能来自于汇款；保险是弱势群体还没有认识到的重要金融产品，很多贫困户脱贫以后又返贫，一个重要原因是大病。而证券、基金、期货、信托等金融产品离弱势群体太远，无须过多阐述。

第三层次：金融服务环境。良好的金融环境是提升金融服务可得性和满意度的必备条件。金融服务环境，首先是政策环境建设，即制定相应的政策、法律法规，规范普惠金融发展的流程，促进普惠金融服务的规范化、法制化和高效化，打造良好的信用环境；二是做好消费者保护，既包括事前保护即投资者教育、借款人教育、金融从业人员教育等，避免消费者上当受骗、形成良好的金融消费理念和行为，也包括事后保护，即对受到侵害的消费者提供投诉渠道、及时处理案件，为消费者提供最后的法律保护屏障。

（四）普惠金融的目的

从广义上讲，普惠金融是“以增进民生福祉为目的，让所有阶层和群体能够以平等的机会、合理的价格享受到符合自身需求特点的金融服务”。但从普惠金融的价值来看，狭义上普惠金融的目的应集中在融资为所有阶层和群体带来促进经济主体生存状况改善和提升的效果，具体可以分为扶贫、致富和创业三种。见图2－5。

1. 扶贫

普惠金融概念的提出，是从小额贷款概念扩张来的，其核心依然是扶贫。

图 2－5　普惠金融目的

普惠金融的典型案例如格莱珉银行、印尼的村行模式等之所以成功，都源自其在贫困地区呈现出来的扶贫效果。通过融资解决生产资料的购买，让贫困人群组织实施自雇式生产，是普惠金融扶贫的典型模式。

2. 致富

贫困人群摆脱贫困后，需要组织较大规模的生产模式，从自雇式生产向招募少量员工的微型、小型企业发展，其经济特征是经济主体的生产目的从脱贫向致富方面转变。中小企业融资难是各国面临的共同难题，原因是企业规模小、数量多，金融服务的单体成本高；中小微企业极容易受经济环境的影响，呈现出高风险；中小微企业都有成长的欲望，成长本身就会导致较多的经营失败风险。但中小微企业在解决就业、帮助弱势群体致富方面承担了较多社会责任，这是社会发展到一定阶段必须面对的普惠金融课题。

3. 创业

随着社会经济进一步发展，当一国经济水平达到中上等水平时，会出现一个缺乏资源但拥有技术、专利或创新思维的创业阶层。社会创业阶层的丰富和壮大是经济发展的巨大潜力，如美国的硅谷，都是一些白手起家的技术性创新企业。但初创企业往往缺乏启动资金，需要通过社会融资解决，因此出现了创业产业基金、天使投资、风投、众筹等金融业态。解决创业面临的普惠金融问题，是普惠金融的高级阶段。

二、普惠金融现有市场特征

全球普惠金融数据库（Global Findex）是衡量世界各国成年人在不同时期使用金融服务的可持续比较的、综合性最强的数据库。全球普惠金融的发展出现了很多新变化，数据能在衡量普惠金融的发展效果上提供方向指引。

全球普惠金融的发展程度可以由三方面数据进行衡量：账户、支付、储蓄信贷和财务应急能力。世界银行2015年发布了《2014年全球普惠金融调查报告》，对比全球143个经济体的100多个指标（指标数据源自各国代表以及随机选取15岁以上成年人共计15万人）发现，过去十几年，国际小额信贷和微型金融的经验证明普惠金融能够有效增加贫困地区和低收入人群收入，促进贫困地区经济金融快速发展。

（一）普惠金融深化能显著提升贫穷家庭的账户渗透率，移动支付正成为新趋势

账户渗透率是普惠金融发展的一个标志。账户包括在金融机构或移动支付供应商拥有账户，是融入正规金融系统的第一步，使账单支付、汇款更容易、更便捷，并提供了一个安全存钱的地方，从而鼓励储蓄，同时打开了获得金融机构贷款的大门。

全球成年人账户渗透率从2011年的51%提高到2014年的62%。高收入的经合组织经济体的成年人账户渗透率达94%，发展中经济体只有54%。中国的成年人账户渗透率从2011年的64%提高到2014年的79%，账户持有人数增加1.8亿，其中最贫穷家庭（占家庭总数的40%）的成年人账户渗透率提高了40个百分点，最富有家庭（占家庭总数的60%）的成年人账户渗透率提高了8个百分点。2014年全球最贫穷家庭的成年人账户渗透率低于最富有家庭的成年人账户渗透率。最富有的20%家庭成年人账户渗透率为68%，比最贫穷的20%家庭成年人账户渗透率高25个百分点。见表2－1。

表2－1　各经济体内最贫穷家庭账户渗透率

地区	东亚和太平洋	欧洲和中亚	高收入经合组织经济体	拉美和加勒比	中东	南亚	撒哈拉以南非洲
拥有账户的占比（%）	61	44	91	41	7	38	25
没有账户的占比（%）	39	56	9	59	93	62	75

资料来源：全球普惠金融数据库。

（二）普惠金融能有效提高账户使用频率和借记卡、信用卡、手机支付、电子支付、互联网支付等多样化使用方式

1. 存取款

2014 年，高收入经合组织经济体 84% 的金融机构账户持有人每月至少有一次存款，87% 的账户持有人每月至少有一次取款。发展中国家的账户持有人通过 ATM 取款的比例由 2011 年的 37% 增至 50%，通过银行出纳员取款的比例由 2011 年的 55% 降至 43%。另外，近年来银行代理支付发展也较快，但银行代理在发展中国家的整体渗透率还不到 1%。

2. 借记卡

总体看，高收入经合组织经济体的成年人，借记卡或 ATM 卡渗透率高于发展中国家，83% 拥有金融机构账户的成年人拥有借记卡，82% 的持卡人在过去 12 个月有使用借记卡直接购物的经历。发展中经济体，55% 拥有金融机构账户的成年人（占所有成年人的 27%）有一张借记卡，46% 的持卡人在过去 12 个月有用借记卡直接购物的经历。

3. 信用卡

2014 年各国拥有信用卡的成年人比例差异巨大，其中高收入经合组织经济体 53% 的成年人持有信用卡，而发展中经济体尽管近年来信用卡发展快速，但整体比例不到 10%。信用卡的使用率较高，高收入经合组织经济体和发展中经济体的信用卡持有人在过去 12 个月使用过信用卡的比例都超过 80%。

4. 手机支付

2014 年 16% 拥有金融机构账户的成年人在过去一年通过手机使用金融机构账户，其中高收入经合组织经济体比例最高，超过 20%，其他地区的平均比例不到 10%。全球移动支付渗透率中，高收入经合组织经济体的占比约为 1/3。

5. 直接电子支付

直接电子支付包括借记卡、信用卡和手机三种方式。高收入经合组织经济体在过去 12 个月利用这三种方式进行直接电子支付的成年人比例分别为 65%、47% 和 21%，为全球最高；发展中经济体的差异则比较明显。

6. 互联网支付

2014 年高收入经合组织经济体的家庭互联网渗透率为 83%，发展中经济

体只有1/3。高收入经合组织经济体中，54%的成年人在过去12个月有互联网支付经历，而发展中经济体不到10%。

（三）普惠金融发展会提高融资水平、资金活力和信用卡的使用活力，民间借贷水平作为重要补充基本保持稳定

2014年，42%的成年人在过去一年有借款（信用卡除外）。从趋势看，2014年在金融机构有新贷款的成年人比例与2011年接近。从借款类型看，2014年向家庭或朋友借款的成年人比例比2011年小幅提高，向私人非正规借贷者借贷的成年人占比保持稳定（占比不足5%）。

从贷款原因看，全球范围内的一个共同原因是购买土地或住房，其中高收入经合组织经济体中，这一原因占比为26%，发展中经济体不足10%。发展中经济体成年人为健康或医疗而贷款的占比为20%，为教育和创办企业而贷款的比例为8%；高收入经合组织经济体的成年人为健康、教育和创办企业而贷款的比例为5%左右。

从信用卡使用看，信用卡是一种短期信贷资金来源。高收入经合组织经济体53%的成年人持有信用卡，其融资功能使新增正式贷款的比例提高35个百分点；发展中经济体只有约10%的成年人有信用卡，使新增正式贷款的比例提高16~22个百分点。

（四）普惠金融能有效提高落后地区民众应急财务应变能力，现阶段主要的应急途径是民间储蓄及亲友间的借贷，其他途径尚未打通

在紧急情况下能否在下个月内筹集到应急资金，全球83%的成年人认为这是“可能”的，其中高收入经合组织经济体认为“可能”的成年人占比为83%，发展中经济体为74%。同一经济体内最富有家庭的成年人选“可能”选项的比例高出最贫穷家庭18个百分点。从资金来源看，全球3/4的成年人将储蓄视为主要应急资金来源，其中高收入经合组织经济体、东亚和太平洋地区的主要应急资金来源是储蓄（56%），其他发展中地区的则是家庭和朋友。

（五）发展普惠金融需提高无银行账户成年人的普惠金融水平，增加银行账户使用的机会

当前全球仍有20亿成年人没有享受金融服务。从性别看，妇女占55%；从收入看，最贫穷家庭中没有享受金融服务的成年人有5亿。

要提高普惠金融水平，有三种途径：一是政府通过提供一个有利于提高账户渗透率的监管框架，来减少金融服务成本和距离，包括颁发银行代理牌照，要求银行提供基本或低成本的账户，使用移动支付；二是促进私人部门设计适当的金融产品，满足无银行账户成年人的需求，并使账户使用更简单、更方便、更实惠；三是推动包括政府和私人部门在内的相关部门使用数字支付技术，使无银行账户的成年人实现从现金支付到账户支付的转变。

当前全球四分之三的账户持有人使用其账户进行储蓄，每月至少取款或电子支付三次，但仍有很大潜能增加账户的使用。比如当前发展中经济体超过 13 亿有账户的成年人仍然使用现金缴纳水电费和学费。由于缴纳方式取决于公用事业公司和学校，可以推动其向客户提供账户支付，提高双方的支付效率。

推动使用正规储蓄。当前发展中经济体 1.1 亿有账户的成年人（占账户持有人数的5%）是通过储蓄俱乐部等形式进行半正式的储蓄。设计满足其需求的适当储蓄产品，能鼓励这些账户持有人使用其账户进行储蓄，提高正规储蓄占比。

三、普惠金融的体系框架

发展普惠金融是一项系统工程，涉及产品创新、机构建设、政策扶持、优化金融消费环境等方方面面。在从原则、对象、内容和目的等方面深刻理解普惠金融内涵的基础上，项目组通过对《规划》的深入分析和解读，并结合金融生态本身的内在特性，搭建了由政策、技术、对象、机构、产品、服务、基础设施、模式创新等八部分组成的普惠金融体系框架，如图 2 –6 所示。

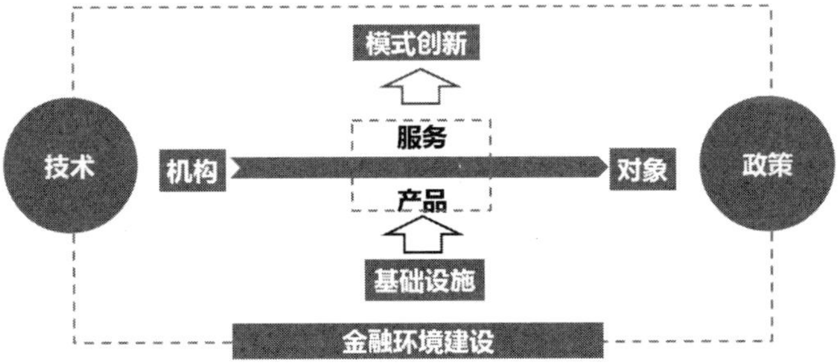

图 2 –6　普惠金融体系

在一个完整的普惠金融体系框架中，最外层是政策、法律环境，作为整个普惠金融高屋建瓴的存在，支持整个普惠金融体系各个层面的良好运转；扮演核心角色的是金融机构和服务对象，它们构成了普惠金融的供给方和需求方；连接供需双方的是金融产品和服务，多样化的产品与服务创新是普惠金融的桥梁；为供需双方产品服务提供支持的是各类金融基础设施，它们是普惠金融体系的基石；在此基础上衍生成普惠金融的各种模式，因其创新机制与体系赋予了不同的内涵；面对弱势群体的消费者保护是必要的社会援助，通过事前的普惠金融教育和事后的投诉处理和法律援助，为普惠金融对象提供更优质的金融服务。这八个部分在共同的框架内彼此连接，有效运转。

（一）政策法律是普惠金融的环境基础

普惠金融兼具商业性与公益性双重属性，良好的政策法律环境能引导金融资源向普惠金融倾斜，进而实现普惠金融系统的成本收益经济。好的政策设计需要根据普惠金融发展的不同阶段，重点关注薄弱领域和特殊群体金融服务需求变化的方向，做出合理的设计和调整，从而实现普惠金融体系的高效经济发展。

政策支持是普惠金融发展的催化剂。政府在引导普惠金融资源时可以采用的政策工具包括货币信贷政策、金融监管政策、财税政策、地方配套支持等。

- 货币信贷政策上，运用差别化存款准备金等工具，引导更多信贷资源配置到小微企业和“三农领域”。

- 金融监管政策上，创新对小微企业和“三农”贷款服务的考核和激励机制，适当宽容不良贷款和风险，对当事人的责任认定上灵活客观，对证券和保险机构向县域市场倾斜提供必要的激励和政策放宽。比如银监会对小微企业贷款提出“三个不低于”，从增速、户数、申贷获得率三方面更全面地考核小微企业贷款，在有效提高贷款增量的基础上，努力实现小微企业贷款增速不低于各项贷款平均增速，小微企业贷款户数不低于上年同期户数，小微企业申贷获得率不低于上年同期水平。在推进过程中，应根据实际情况适当放宽和调整小微贷款的不良率容忍水平。

- 财税政策上，与各级地方政府协调对小微企业和“三农”贷款的税收扶持；配套支持上，通过财政激励引导各类机构加大小微企业、“三农”和扶贫领域的支持力度。

除了政策优惠，政府还可以通过优惠利率资金或直接的贴息补贴等具有补偿性质的政策，为普惠金融对象提供针对性支持。央行提供优惠的普惠金融资金，如2016年设立的扶贫再贷款，“利率在正常支农再贷款利率基础上下调1个百分点”。国家开发银行2016年7月21日发行扶贫专项金融债券50亿元，所筹集资金将全部用于支持江西、甘肃、广西、重庆四省（区、市）共50个易地扶贫搬迁贷款项目，将惠及建档立卡贫困人口74.12万；在贵州的妇女贴息抵押贷款项目中，对个人从事微利项目发生的贷款，由中央财政在人民银行公布的同期同档次贷款基准利率下调3个百分点以内给予贴息，贴息额度为50%。

此外，宽松的准入和经营范围对发展普惠金融也很重要。普惠金融相关金融机构准入、产品创新、模式创新都具有规模小、涉及区域小、技术粗糙、从业人员素质低、潜在风险大等问题，因此对小贷公司、租赁公司、消费信贷公司、合作社资金互助、村镇银行、P2P网贷等准入要有压有放，“压”是要压其盲目扩张经营范围、经营规模，限制其做大做强高风险金融业务，“放”是对其在做小做微过程中出现的问题要适度宽容。

除了扶持政策，通过法律维护良好的金融消费环境，对发展普惠金融至关重要。司法是社会的最后一道防线，是维护金融稳定的基础，在提倡和争取宽松的政策环境基础上，也要完善金融法律法规和消费者保护法律法规，为普惠金融提供一个健康的基础性环境。

（二）金融机构是普惠金融产品服务的供给主体

金融机构是金融服务的供给主体。在《规划》中，多层次、全覆盖的金融服务体系包括银行、新型机构和保险三大类，其中新型机构包含甚广，包括小额贷款公司、典当行、金融租赁公司、融资租赁公司、消费金融公司、汽车金融公司、农民合作社内部资金互助、农村小额信贷组织、以政府出资为主的融资担保机构或基金、重点支持小微企业和“三农”的省级再担保机构、国家融资担保基金，以及互联网金融。但从《规划》中涉及的产品和实践中普惠金融的参与主体看，这样的简单分类并不能展示金融机构体系的全貌。见图2－7。

按照服务机构的规模和服务提供的内容，可以从两个维度来划分金融机

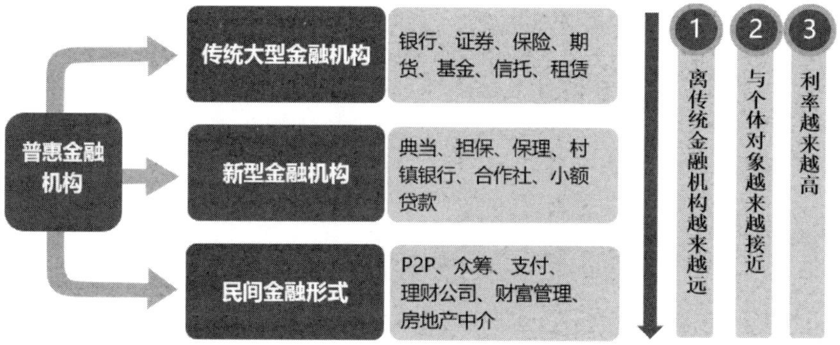

图2－7　普惠金融供给主体

构体系：一是规模因素，按规模的大小可以分为微型机构、互联网金融、新型机构、传统机构，机构规模越小，提供的金额越小，与普惠金融对象的黏合度越高；二是机构类型，根据普遍理解的七大牌照可以分为期货、信托、租赁、证券、基金、保险、银行，按此顺序，这些机构对普惠金融的支持力度越来越大，业务笔数越来越多。

1. 从规模因素维度划分

（1）微型金融机构。微型金融机构主要包括合作社资金互助、村镇银行，以及提供金融服务的无牌照的理财公司、投资公司、财富管理公司、房地产中介和一些隐藏在“水下”的民间金融服务公司。这类机构的特点是微型化且处于规则的边缘地带，但提供了最底层的金融服务。

（2）互联网金融。互联网金融，即与互联网技术创新联系在一起的“互联网＋”金融组织，其中第三方支付已经获得了牌照，P2P和互联网众筹尚处于规范阶段。互联网金融虽然尚未完全纳入正规的金融服务行列，但其在普惠金融方面的贡献有目共睹，潜力巨大。

（3）新型机构。新型机构，主要是有牌照的小型金融机构，如小贷公司、典当公司、担保公司、保理公司、融资租赁公司、担保机构、合作社等，相比微型机构和互联网金融，这类机构更具合法性，相对传统金融机构则更具小型性和微型化，是普惠金融服务的重要补充。

（4）传统金融机构。传统金融机构，即一行三会监管的各类传统金融机构，这是普惠金融的主体，无论在资金规模、业务笔数、产品提供还是渠道上都具有优势，同时也是人民银行、国家开发银行等政策性资金使用的重要渠道。总体来看，微型机构和新型机构更具区域性特征，互联网金融和传统机构则更具全面覆盖性特征。

2. 从类型因素划分

（1）银行。银行是中国金融机构的核心，无论是金融业务的核心存贷汇，还是网点数量和普惠金融对象服务上，银行类金融机构都是主体。银行可细分为政策性银行、国有控股商业银行、股份制商业银行、城市商业银行、农村商业银行、农村信用社、村镇银行等。在普惠金融的服务内容中，存款、支付业务中，银行类机构作用相差不大，但在融资贷款方面，按前述顺序，提供的贷款规模越来越小，也越来越贴近普惠金融的目标。从服务区域上，银行类金融机构更喜欢积聚在经济发达地区，到县域已经不能看到所有的商业银行，到镇一级则是农业银行、邮储银行、农村信用社成为主体，再到更低一级的村，如果有银行类金融机构，也是以农村信用社为主力。

（2）保险。保险对广大低风险抵抗能力人群意义重大，表现在三方面：一是通过人身保险和财产保险，保障普惠金融对象保持相对稳定的生活水平，避免因疾病或灾难致贫、返贫；二是保险机构与农民合作社合作，促进农业技术推广、生产管理、防灾防损、家庭经济安全等与农业保险相结合，避免因农业灾害、安全灾害等导致农民生产亏损或企业倒闭；三是通过信保产品，提高普惠金融对象获得融资的能力。

（3）证券。简单理解，证券与普惠金融的关系应该较远，但《规划》提到了“全国中小企业股份转让系统（即新三板）”“鼓励保险公司投资符合条件的小微企业专项债券”“进一步扩大中小企业债券融资规模，逐步扩大小微企业增信集合债券发行规模”等内容。但能参与新三板、发行债券的企业，绝不是几十万元资金就能满足其需求的，从这个意义上，《规划》将普惠金融弱势群体的范围扩展到了中小企业。如果能在股权和债券两方面为普惠金融对象提供更多创新服务，无疑会极大提高普惠金融的服务状况，如放开互联网股权众筹，为更多参与者方便提供更小金额的股权融资，让小型、微型企业和创业企业获得分散化的股权融资机会；微型债券的发行和转让交易系统也是普惠金融对象希望见到的创新模式。

（4）基金。基金对普惠金融的作用体现在两个层面：一是通过鼓励和发展并购投资基金、私募股权投资基金、创业投资基金等，促进创业，特别是科技成果、专利产品的创业，促进科学技术的发展和科学成果利润的转化；二是通过政府主导建立的普惠金融发展基金，如以政府出资为主的融资担保机构或基金、国家融资担保基金、地方各级人民政府建立小微企业信用保证保险基金等，由政府出资来弥补社会资金不能触及的普惠金融领域，支持普惠金融对象的发展。

（5）租赁。租赁是作为新型金融机构出现在《规划》中的，但考虑到租赁牌照的数量和金融租赁更侧重于大型设备业务，实践上租赁对普惠金融的影响不大。

（6）信托。信托业务在资金端的最低要求为投资金额不少于100万元，现实中5 000万元的信托业务都很少见，与普惠金融关系不大。因此《规划》中没有提及信托。

（7）期货。期货在《规划》中被赋予规避农产品价格波动风险的作用，但即使有相关产品也只是惠及大型涉农企业。当然，如果能够通过大型企业传递到农户，也会有利于广大农民防范农业风险，但从期货交易所、交易商、涉农企业再到农户的传导链条太长，对农民来说，可能很难见到此类产品。

总体来看，七大类牌照中有六类被《规划》赋予了普惠金融的作用，但真正能发挥作用的是银行和保险，证券和基金需要通过创新才能发挥重要作用，而租赁、信托、期货则对普惠金融的影响甚微。

（三）对象是普惠金融产品服务的需求主体

前文在普惠金融内涵中曾对普惠金融对象有一个简单描述：普惠金融对象是弱势群体，即农民、城镇低收入人群、贫困人群、残疾人、老年人、大学生和小微企业是普惠金融重点关注的对象。针对以上弱势群体做进一步延伸，可以从两个维度来界定弱势群体：一是财富状况；二是偏远地区。见图2－8。

从财富状况看，弱势群体的高风险识别成本、高运营成本和高违约风险导致其不能获得正常商业融资，是被列为普惠金融对象的核心因素。

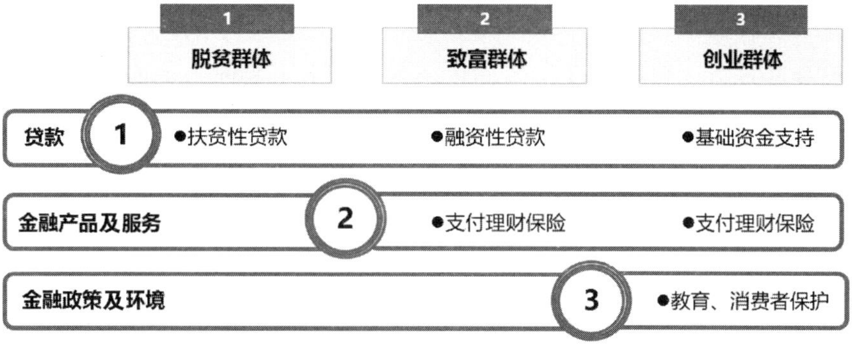

图 2－8 普惠金融需求主体

自然人中的农民、城镇低收入人群、贫困人群、残疾人、老年人、大学生等被定义为弱势群体，其财富状况处于社会偏下的水平，不能从金融机构获得融资，但银行不会拒绝为他们提供存款、取款、汇款、POS 机刷卡等各种非融资类业务。

从企业领域看，小微企业规模小、数量多、风险高、识别成本高、运营成本高，且容易受经济周期、行业周期等因素影响，导致其不容易从金融机构获得可负担的商业性融资。

从支持“大众创业、万众创新”来看，普惠金融的企业对象还包括创业企业特别是大学生创业企业。这些企业可能在启动阶段没有任何资本，也没有任何抵押质押物，拥有的是专利技术、好的创意，投资失败的概率非常高，股权投资、创投基金可能是最好的融资方式，但获得渠道狭窄。

从区域上看，与经济发达地区的物理距离，是制约消费者获得金融服务的重要因素。对那些偏远地区、人口稀少地区、经济落后地区，金融机构设立物理网点的成本、人工成本，与吸收存款、支付等中间业务收入、贷款业务的利息收入等相比，往往要高出很多。偏远地区的普惠金融问题，不仅仅是贷款问题，简单的存取款和汇款等金融服务也存在障碍。普惠金融模式中，肯尼亚手机银行模式、巴西代理银行模式都是解决此类非融资普惠金融问题的方案。

从需求看，普惠金融的目的分为脱贫、致富、创业三类，核心是融资问题。脱贫、致富、创业代表着普惠金融服务逐步提高的三个层次，对应着基础需求、延伸需求和高级需求，随着生活改善的压力逐渐减弱，融资金额逐渐上升，融资方式也逐渐变得多样化。脱贫需求主要面向贫困人群，这一群体需要的往往是财政保障和资金用于基本生活；致富需求主要面向农民生产、小微企业和低收入人群，他们不仅需要资金用于购买生产资料，也需要多样化的金融服务来实现资金流通、财务增值；创业主要面向的是创业进程中的小微企业以及有创业愿望的人群，在“大众创业、万众创新”的大背景下，他们对金融服务有更高的需求，不仅是资金和金融工具，还需要政策扶持和良好创业环境的构建。

（四）金融产品是多样化服务连接机构与对象的桥梁

金融产品是普惠金融对象消费的内容，是普惠金融问题的着力点。普惠金融产品可以分为融资类、支付类、理财类、保险类和支持类，其中融资性产品是最核心的。见图 2－9。

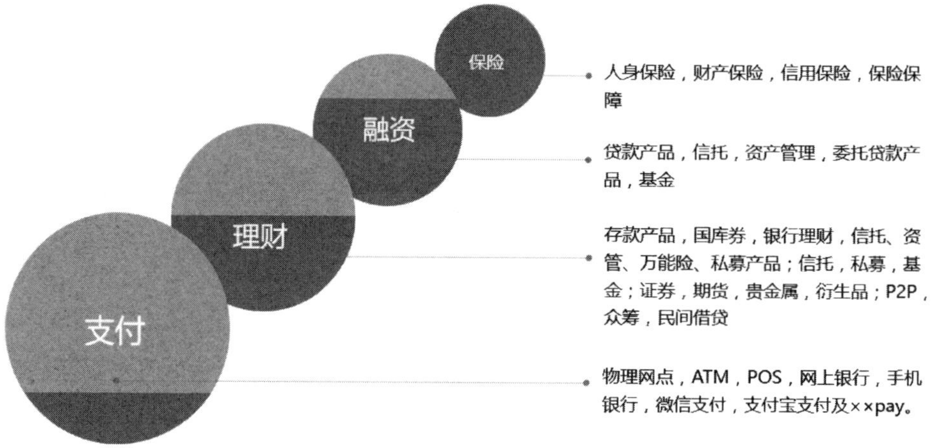

图 2－9　普惠金融产品

1. 融资性产品

之所以说融资性产品是普惠金融的重心，是因为融资性产品对普惠金融对象价值最大。贷款性产品包括银行贷款、小额信贷、租赁、典当、信托、网络借贷、股票、债券、众筹等。融资性产品可以改变普惠金融对象的生存状况，为其逐步扩大经济生产，实现脱贫、致富和创业提供重要支撑，也可以被政府作为实现社会公平和促进弱势群体经济发展的重要手段。“三农”贷款问题、中小企业贷款难问题、如何培养良好的创业融资环境问题，一直是政府和社会各方关注的焦点，也是融资性产品的主要需求方。

2. 理财性产品

各种人群希望财富保值增值是基本需求。目前中国的银行定期存款年利率在2%～3%，国债利率略高但期限较长，多在3～5年，门槛较高（5万元到20万元不等）的银行理财收益率在4%左右，属于合格投资者的利率在6%～10%，但门槛至少100万元。从理财角度看，还有股市、贵金属市场、期货市场等投资渠道，但风险更高。综合来看，理财产品不足是中国金融市场尚不成熟的重要表现，对资产在100万元以下的客户，投资理财的选择就更少，利率也更低，这也是“余额宝”受追捧，获得极大的市场认可度，迫使各商业银行推出各种“宝宝”类产品的原因；也是“e租宝”等非法集资使众多投资者受骗的原因之一。

从普惠金融角度，鼓励市场创新出不同期限、不同门槛、利率较高的理财产品是市场需求所在，其相关群体数量也相当大，影响范围很广。但从另一个角度看，理财型产品的不足，在普惠金融诸多问题中的重要性并不高，特别是那些急需通过融资来脱贫、致富或创业者，其理财需求并不强烈，没有一篇学术论文讨论理财与普惠金融的关系，即反映了这一现象。

3. 支付类产品

银行开户、存取款、汇款、汇兑、支付清算等支付类产品是与所有人都相关的产品，服务产品创新和多样化为消费者提供了方便，可以使用网上银行、手机银行、第三方支付7×24小时随时随地进行支付和汇款，微信、支付宝已经提供了几乎无处不在的支付服务。在AFI等的普惠金融指标中，支付类指标占有相当的比重。

4. 保险类产品

保险产品在普惠金融中占有一定的位置：首先，医疗保险可以避免普惠金融对象致贫、返贫；其次，农业性保险可以避免自然灾害给农民带来的损失；再次，信用保证保险可以为普惠金融对象提供更多的融资机会。

5. 支持类产品

此类产品为普惠金融对象获得融资提供支持作用，包括并购基金、创业基金、风险基金、国家融资担保基金、小微企业信用担保基金等，可以成为各类专项的普惠金融资金来源；政府和私营担保公司为普惠金融对象提供融资支持；征信公司则为融资提供外围服务。支持类产品在定向解决融资问题、增加资金来源、增加融资规模方面，可以发挥重要作用。

金融产品与普惠金融概念的结合，能够延伸出多样化的产品形态，比如开发农产品期货产品，为农民提前锁定价格提供保障；开发证券类产品，能够提供小额股权众筹支持创业和致富的融资需求；开发公益性基金和创投基金产品，为农民和小微企业的生产提供支持；开发多样化的理财产品，为普惠金融的受众提供资产的保值增值服务；开发健全的保险产品，为重点服务对象打造适合的财产险、健康险。

金融机构提供了理财、支付、贷款等多种产品，既包括存贷汇等传统金融服务，也包括保险、证券、理财等新兴业务领域。鼓励有效的产品创新是普惠金融体系建设的保障。例如对大学生创业提供政策支持，鼓励众筹等新的产品创新融资模式；在贷款需求和担保设置上，适当扩充抵押质押物的范围，参与农户土地流转抵押产品设计，在把控风险的同时，灵活推进多样化的抵押质押物的手段；鼓励和合理监督互联网金融发展过程中涌现的 P2P、众筹、支付等多样化创新产品，在安全的前提下作为融资渠道的有效补充；公益性产品设计方面，使用更加灵活的扶助方式，促进针对特定需求人群的产品创新等。

（五）基础设施是产品服务实现的基石与渠道

良好运转的普惠金融体系，离不开金融基础设施的保障。金融的基础设施用于保证金融机构能够高效率的运转，产品服务能够有效到达特定服务人群。金融基础设施主要分为两个层次：一是有形的金融基础设施，比如 POS 机、EPOS 机、ATM、营业网点等；二是无形的金融基础设施，包括电子银行、网上银行、在线支付系统、征信体系、风险评估系统和贷款质量检测体系等。

有形的金融基础设施，旨在促进产品和服务能够便捷地被金融服务的受众使用，发展的关键是提高覆盖率，尤其是农村偏远地区。普惠金融发展的一个重要举措，就是推动金融服务机构在农村和偏远地区加强网点建设、ATM建设等，并接入央行的支付清算系统。通过财政补贴支持、政策倾斜等方式搭建能够覆盖偏远地区的支付交易网络，使农村和偏远地区居民能够享有各种实体金融设施带来的便利。互联网金融出现前，有形的网点是必要渠道，代理银行、代理商模式、农村代办员等模式都是有形网点在优化服务能力方面的有益探索。

无形金融基础设施的发展有两大重点：一是促进产品和服务能够便捷地被金融服务的受众使用，比如电子银行、网上银行、在线支付系统等。互联网将使基础设施更加多样化，有了更灵活的征信体系和融资渠道。商业银行的“金融互联网”和新兴的“互联网金融”（包括P2P、众筹和第三方支付）使金融服务突破了物理的限制，具备随时随地的服务能力。二是监管机构提供的外层服务，旨在提高金融服务的效率和服务质量，比如征信体系、风险评估系统和贷款质量监测体系等。通过加强普惠金融服务对象的信用信息采集、风险承受状况分析、还款进度跟踪等信息系统的建设，可以帮助金融机构快速识别服务对象的信用水平和风险承担能力，并为之提供合适的金融产品服务。

（六）普惠金融模式：产品和服务衍生源源不断的模式创新

从国内外普惠金融的实践看，服务对象、渠道、产品、教育和保护等各层面都在创新模式上做出了大量探索，这些创新实践可以为我国的普惠金融创新提供大量的宝贵经验。

关于普惠金融的典型模式在第一章有专门阐述，根据普惠金融创新模式所定位的环节不同，可以分为以下四类：一是普惠金融的服务对象创新；二是普惠金融的渠道创新；三是普惠金融的教育与消费者保护创新；四是普惠金融的产品服务创新。在此不再赘述。见图2－10。

模式创新的关键点是，每一种模式的成功运用与模式所在的社会经济发展水平、人口收入结构、风俗习惯、社会文化甚至法制保障水平都息息相关。在借鉴国外模式创新的过程中，要针对各地基础环境的不同，把握模式的本质，促进先进模式的本土化，从而有效发展模式创新，为当地的普惠金融发展带来助力。

图 2－10　普惠金融模式

（七）消费者保护为普惠金融保驾护航

普惠金融的发展中，做好消费者保护是一项重要内容，不仅可以提升消费者的金融素养，而且直接关系到普惠金融服务的质量。消费者保护包括两个层面：一是事前保护，即普惠金融教育；二是事后保护，即消费者制度保护。

1. 普惠金融教育

金融是一个非常专业的行业，金融产品种类繁多、风险点各异，最好的消费者保护就是提前教育，普及金融知识。普惠金融教育可以分为三类：一是投资者教育，对投资者进行金融知识、金融产品、金融风险的宣传教育，让投资者具备风险意识、了解金融产品风险点，避免上当受骗；二是借款者教育，通过对借款者诚信意识、按时还款意识的宣传教育，增强借款者的信用保护意识，消除借款者的“老赖”思想，维护良好的社会信用环境；三是金融机构教育，新型金融机构和互联网金融平台在蓬勃发展助推普惠金融的同时，也要接受对金融机构参与者的教育，培养此类金融机构参与者合法合规经营理念，提高参与者的经营管理水平、风险管理水平，避免因为经验和能力不足导致自融、高利贷、客户资金用于运营、欺诈、非法集资等违法违规事件的发生。

通过各种形式的普惠金融教育，可以极大地提高投资者、借款者、金融机构的金融素养、风险意识和合法合规理念，优化、改善普惠金融的发展环境。

2. 消费者制度保护

事前教育固然重要，可以在很大程度上预防风险事件的发生，但一旦侵害消费者利益的事件发生，事后的救济措施也必不可少。一方面，建立健全普惠金融消费者权益保护的制度体系，明确监管部门的执法权限和责任，在发生侵害金融消费者合法权益的行为时，做到有法可依，各部门统筹协调推进纠纷的解决，并形成相应的反应机制；另一方面，各金融机构和监管当局，应建立清晰的投诉处理机制和处理流程，为市场参与者提供便捷的投诉事件处理。

（八）技术是普惠金融的外层支持

技术是普惠金融发展的外生变量，技术创新能够有效提高普惠金融的适用范围和发展效率。互联网和金融的结合在提高普惠金融水平方面已经展现了巨大的爆发力。

与普惠金融相关的技术的作用主要体现在两个层面：一是通过技术革新降低以前成本较高的环节，从而部分实现普惠金融的收益覆盖成本，比如互联网金融中技术的运用，能够有效拓宽贷款需求人群的融资渠道；二是通过技术的辅助，能够有效提高服务的效率和质量，改善金融过程中的风险评估和服务基础，比如在个人信用评估、融资需求识别等方面提供更多的技术辅助。

当前有很多新兴的技术方向，比如区块链和大数据，在促进普惠金融发展方面潜力巨大。大数据能够有效甄别普惠金融发展过程中的风险，通过适当的征信数据库，快速定位普惠金融服务的适合人群，提升普惠金融的效率；区块链技术去中心化的架构，能提高金融基础设施的服务效率，同时在信用记录、服务交易、支付安全等环节上都能带来效率提升，促进普惠金融在成本和收益上的匹配，从而获得商业上的可持续发展。

四、普惠金融现有评价体系

当前各国在普惠金融指标体系和数据库建设方面普遍存在不足。数据的可获得性是设定指标的关键。世界银行、IMF 等国际组织的普惠金融指标数据库中相关国家指标数据不完整、指标定义不够明细、新的指标体系有待更新。

2016 年 GPFI“G20 普惠金融指标体系”在原有 29 项指标基础上，预计会增加 10 项左右的数字普惠金融指标。

目前全球比较著名的普惠金融指标体系有以下四个。

（一）普惠金融全球合作伙伴（GPFI）的普惠金融指标体系及其数据库

G20 普惠金融指标体系由 GPFI 发布，意在引导全球普惠金融发展，评估比较各国政策效果，督促政府主动作为，对近年来全球各类普惠金融数据库的快速发展起到了较大的推动作用。

G20 普惠金融指标体系按金融服务的使用情况、可获得性和质量等三个维度制定了 29 项指标，其中金融服务的使用情况包括成年人在正规金融机构账户、存款、贷款和保险的保有量情况，使用非现金交易、移动设备支付、侨汇、高频账户使用和储蓄倾向等情况，中小企业在正规金融机构账户、存款、未偿贷款等 14 项指标；金融服务可得性包括服务网点数量、电子资金账户数量和服务网点互通情况等 6 项指标；金融服务的质量包括金融知识、金融行为、信息披露要求、纠纷解决机制、使用成本和贷款障碍等 9 项指标。

目前，G20 普惠金融指标体系覆盖了全球 194 个国家和地区（包括中国大陆及港澳台地区）。

G20 普惠金融指标体系的优点是较为全面，既有普惠金融需求端指标数据，也有普惠金融供给端指标数据；缺点是不少国家特定年份的一些指标数据缺失，同时指标体系跟不上普惠金融的发展，主要以传统金融服务为主，数字金融相关的指标较少，且由于指标来源于不同数据库，少数指标数据存在矛盾的情况。

（二）世界银行的普惠金融调查、指标体系及其数据库

全球普惠金融调查（Global Findex）是世界银行在世界范围内开展的抽样问卷调查，从 2011 年开始，每三年一次从需求端评估普惠金融活动，至今已有两次。

问卷按银行账户使用情况、储蓄、借款、支付和应急基金等五大类，设计了 474 项普惠金融指标。其中银行账户使用情况类指标细分为银行账户、借记卡、贷记卡、手机账户、存取情况、存取途径等；储蓄类指标细

分为储蓄机构、储蓄目的等；借款类指标细分为借款余额、借款机构、借款目的等；支付类指标细分为支付手段、支付用途、收款方式、收款来源、侨汇等；应急基金类指标细分为筹集应急基金的可能性和应急基金的资金来源。部分指标还按性别、收入、年龄段、教育水平和农村地区进一步细分。

全球普惠金融调查（Global Findex）的优点在于调研数据相对权威；缺点在于覆盖的国家有限，且指标存在一定的变动和缺陷，比如2014年以“应急基金”类替代“保险”类，原因是很多受调查者不清楚或者不愿意反馈真实的保险情况，数据失真较为严重。

（三）国际货币基金组织（IMF）的普惠金融调查、指标体系及其数据库

金融服务可获得性调查（Financial Access Survey，FAS）始于1995年，数据来源为各国中央银行、监管部门和相关统计机构，针对各国金融服务提供和使用情况，从供给端评估普惠金融。

指标体系按综合指标、金融服务可获得性、金融服务使用情况形成242项指标，是G20普惠指标体系中7项指标的指定数据库。其中综合指标包括人口数、存款需求、国土面积和GDP等；金融服务可获得性指标细分为金融机构、金融机构分支机构、ATM和移动货币代理网点的总数、单位面积数和人均数；金融服务使用情况细分为储蓄、贷款、保险和移动货币的人数、账户数、余额等。目前调查覆盖全球189个国家和地区（包括中国大陆、中国香港和中国澳门）。

金融服务可获得性调查（Financial Access Survey，FAS）的缺点是部分指标数值不准，如数据库里中国人口数只有11亿、商业银行贷款余额与GDP的比值只有1%等；部分指标存在数据范围的差异，如中国的存款人或存款账户指标只包含企事业单位数据，不包含个人数据；有些指标存在定义上的差异，分歧较大的有中小企业（SME）的定义，定义分歧对相关指标的可比性影响较大。

（四）普惠金融联盟（AFI）的普惠金融指标体系

普惠金融核心指标（Core Indicators of Financial Inclusion）是普惠金融联盟2011年提出的指标体系，从金融服务的可获得性和使用情况方面设计了5项指标，分别为每万成年人拥有的网点数、拥有网点的行政区占比、拥有网

点的行政区人口占比、拥有存款账户的成年人占比和拥有贷款账户的成年人占比。目前这一体系并未开展相关调查，未采集相关指标数据。在未来，普惠金融联盟的网上数据平台将上线，可能会涉及其最新的调查、指标体系和对各会员国普惠金融法规的相关调研结果。

第三章 北京地区普惠金融发展现状

前面我们介绍普惠金融的发展历程、国内外实践，并构建了普惠金融框架体系。本章将按前述普惠金融框架体系，从对象、机构、产品、政策、消费者保护等维度来系统分析北京地区普惠金融的发展现状，并据此分析存在的问题。

一、普惠金融对象现状

根据第二章普惠金融体系框架中对普惠金融对象的阐述，普惠金融对象可被分为两类：一类是小型商业个体，包括小微企业和个体工商户；另一类是社会弱势群体，包括农村人口、老年人、享受低保人员、毕业大学生等低收入人群。

北京市普惠金融对象基数庞大，其中大学生、老年人数量稳定增加；农村人口数量小幅上升但是占总人数比例在缓慢下降；享受低保或贫困补助的人数明显下降；小微企业及个体经营户数量减少。见表 3 - 1、图 3 - 1、图 3 - 2 和表 3 - 2。

截至 2015 年年底，北京市企业存续个数为 121. 2 万家，其中规模以上小微企业法人数量同比减少 650 个；个体经营户存续个数为 64. 4 万个，同比减少 7 000 余个[①]。

① 数据来源为北京市工商局、北京市统计局。

表 3－1　北京市普惠金融对象数量

类型	对象	数量（万）	数据来源	数据采集时间	备注
小型商业个体	小微企业法人	42.5	北京市第三次全国经济普查公告	2013 年	1. 小微企业数量为有经营活动的小微企业个数。2. 农村人口指常住人口中，居住在农村地区的人口。3. 老年人是指年龄为 65 岁及以上的人口。
	个体经营户	64.4	北京市工商局	2015 年	
社会弱势群体	农村人口	292.8	北京市统计局	2015 年	
	老年人	222.8			
	享受低保人员	13.4			
	毕业大学生	23.2			

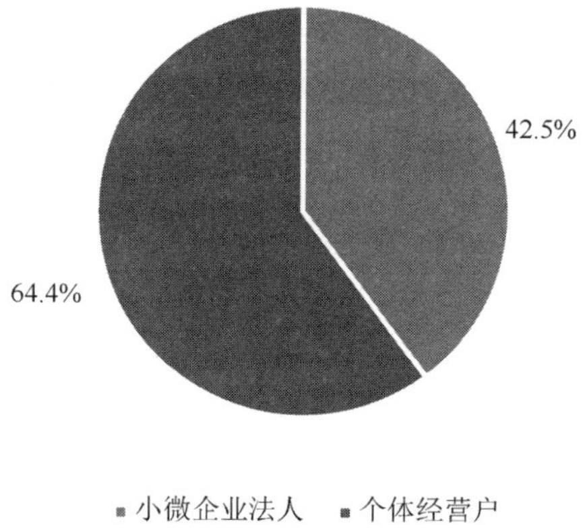

图 3－1　北京市小型商业个体数量及占比

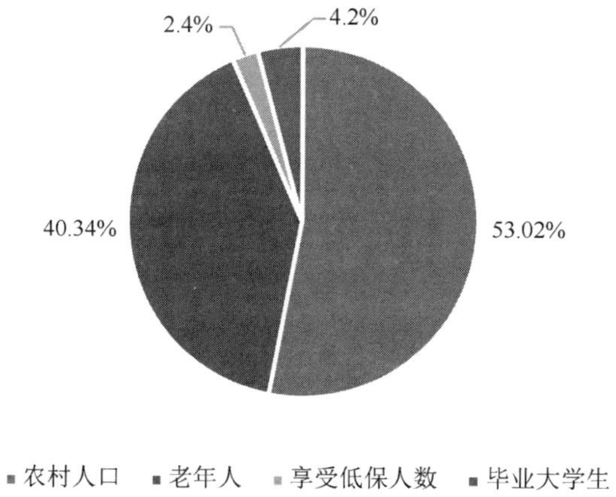

图 3－2　北京市社会弱势群体数量及占比

2015年年底，全市常住人口2 170.5万，其中户籍人口1 345.2万，农村人口292.8万，占常住人口的比重为13.5%，降低0.1个百分点，农业户人口233.8万，共103.8万户；65岁及以上人口222.8万，占10.3%，同比增长4.9%①。同期，北京市享受城市居民最低生活保障的人数为8.5万人，享受农村居民最低生活保障的人数为4.9万人，二者合计占常住人口的0.6%，同比减少4.7%；全市90所普通高校和80个科研机构中，在读研究生28.4万人，毕业生8万人，在读本科生59.3万人，毕业生15.2万人②，毕业生人数比2014年增加约9 000人。

表3-2 北京市普惠金融对象数量变化

类　型	指　标	变化（2015年和2014年对比）
小型商业个体	规模以上小微企业法人数量	减少约650个
	个体经营户数量	减少约7 000个
社会弱势群体	农村人口占总人口比例	降低0.1个百分点
	老年人数量同比增减	增加4.9%
	享受低保人数同比增减	减少4.7%
	毕业大学生	增加约9 000人

数据来源：北京市工商局、北京市统计局、北京市教委。

（一）小型商业个体

虽然小微企业已经成为约定俗成的名词，出现在各种文件中，但对小微企业的界定存在不同标准，常用的标准有以下四个：

一是统计局对小微企业的定义。国统字〔2011〕75号《国家统计局关于印发统计上大中小微型企业划分办法的通知》，对15个行业门类以及社会工作行业大类从从业人员、营业收入、资产总额的方面进行划分。自2015年开始，铁路运输业、教育、卫生、自有房地产经营活动、金融业不划分规模。

① 数据来源为北京市统计局，其中农村人口是指常住人口中居住在农村地区的人口。农村范围是指国家统计局《统计上划分城乡的规定》划定的城镇以外的区域。

② 数据来源为北京市统计局《北京市2015年暨“十二五”时期国民经济和社会发展统计公报》。

二是工信部标准下的小微企业定义。工业和信息化部、国家统计局、发展改革委、财政部制定的《中小企业划型标准规定》（工信部联企业〔2011〕300号），对农林牧渔、工业、建筑业等16个行业，结合行业特点，从企业从业人员、营业收入、资产总额等指标上做出划分，其划分标准与统计局基本相同。

三是财政部、税务局对享受增值税优惠的小微企业标准。《财政部、国家税务总局关于暂免征收部分小微企业增值税和营业税的通知》（财税〔2013〕52号）中规定，自2013年8月1日起，对增值税小规模纳税人中月销售额不超过2万元的企业或非企业性单位，暂免征收增值税；对营业税纳税人中月营业额不超过2万元的企业或非企业性单位，暂免征收营业税。

四是银监会贷款统计框架对小微企业的定义。银监会现行小微企业贷款统计的基础框架是2009年人民银行、银监会制定的《境内大中小型企业贷款专项统计制度》，后对照2011年工信部、统计局、发改委和财政部四部委的《中小企业划型标准规定》，对原有统计制度进行了全面修订，形成了小微企业贷款的统计指标。银监会2011年印发的《关于支持商业银行进一步改进小型、微型企业金融服务的补充通知》中，明确提出小微企业贷款包括小型、微型企业贷款及个人经营性贷款，即除了按四部委标准确定的小微企业，还包括个体工商户及小微企业主贷款。

对比来看，统计局和工信部的小微企业定义都强调规模，且规模都较大；财政部、税务局和银监会的定义则规模较小，涵盖大量微型企业。

1. 小微企业

在研究中，真实的小微企业数据获得难度很大。互联网普惠金融研究院本次从工商注册信息和全国经济普查数据、北京统计局等数据来源中，探究小微企业的情况。

（1）工商注册信息。从注册资金看，北京小微企业占比超七成。如图3－3所示，2015年北京存续企业121.2万个，如果将注册资金大小近似看作企业规模大小，注册资金100万元以下企业58.7万个，占总数的48%；注册资金500万元以下的企业占76%。如果将注册资金100万元以下企业近似理解为微型企业，注册资金100万～500万元的理解为小型企业，微型企业的占比将近一半，小微企业则占四分之三以上。

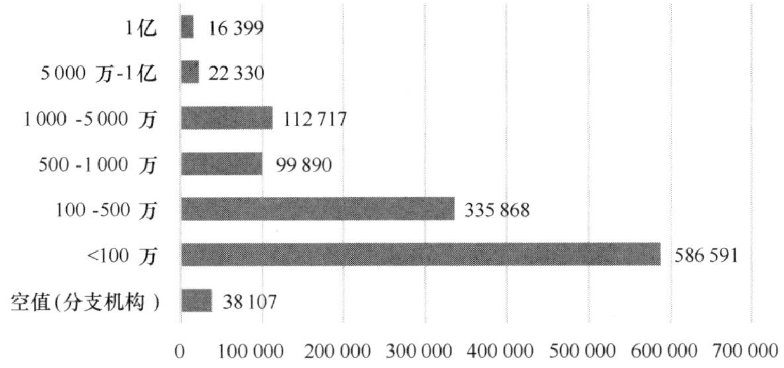

图 3－3　2015 年北京市各档注册资金企业数量

（2）全国经济普查数据。北京小微企业法人密度高于其他地区。根据 2013 年第三次全国经济普查数据，全国第二产业、第三产业小微企业法人单位共 785 万个，其中北京市中小微企业共 58.0 万个，其中有经营活动的法人数为 42.5 万个，排除规模以上的中型企业 8 115 家后，小微法人单位约 41.7 万个。其他省市中，广东省、浙江省及上海市分别有第二产业、第三产业小微企业法人单位 85.92 万个、80.7 万个及 36.7 万个[①]。北京每万人有经营活动的小微企业法人或个体经营户 200.96 个；而上海、浙江、广东及全国这一数字分别约为 151.96，146.78，80.72 及 57.69 个[②]。见图 3－4。

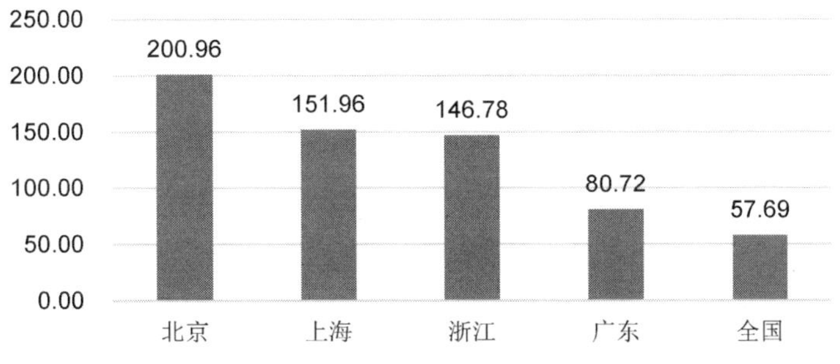

图 3－4　全国部分地区每万人中小微企业法人数量

① 数据来源：各地区第三次全国经济普查主要数据公报。

② 数据来源：各地区全国经济普查主要数据公报、各地区及全国统计局。

（3）北京市统计局数据。主要反映出以下情况：

①中小微企业行业和地区分布集中。2014 年，北京市共有中小微企业 580 418 家。其中中型企业 8 956 家，占总数的 1.54%；小微企业 571 462 家，占总数的 98.46%。从行业分布看，批发零售业有 190 704 家，占 45.36%，远高于其他行业；采矿业仅有 127 家，是企业数量最少的行业（列入行业统计的小微企业合计 420 449 家）。分地区来看，朝阳区共有小微企业法人单位约 13 万个，海淀区约 12 万个，二者合计占比为 43.9%[①]。见图 3－5。

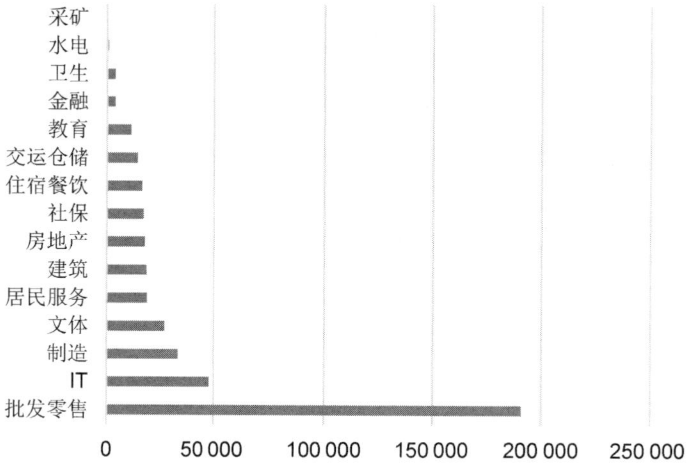

图 3－5　2013 年北京市规模以上中小微企业数量行业分布（单位：个）

②小微企业生存环境日益严峻，经营情况不容乐观。近年来，规模以上小微企业数量不断下降。2014 年，北京市规模以上微型企业数量仅为 6 327 家，同比减少 490 家，规模以上小型企业仅为 19 572 家，同比减少 152 家[②]。企业规模与经营稳定性成反比，企业规模越小，越难获得可观的收入。见图 3－6。

2. 个体经营户

（1）个体经营户基数较大，但数量持续减少。截至 2016 年 6 月，北京市个体经营户存续个数为 636 805 个，较 2014 年年底的 653 319 个减少 2.5%，

① 数据来源：北京市统计局。

② 数据来源：历年北京市统计年鉴。

近年来连续下滑①。见图 3 －7。

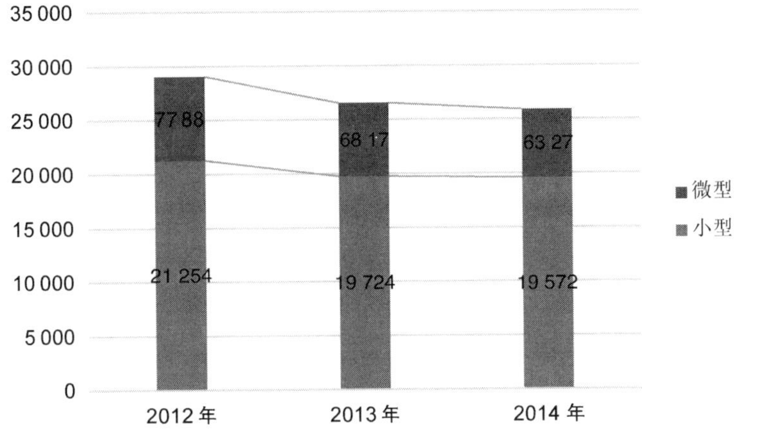

图 3 －6　2011—2014 年北京市规模以上小微企业数量变化（单位：个）

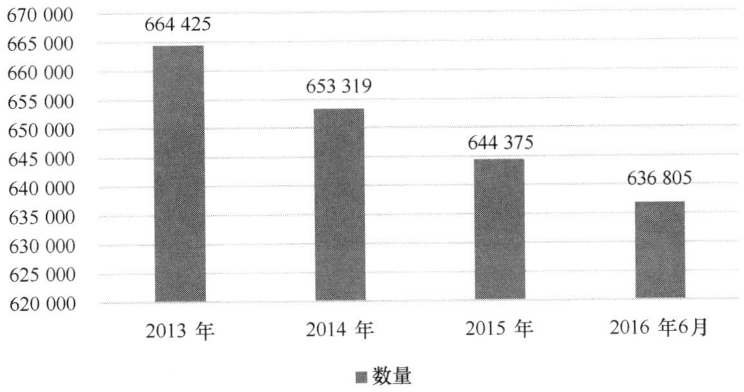

图 3 －7　2013—2016 年 6 月北京市个体经营户数量②

（2）北京小微及个体经营户密度较大。2013 年年底，全国共有第二产业、第三产业小微企业及个体经营户数 4 064. 1 万个，其中北京 104. 48 万个，占全国总数的 3%，高于上海的 61. 4 万个，低于浙江及广东两省。在北京市每万人中，有经营活动的小微企业法人或个体经营户 296. 95 个，仅次于广

① 2014 年年底北京市个体经营户数量来源为北京市统计局《2015 北京统计年鉴》。

② 2015 年个体经营户数量为估计数据。

东，位列全国第二；同期，上海、浙江、广东及全国这一数字分别为102.27，396.69，256.01及240.98个①。见图3－8。

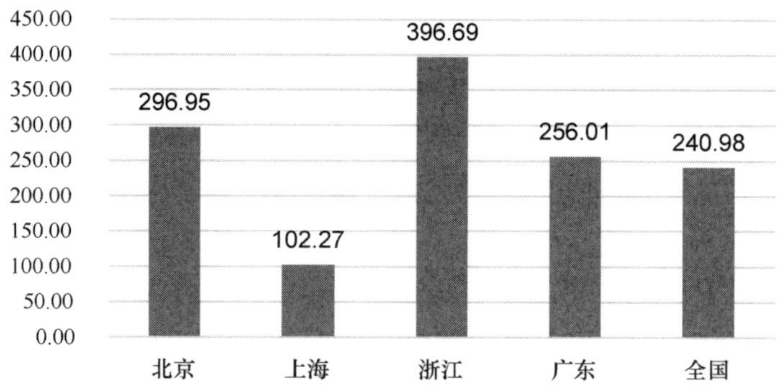

图3－8　全国部分地区每万人中个体经营户数量

（二）社会弱势群体

作为首都，北京城乡居民生活水平较高，有较为完善的社会保障体系，基本不存在贫困问题；城镇化程度高，农民人数占比较少；高等教育发达，高校毕业生人数较多，并且有创业需求。2014年，北京市城市低保标准为650元/人/月，农村低保标准为560元/人/月，均高于我国贫困线标准。截至2015年年底，北京市共有农村人口292.8万人，占总人口的13.5%；农户人数243.6万，占总人口的11.32%，农业户数103.8万户。北京市共有23.1万高校毕业生，占总人口的1.07%②。见表3－3。

表3－3　北京市普惠金融个人对象数量情况

对　象	数量（万）	占总人口比例（%）
农村人口	292.8	13.5
老年人	222.8	10.3
享受低保人数	13.4	0.6
毕业大学生	23.2	10.7

① 数据来源：各地区全国经济普查主要数据公报、各地区及全国统计局。

② 数据来源：北京市统计局。社会救助对象指抚恤、补助优抚对象及城乡居民最低生活保障对象；老年人口指年龄在65岁及以上的人口。大学生数据来源：北京市教委《2015年北京地区就业质量报告》。

1. 农村人口

（1）农村人口比例持续缓慢减少，人数趋于稳定；农业户口人数逐年减少，农业户口占总户籍人数逐年减少。2015 年年底，北京市常住人口 2 170.5 万，其中农村人口 292.8 万，同比仅增长 2 000 人，占总比的 13.5%。同时期，共有农业户口人数 233.8 万，农业户 103.8 万户，占总户口人数的 17.4%[①]。见图 3－9。

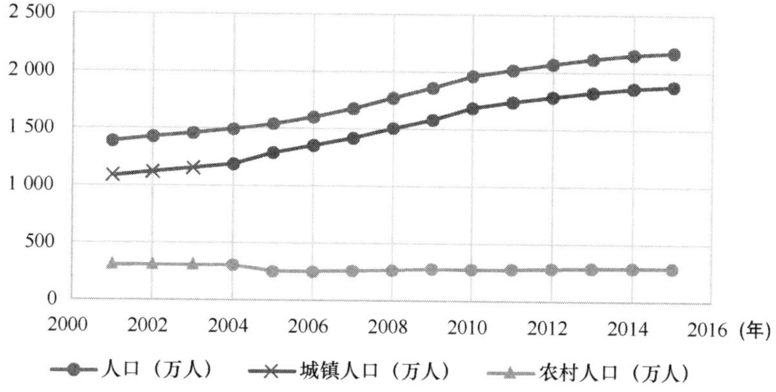

图 3－9　2000—2015 年北京市城乡人口数量

（2）对比其他地区，北京市城镇化程度较高，农业户口基数较大，但是密度较低。截至 2014 年年底，上海市共有农业户口 139.2 万，占总户口人数的 9.7%，低于北京的 243.6 万及 26.8%[②]，但从每平方公里的农村户口人数看，上海为 219 人，北京为 148 人。见图 3－10。

（3）城市中心区域农业户人群人数多、密度大。截至 2013 年年底，朝阳区农户数量最多，达到 31.2 万。其中，昌平区农户增长速度最快，高达 16.3%；延庆县、丰台区的农户增长速度均为 0.4%，是几个区中最低的[③]。见图 3－11。

① 数据来源：北京市统计局、北京市宏观经济与社会发展数据库。
② 数据来源：各地区统计局。
③ 数据来源：北京市统计局。

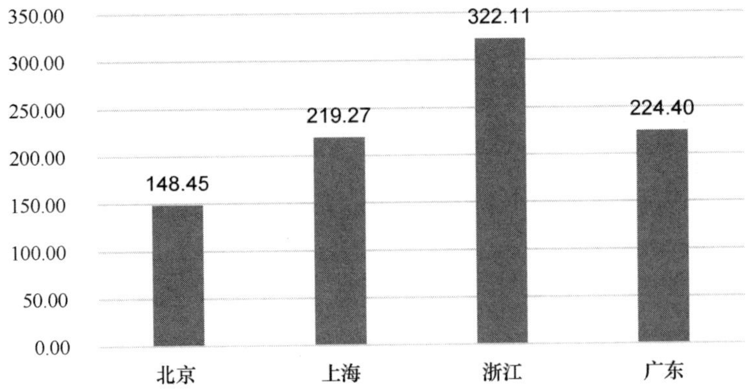

图 3－10　部分地区每平方公里农村户口人数

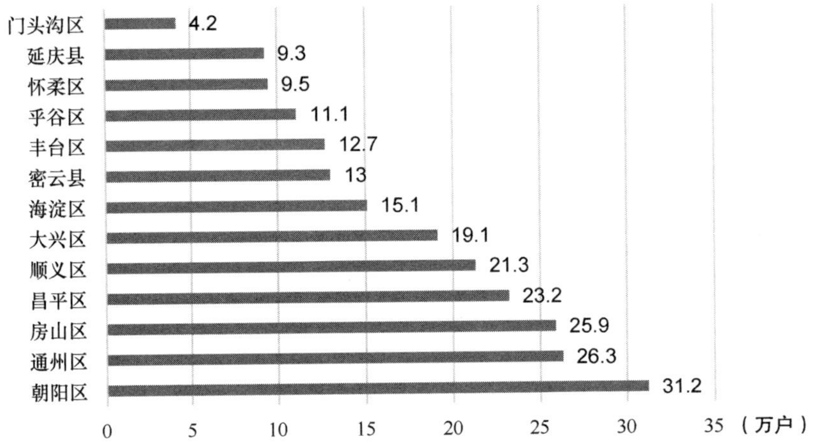

图 3－11　2013 年北京市各区常住农户数

（4）新农合覆盖率上升，基本达到全覆盖。新型农村合作医疗（简称“新农合”）是由政府组织、引导、支持，农民自愿参加，以个人缴费、集体扶持和政府资助等方式筹集资金，以大病统筹为主的农民医疗互助共济制度。新型农村合作医疗于 2003 年开始在全国部分县（市）试点，目前已经基本覆盖全国农村居民。2010—2014 年，北京地区参加新型农村合作医疗的农民人数不断减少，参保比例大幅上升。截至 2014 年，新型农村合作医疗已基本覆盖北京地区所有农民，参保率达到 99.6%[①]。

① 数据来源：北京市统计局。

（5）农村居民收入途径单一，理财观念较弱。调查显示，在尤家坟随机调查的199位受访者中，85%的受访者银行存款低于10万元，有135人平均月收入低于1 000元，169人没有信用卡，94人没有进行过任何类型的理财投资，仅有25人有过银行存款以外的投资经历。

（6）山区与平原农村居民收入支出差异显著，山区农村居民消费能力低于平原农村居民。平原农村居民在工资性收入、人均纯收入、人均生活消费支出上都略高于山区农村居民；而山区农村居民在家庭经营收入方面远高于平原地区的农村居民，达到了近五倍之多。见图3－12、图3－13。

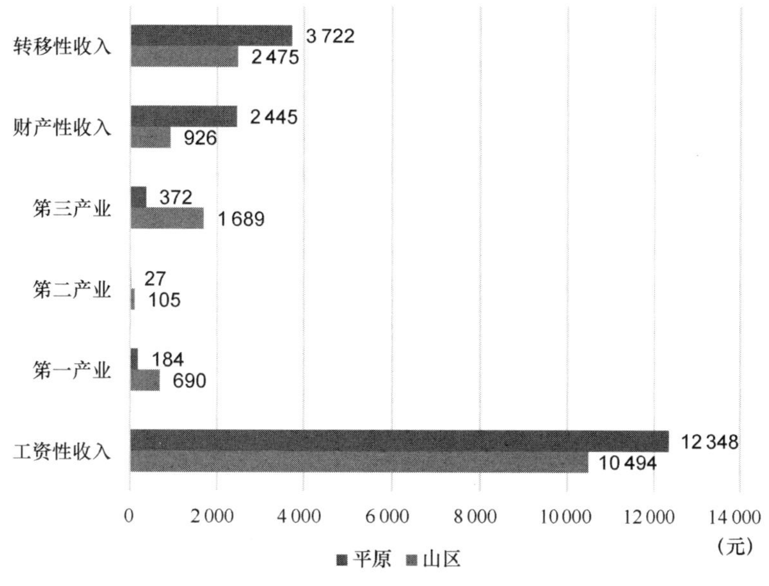

图3－12　2013年北京市平原、山区农村居民收入来源

2. 城镇低收入人群、贫困人群、残疾人、老年人

（1）残疾人。北京市残疾人保障总体向积极方向发展。据估计，截至2015年年底，北京市残疾人总数在105 000人左右（城乡残疾居民参保人数100 885人，参保率96%）。2015年残疾人危房改造资金水平得到了大幅提高，达到1 471.6万元，远高于2014年的553.24万元，参加农村城镇社会养老保险人数稳步上升。随着就业人数的上升，残疾人生活水平提高，城镇、农村纳入低保范围的残疾人数、享受各项补助的人数均有所下降。见表3－4。

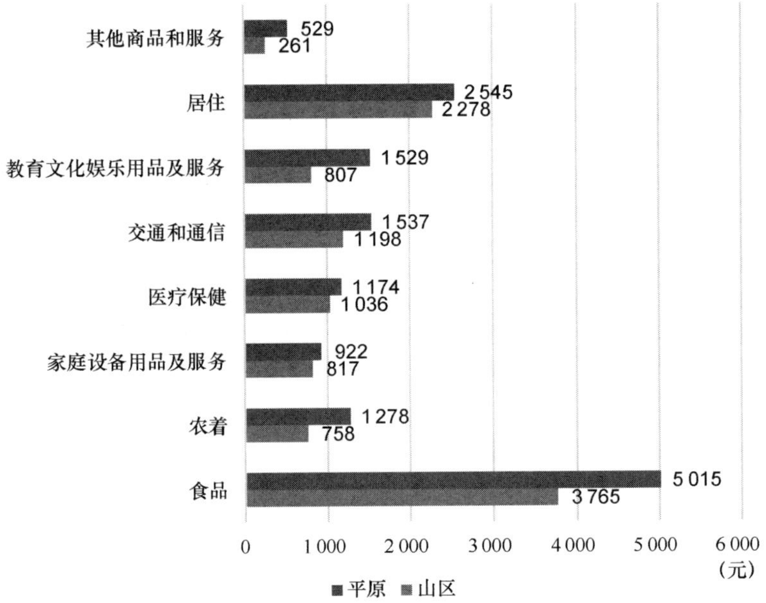

图 3－13　2013 年北京市平原、山区农村居民支出流向

表 3－4　2014 年、2015 年北京市残疾人保障情况

保障项目	2015 年	2014 年	保障项目	2015 年	2014 年
城镇就业人数	87 280	74 689	参保比率（%）	96	96.86
农村就业人数	59 052	62 025	城镇残疾职工参加养老保险	88 317	74 438
农村从事农业活动残疾人数	37 023	39 903	参加医疗保险	86 596	71 563
接受实用技术培训人数	3 021	2 873	城镇纳入低保范围	19 082	20 875
残疾人危房改造户数	551	657	农村纳入低保范围	17 665	20 416
残疾人危房改造资金	1 471.6 万	553.24 万	享受生活补贴	112 424	120 762
参加农村城镇社会养老保险	100 885	97 441	其他补助	26 118	28 742

（2）贫困人口。北京市城乡居民生活水平高于全国平均水平，基本不存在贫困问题。2014 年，北京市城市低保标准为 650 元/人/月，农村低保标准为 560 元/人/月，城市居民低保人数达到 89 135 人，农村居民低保人数达到 51 324 人，保障人数相比 2013 年有所下降。2015 年 7 月，北京市城市低保标准、农村低保标准均调整为 710 元/人/月。截至 2015 年年底，全国贫困线为 2 800元/年，远远低于北京市低保标准。见图 3－14。

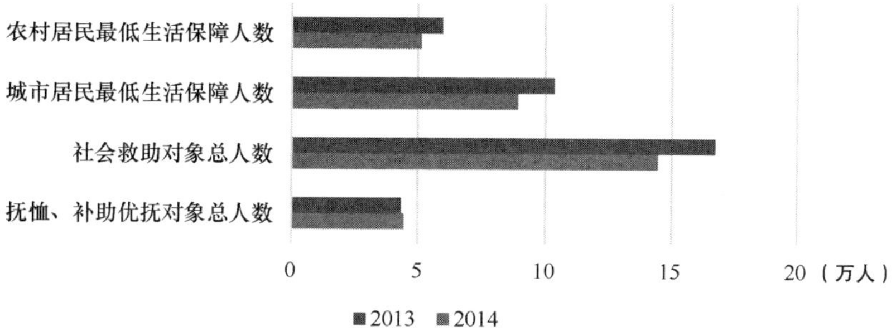

图 3－14　2013 年、2014 年北京市最低生活保障人数

（3）老年人。北京市正在面临人口老龄化问题，各区人口年龄结构差异较大。截至 2015 年，北京市共有老年人 222.8 万，同比增加 10.5 万，占总人口的 10.3%。根据 2013 年数据，朝阳区老年人人数较多，但占朝阳区所有人口的比例不高，低于 10%；平谷区、西城区、东城区老年人比例较高，其中平谷区占比超过了 50%①。见图 3－15。

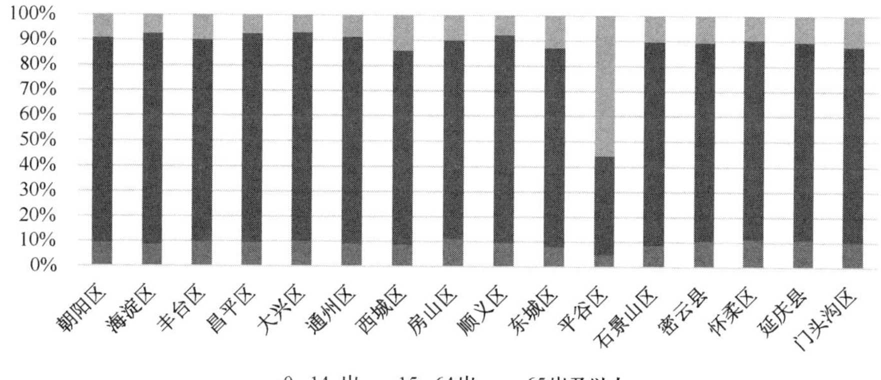

图 3－15　2013 年北京市各区年龄结构

（4）高校毕业生。高校毕业生呈现以下特点：

①北京高校毕业生人数多，并有小幅增长，高学历毕业生人数较多。2015 年，北京市共有 23.1 万高校毕业生，较 2014 年小幅提高。从学历分布来看，2015 年北京市高校毕业生中，专科毕业生 37 205 名，本科毕业生

① 数据来源：北京市统计局。

115 696名，约占50%，硕士63 510名，博士14 594名。除博士毕业生人数小幅下降外，其余均稳定上升①。见图3－16。

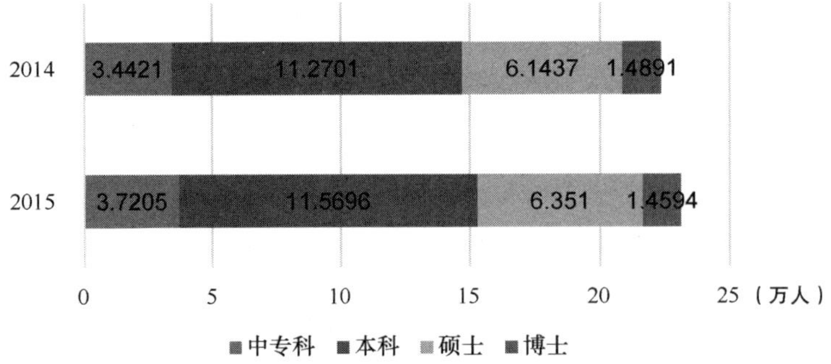

图3－16　2015年北京市毕业生学历分布

②毕业生就业率升高，毕业去向多样化。2015年，74.4%的毕业生在毕业时已确定了就业，22.5%的毕业生选择继续深造，仅有7 306名毕业生没有在毕业时落实就业问题。相比2014年，已就业及未落实的毕业生比例均有所下降，继续深造的毕业生比例则有所上升②。见图3－17。

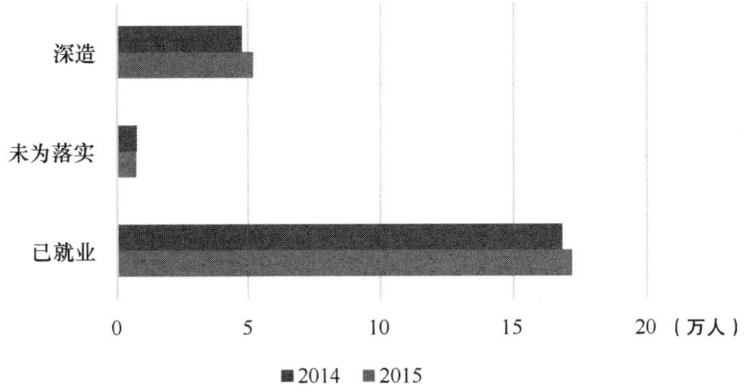

图3－17　2014—2015年北京市毕业生去向

③毕业生创业人数占比较低，不同学历毕业生创业热情不同。据北京市教委2015年的问卷调查，接受调查的毕业生中，仅有1%的毕业生选择

① 数据来源：北京市教委《2015北京地区就业质量报告》。

② 数据来源：北京市教委《2015北京地区就业质量报告》

创业①，其中近一半是本科毕业生，约三分之一为专科毕业生，硕士和博士选择创业的人数较少。见图3－18。

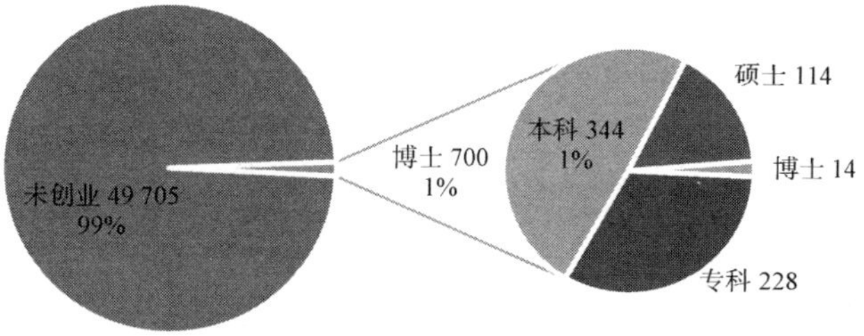

图3－18　2015年北京市毕业生创业情况

二、普惠金融供给侧现状

金融机构的类型、数量及分布情况，从供给侧直接影响着普惠金融的发展。按照经营业务与普惠金融的相关程度，项目组把金融机构分为两大类：普惠金融强相关类机构和普惠金融弱相关类机构。见图3－19。

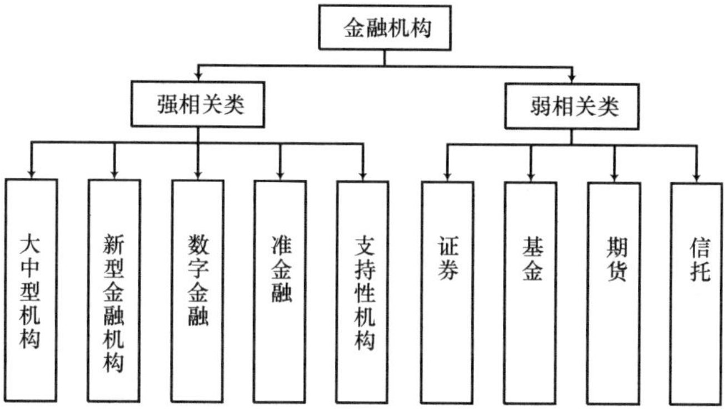

图3－19　金融机构分类

普惠金融强相关类金融机构是那些准入门槛低、涉及面广、需求性强的产品服务机构，包括以下五类：

● 大中型机构，主要是传统金融机构，包括银行和保险，特点是规模大、

① 数据来源：北京市教委《2015北京地区就业质量报告》。

分支机构多、产品丰富、相关法规健全，是普惠金融的主要提供者。

• 新型金融机构，包括小额贷款公司、典当行、商业保理公司、融资租赁公司、金融租赁公司、汽车金融公司、消费金融公司和村镇银行，这些新型金融机构规模略小，有正规的金融许可证，更容易渗透到普惠金融对象中，比大中型金融机构提供的产品和服务更细腻，是普惠金融服务的重要补充。

• 数字金融机构，包括互联网支付、网络借贷、股权众筹融资、互联网基金销售、互联网保险、互联网信托和互联网消费金融等互联网金融等。互联网金融是互联网技术革命背景下，“互联网 + 金融”的典型产物，是未来普惠金融发展的重点领域之一。

• 准金融机构，包括互助合作社、中和农信、格莱珉中国、金融便利店、民间借贷、中介延伸（房地产中介），这些机构业务规模更小、范围更小、对地区或行业情况了解度高，虽然没有正规的金融许可证，但是在大中型机构的缝隙中，为难以获得金融服务的人提供有针对性的解决方案，是普惠金融的边缘提供者。

• 支持性机构，包括征信和担保公司，是金融机构的服务性企业，是普惠金融的基础服务者。

普惠金融弱相关金融机构包括证券、基金、信托、期货，其提供的金融产品是普惠金融对象消费的高档品、奢侈品，服务对象有一定的门槛限制，如能通过创新来为普惠金融服务，将是对普惠金融的有效支撑和补充。

从投资者角度看，普惠金融弱相关类金融机构提供的都是高风险产品，需要投资者有比较丰富的金融知识、高风险投资经验和一定的资金实力，普惠金融对象可以参与，但不适合投资其产品。

从融资者角度看，普惠金融弱相关类金融机构的产品都有一定的准入限制、门槛值较高，是普惠金融对象的奢侈品。

（一）大中型金融机构

银行与保险等大型机构仍是北京居民获得金融服务的主要机构。截至2015 年年底，北京地区可统计的有金融许可证的机构共 6 823 家，其中大中型机构占 77%；新型金融机构占 14%；数字金融机构占 6%；支持性机构占 2%。大中型金融机构的数量遥遥领先。

北京金融机构密度与万人拥有量水平较高。截至 2015 年年底，北京市可统计的金融机构密度 0. 415 8 个/平方公里，3. 143 5 个/万人。见表 3 – 5。

表 3－5　2015 年北京市金融机构

机构类型		机构数	密度	万人拥有量
		个	个/平方公里	个/万人
大中型机构	银行	4 506	0. 274 6	2. 076 0
	保险	769	0. 046 9	0. 354 3
	小计	5 275	0. 321 4	2. 430 3
新型金融机构	小额贷款公司	105	0. 006 4	0. 048 4
	典当行	502	0. 030 6	0. 231 3
	商业保理公司	78	0. 004 8	0. 035 9
	融资租赁公司	237	0. 014 4	0. 109 2
	金融租赁公司	3	0. 000 2	0. 001 4
	汽车金融公司	7	0. 000 4	0. 003 2
	消费金融公司	1	0. 000 1	0. 000 5
	村镇银行	37	0. 002 3	0. 017 0
	小计	970	0. 059 1	0. 446 9
数字金融机构	P2P	302	0. 018 4	0. 139 1
	众筹	75	0. 004 6	0. 034 6
	第三方支付	50	0. 003 0	0. 023 0
	小计	427	0. 026 0	0. 196 7
支持性机构	企业征信机构	31	0. 001 9	0. 014 3
	担保公司	120	0. 007 3	0. 055 3
	小计	151	0. 009 2	0. 069 6
共　计		6 823	0. 415 8	3. 143 5

数据来源：北京市统计局、北京市工商局、中国人民银行、银监会、保监会、北京市金融工作局①。

---

① 其中，商业保理公司与融资租赁公司的数据来自北京市工商局北京市企业信用信息网，时间截至 2016 年 7 月；企业征信机构数为完成备案办理的机构数量，时间截至 2015 年 11 月 18 日；其他数据均截至 2015 年 12 月 31 日。银行机构数来自银监会，是总行营业部、办事处、代表处、支行、支行以下营业网点的总和，不包含自助设备；保险机构数来自保监会，包含保险公司的总公司、分公司及所属分支机构；小额贷款公司与担保公司数据来自北京市金融工作局；金融租赁公司、汽车金融公司、消费金融公司、村镇银行数据均来自银监会；典当行数量来自搜当网，包含独立法人与分支机构。

1. 银行

（1）北京总体情况。具体有以下几方面特点：

①北京的银行机构数量与从业人员数逐年上升。截至2015年末，北京地区共有银行类机构4 506家，同比增长8.50%；机构密度为0.274 6个/平方公里，2.076 0个/万人；银行系统从业人员数190 652人，同比增长0.46%。

②北京地区国有商业银行数量最多。从机构数量看，国有商业银行占41%，将近银行机构的一半；邮政储蓄银行与北京农商银行的数量几乎持平，分别占13%与15%；城市商业银行占比更低，为8%；政策性银行占比最低。见表3－6。

表3－6　2015年北京市银行机构

机构类别	机构数	机构占比	密度	万人拥有量
	个	%	个/平方公里	个/万人
政策性银行	18	0	0.001 1	0.008 3
国有商业银行	1 832	41	0.111 6	0.844 0
股份制商业银行	1 037	23	0.063 2	0.477 8
城市商业银行	356	8	0.021 7	0.164 0
北京农商银行	694	15	0.042 3	0.319 7
邮政储蓄银行	569	13	0.034 7	0.262 2
合计	4 506	100	0.274 6	2.076 0

数据来源：银监会①。

③从机构密度上看，国有商业银行密度最大。国有商业银行机构密度为0.111 6个/平方公里，0.844 0个/万人；其次是股份制商业银行，密度为0.063 2个/平方公里，0.477 8个/万人；北京农商银行、邮政储蓄银行的机构数量、机构密度、万人拥有量水平均较高，成为北京特别是农村地区的主要服务提供者。

④近年来股份制商业银行数量明显提升。从2013年到2015年，国有商业银行、城市商业银行的数量一直小幅上升；股份制商业银行的数量上升明显，从2013年的499家增加至2015年的1 037家；政策性银行、北京农商银

① 机构数是总行营业部、办事处、代表处、支行、支行以下营业网点的总和；不包含自助设备。

行与邮政储蓄银行的数量几乎没有变化。见图 3－20。

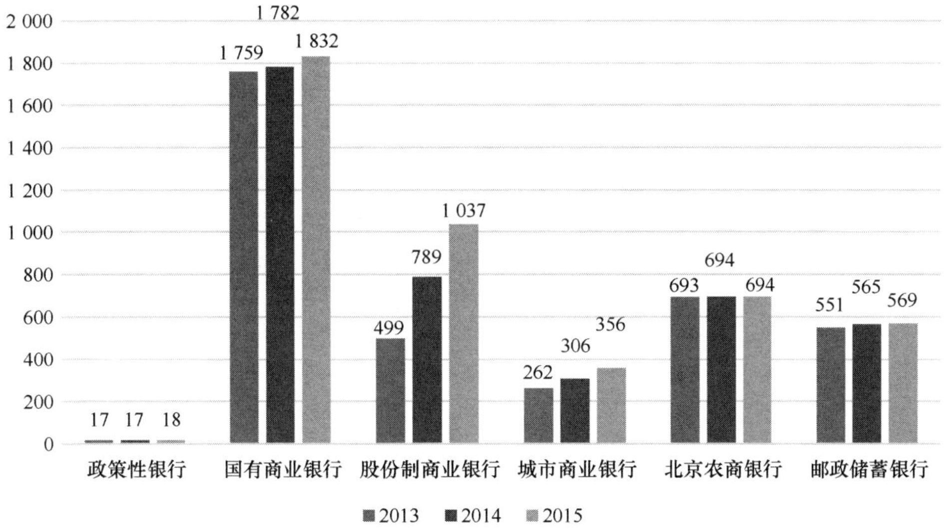

图 3－20　2013—2015 北京地区银行机构（单位：个）

数据来源：银监会、北京金融年鉴 2014、北京金融年鉴 2015。

⑤北京地区银行机构的从业人员数量变化与机构数量基本一致。从业人员数量反映了机构中的服务人员数量，北京市银行机构从业人员数量与银行数量的分布成正比。其中，国有商业银行的从业人员数最多；其后依次是股份制商业银行、城市商业银行、北京农商银行、邮政储蓄银行与政策性银行。北京农商行的数量虽然高于城市商业银行，但从业人员数量却低于城市商业银行。见图 3－21。

（2）北京分区情况。具体有以下几方面特点：

①近三年来，北京市银行机构数量、密度、万人拥有量逐年上升。在北京的不同区，银行机构的分布情况不尽相同。北京统计信息网将北京的 16 个区划分为四个区域：

- 首都功能核心区：东城区、西城区。
- 城市功能拓展区：朝阳区、丰台区、石景山区、海淀区。
- 城市发展新区：房山区、通州区、顺义区、昌平区、大兴区。
- 生态涵养发展区：门头沟区、怀柔区、平谷区、密云区、延庆区。

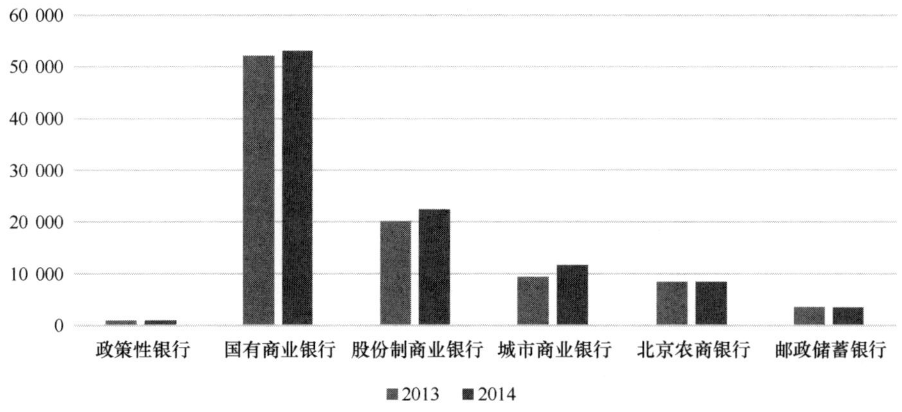

图 3－21　2013—2014 北京银行机构从业人员（单位：人）

数据来源：北京金融年鉴 2014、北京金融年鉴 2015。

②银行机构主要集中在金融发展程度高的东城区、西城区、朝阳区、海淀区、丰台区、石景山区等。截至 2015 年年底，首都功能核心区的银行机构密度高达 8.139 4 个/平方公里，是北京平均水平的 31.76 倍；城市功能拓展区银行机构数量达 2 171 个，拥有北京市一半的银行数量；土地面积占北京 53.30% 的生态涵养发展区只拥有 9.42% 的银行机构。见表 3－7。

表 3－7　2015 北京银行系统

地　区	机构（个）	密度（个/平方公里）	万人拥有量（个/万人）	从业人员（人）
北京全市	4 206	0.256 3	1.937 8	190 652
首都功能核心区	752	8.139 4	3.413 5	94 866
城市功能拓展区	2 171	1.701 5	2.043 3	75 668
城市发展新区	887	0.140 9	1.272 8	14 570
生态涵养发展区	396	0.045 3	2.075 5	5 548

数据来源：北京统计信息网①。

③首都功能核心区的银行机构密度最大。首都功能核心区土地面积小，金融发展水平高，其机构密度远远高于其他区域。2015 年首都功能核心区的

① 本表口径为在北京地区经营的银行的总行、分行及所属分支机构；北京统计信息网的数据与保监会北京监管局的数据有一定差异，其中北京统计信息网的数据稍低。

银行机构密度为8.139 4个/平方公里，远远高出北京市平均水平。城市发展新区与生态涵养发展区，土地面积辽阔，银行机构的分布却十分稀疏，远低于北京市的平均水平。见图3－22。

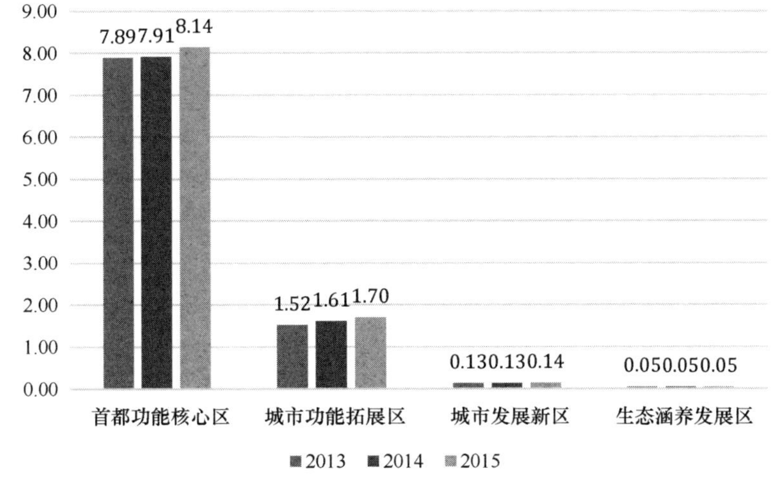

图3－22　2013—2015年北京市分区银行机构密度（单位：个/平方公里）

首都功能核心区万人银行机构拥有量也最大，2015年达到3.413 5个/万人。在生态涵养发展区，虽然其银行机构数量最少，密度也最低，但由于该区域的人口密度也很小，其银行机构的万人拥有量反而高于城市功能拓展区与城市发展新区。见图3－23。

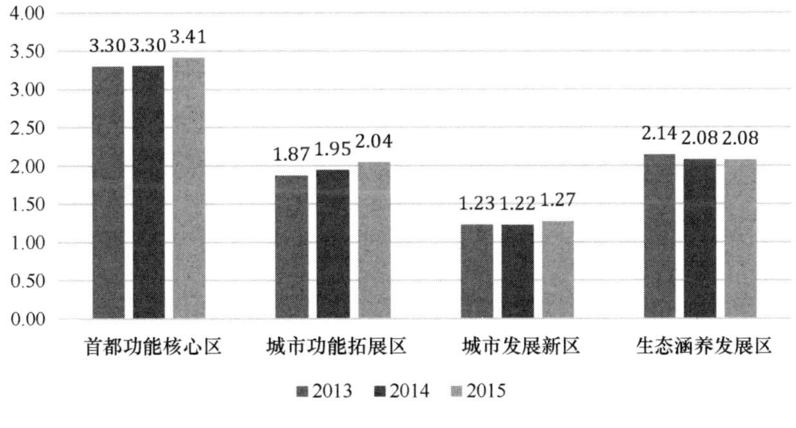

图3－23　2013—2015北京市分区银行机构万人拥有量（单位：个/万人）

④分布在东城区、西城区的银行规模相对较大。首都功能核心区的银行机构数量低于城市功能拓展区，但银行机构从业人员数却明显高于城市功能拓展区，说明分布在首都功能核心区的银行规模较大。不过，2015 年首都功能核心区从业人员数量有所下降，城市功能拓展区从业人员数量则明显上升，城市发展新区与生态涵养发展区的银行机构从业人员数几乎没有变化。见图 3－24。

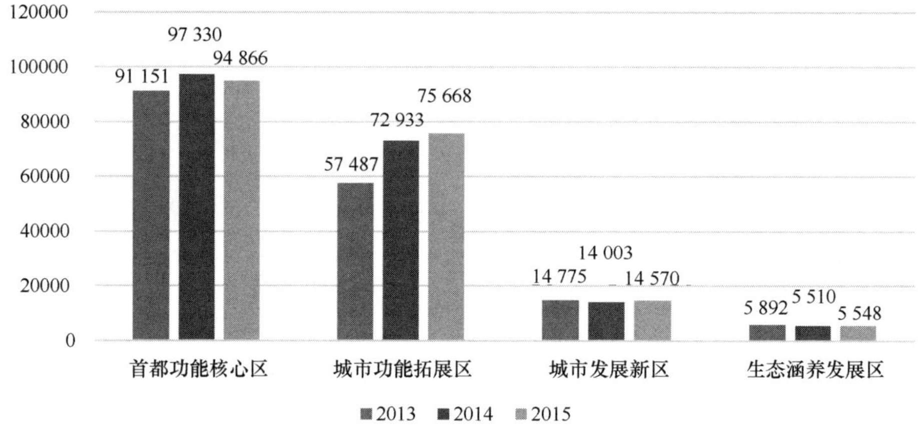

图 3－24　2013—2015 年北京市分区银行机构从业人员（单位：人）

数据来源：北京统计信息网。

（3）与其他地区对比。鉴于北京经济相对发达，项目组选取与其经济发展水平相当的上海市、广东省、浙江省进行对比。

①与其他省市相比，北京的银行机构覆盖程度处于较高水平。与上海市、广东省、浙江省对比，北京市银行机构数量高于上海市，低于广东省和浙江省；银行机构密度高于广东省和浙江省，低于上海市；银行机构万人拥有量高于上海市、广东省和浙江省。

②从机构数量来看，广东省银行机构数量最多，共有 14 740 家，是浙江省的 1. 35 倍；北京与上海同为直辖市，北京地区的银行数量是上海市的 1. 13 倍。见图 3－25。

③从机构密度来看，上海市银行机构密度最高，为 0. 630 3 个/平方公里，是北京市的 2. 30 倍、广东省的 7. 69 倍、浙江省的 5. 78 倍。

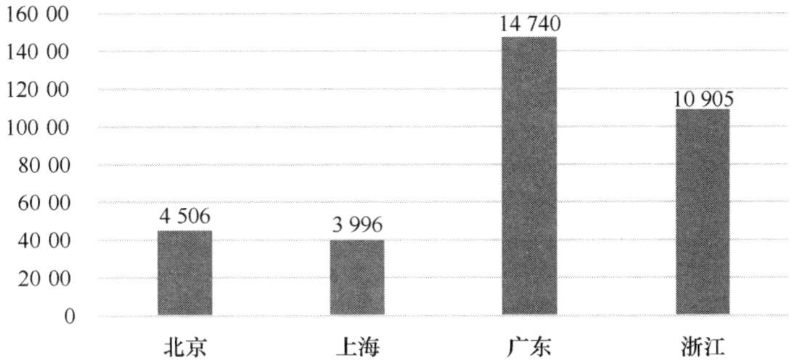

图 3－25　2015 年银行机构数量（单位：个）

数据来源：银监会。

注：所有数据均截至 2015 年 12 月 31 日。

④从万人拥有量来看，北京市银行机构万人拥有量最高，为 2.076 0 个/万人；其次是浙江省，银行机构 1.968 8 个/万人。见图 3－26。

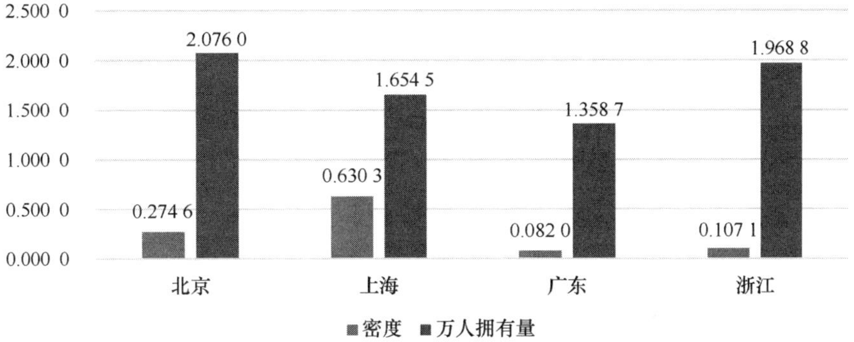

图 3－26　北京、上海、广东、浙江银行机构密度与万人拥有量

数据来源：银监会①。

（4）普惠金融高相关银行。北京地区的银行类机构中，与普惠金融关系最紧密的四个银行是中国农业银行、邮政储蓄银行、北京银行、北京农商行。见图 3－27。

① 2013—2015 年，农业银行北京分行所辖支行及代理网点数量逐年增加。截至 2016 年 7 月，中国农业银行在北京地区的营业网点共 365 家，自助

① 所有数据均截至 2015－12－31；所用人口数量为各省市 2015 年末常住人口。

银行32家，自助设备542个，机构总量（包含自助设备）共939个[①]，平均0.06个/平方公里，0.72个/万人。

② 2013—2015年，邮政储蓄银行北京分行所辖支行及代理网点数稳步增加。在农村地区，邮储银行是领先的金融服务提供者，其数量增长提高了普惠金融服务的可得性。截至2016年9月30日，邮政储蓄银行北京分行所辖支行及代理网点共569家，其中包含邮政代理营业所428个。

③ 2013—2015年，北京银行营业网点数持续增加。截至2015年末，北京银行总资产达1.84万亿元，较年初增长21%；共有229家支行[②]，其中有50家分布在远郊区[③]，为北京地区金融机构密度较低的区提供金融服务。

④ 2013—2015年，北京农商行的数量无显著变化。2014年末，北京农商银行共有农村地区网点407家，自助机具1 041台，是唯一一家营业网点覆盖北京市16个区、182个乡镇的商业银行，在其中的36个乡镇是唯一的银行网点。此外，北京农商银行已建成乡村便利店138家、乡村自助店21家、农村金融服务点450多个，有效填补了农村地区金融服务空白。截至2015年末，北京农商银行涉农贷款余额为600.3亿元，其中全年累计投放农户贷款6.62亿元，较上年增加1.36亿元。

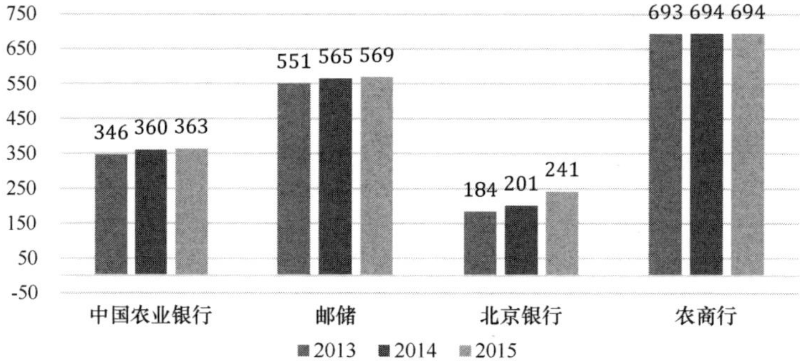

图3-27　2013—2015年农村高相关银行数量（单位：个）

数据来源：北京金融年鉴、银监会。

---

① 本段数据来自中国农业银行官网。

② 注：北京银行在北京辖区的数量，银监会查询为241家（截至2015年年底），北京银行官网统计为229家（截至2016年9月），本段为解释区分布采用北京银行官网数据。

③ 远郊区包括房山区、通州区、顺义区、昌平区、大兴区、门头沟区、怀柔区、平谷区、密云区、延庆区。

2. 保险

（1）北京总体情况。近年来，北京地区保险机构数量无明显上升，保险机构从业人员数逐年稳步上升。2013—2015 年，北京地区保险系统机构数量分别为 655 个、645 个和 664 个①；从业人员数分别为 104 606 人、119 954 人和 143 923 人。

截至 2015 年年底，北京市共有保险公司及分支机构 769 家，平均 0. 046 9 个/平方公里，0. 354 3 个/万人。其中数量最多的是人身险公司，有 394 家，占比为 51%；其次是财产险公司，有 294 家，占比为 38%。

值得一提的是，北京地区外资保险公司代表处数量较高。全国范围内共有 187 家外资保险公司代表处，其中北京 76 家，占 41%。见图 3－28。

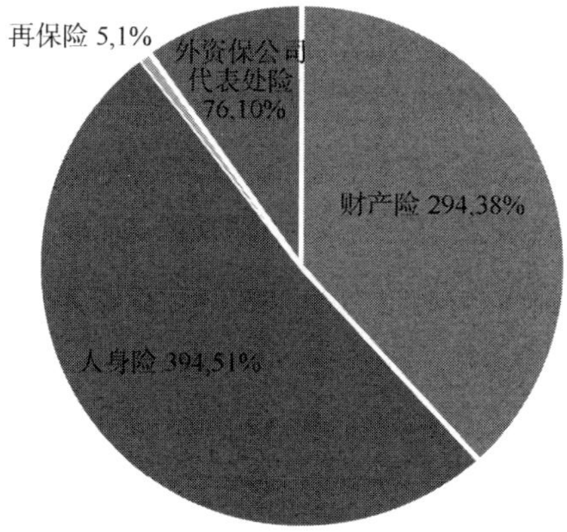

图 3－28　2015 年北京市保险机构种类分布

数据来源：北京市保监局②。

（2）北京区域情况。具体如下：

①北京保险机构主要分布在距离城市中心较近的区。朝阳区、海淀区、丰台区和石景山区保险机构数量较多；东城区与西城区的保险机构密度与万人拥有量最大；门头沟区、怀柔区、平谷区等区保险机构的万人拥有量高于北京市的平均水平。见表 3－8。

① 数据来自北京统计信息网，该数据与保监会数据有小范围差异。

② 数据包括辖内保险公司及分支机构，不含中介及分支机构、保险兼业代理机构。

表 3 – 8　2015 年北京市分区保险系统

地　区	机构（个）	密度 （个/平方公里）	万人拥有量 （个/万人）	从业人员（人）
北京全市	664	0.040 5	0.305 9	143 923
首都功能核心区	164	1.775 1	0.744 4	49 605
城市功能拓展区	224	0.175 6	0.210 8	60 541
城市发展新区	187	0.029 7	0.268 3	23 968
生态涵养发展区	89	0.010 2	0.466 5	9 809

数据来源：北京统计信息网①。

②首都功能核心区的保险机构密度最大。2015 年首都功能核心区保险机构密度为 1.755 1 个/平方公里，远高于北京平均水平 0.040 5 个/平方公里。而包含怀柔、密云等区的生态涵养发展区，保险机构数量较少，密度仅为 0.010 2 个/平方公里，远低于北京的平均水平。见图 3 – 29。

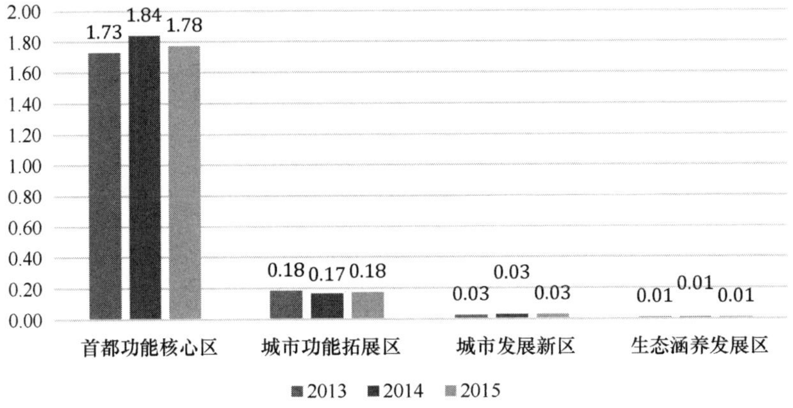

图 3 – 29　2013—2015 年北京市区保险机构密度（单位：个/平方公里）

① 注：

a. 本表口径为在北京地区经营的保险公司的总公司、分公司及所属分支机构；

b. 北京统计信息网的数据与保监会北京监管局的数据有一定差异；

c. 北京统计信息网将北京的 16 个区划分为四个区域：首都功能核心区（东城区、西城区）；城市功能拓展区（朝阳区、丰台区、石景山区、海淀区）；城市发展新区（房山区、通州区、顺义区、昌平区、大兴区）；生态涵养发展区（门头沟区、怀柔区、平谷区、密云区、延庆区）。

③首都功能核心区保险机构万人拥有量最大，其次是生态涵养区。虽然从保险机构数量与密度上来看，生态涵养发展区都居于末位，但由于人口较少，其保险机构万人拥有量仅次于首都功能核心区，明显高于城市功能拓展区与城市发展新区。见图 3 －30。

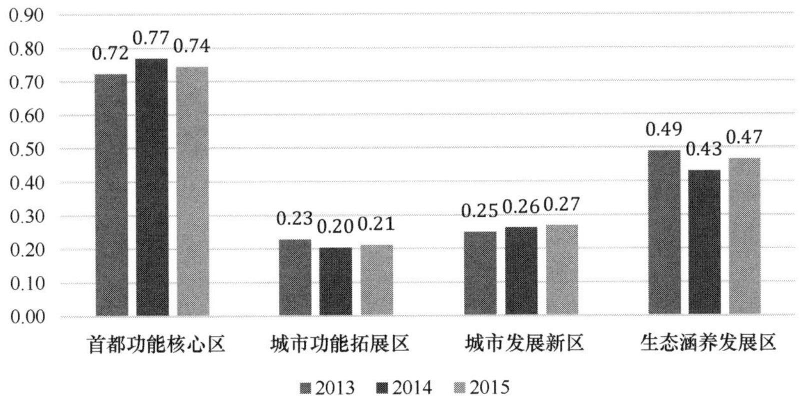

图 3 －30　2013—2015 年北京市区保险机构万人拥有量（单位：个/万人）

（3）与其他地区对比。项目组选取与北京经济发展水平相当的上海市、广东省、江苏省进行对比。北京的保险机构覆盖程度属于较高水平。北京保险机构数量与万人拥有量均高于上海市；保险机构密度高于广东省。

①从机构数量看，江苏省保险机构数量最多，有 5 409 家，是北京市的 7.03 倍、上海市的 13.00 倍、广东省的 1.09 倍；北京与上海同为直辖市，北京地区的保险机构数量是上海市的 1.85 倍。见图 3 －31。

②从机构密度看，上海市保险机构密度最高，为 0.065 6 个/平方公里，是北京市的 1.40 倍，广东省的 2.38 倍，江苏省的 1.30 倍。

③从万人拥有量看，江苏省保险机构万人拥有量最高，平均 0.678 1 个/万人；其次是广东省，平均 0.457 2 个/万人。见图 3 －32。

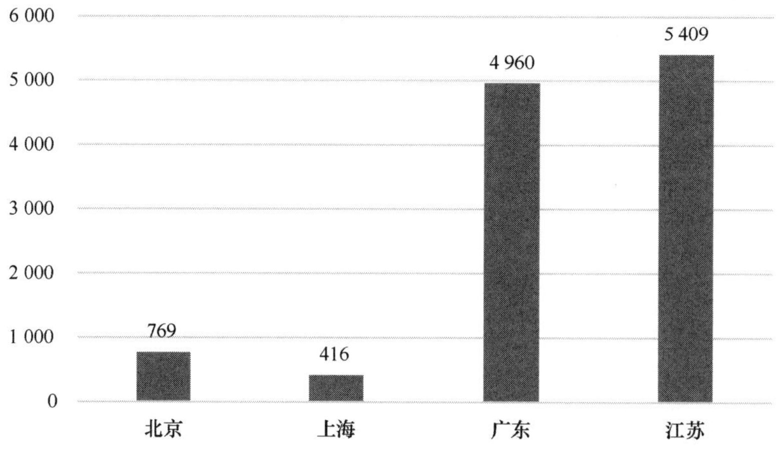

图 3－31　2015 年北京、上海、广东、江苏保险机构数量。

数据来源：保监会①。

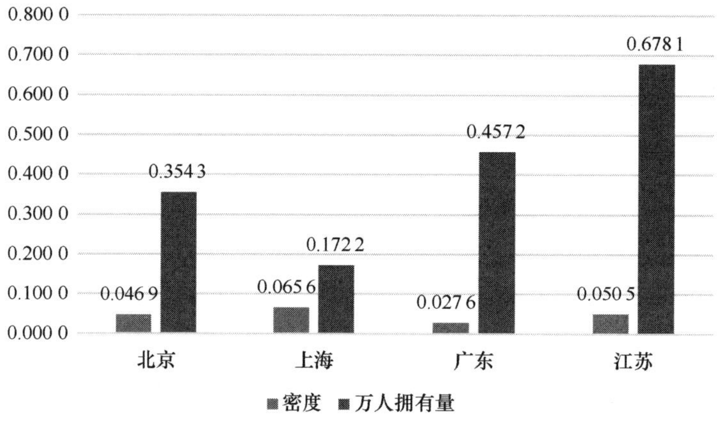

图 3－32　2015 年北京、上海、广东、江苏保险机构密度与万人拥有量

数据来源：保监会②。

④从保险机构的种类构成看，保险机构数量最多的江苏省，财产险公司多于人身险公司，没有再保险公司和外资保险公司代表处；广东省人身险公

① 所有数据均截至 2015－12－31；数据包括辖内保险公司及分支机构，不含中介及分支机构、保险兼业代理机构。

② 所有数据均截至 2015－12－31；数据包括辖内保险公司及分支机构，不含中介及分支机构、保险兼业代理机构；人口数据为 2105 年末各省市常住人口。

司的数量稍高于财产险公司的数量，只有 3 家外资保险公司代表处，没有再保险公司；北京市人身险公司数量高于财产险，有再保险公司 5 家，有外资保险公司代表处 76 家，数量远远高于其他三个省市；上海市的财产险公司数量高于人身险，有再保险公司 4 家，外资保险公司代表处 27 家。见图 3 – 33。

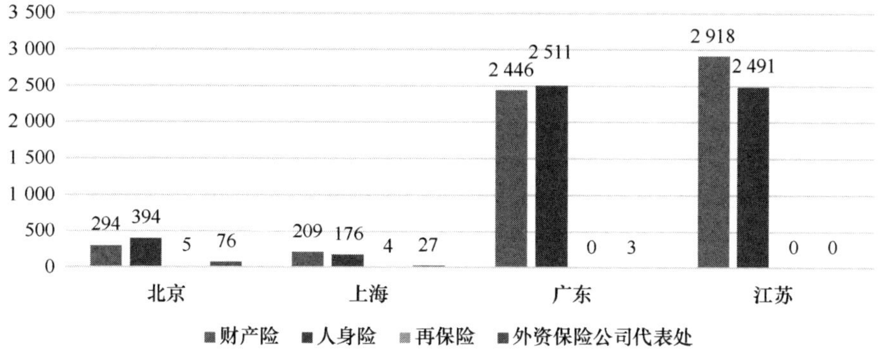

图 3 – 33　2015 年北京、上海、广东、江苏保险机构种类（单位：个）

数据来源：保监会①。

（二）新型金融机构

近年来，多数新型金融机构数量处于增长态势。截至 2015 年末，北京市共有新型金融机构 970 家，平均 0. 066 4 个/平方公里，0. 502 2 个/万人。其中，典当行、融资租赁公司、小额贷款公司数量较多，且逐年增长；汽车金融公司、消费金融公司数量较少，且近三年没有变化。见表 3 – 9。

表 3 – 9　2015 年北京市新型金融机构

机构类型	机构数	密度	万人拥有量
	个	个/平方公里	个/万人
小额贷款公司	105	0. 006 4	0. 048 4
典当行	502	0. 030 6	0. 231 3
商业保理公司	78	0. 004 8	0. 035 9
融资租赁公司	237	0. 014 4	0. 109 2
金融租赁公司	3	0. 000 2	0. 001 4

① 所有数据均截至 2015 – 12 – 31；数据包括辖内保险公司及分支机构，不含中介及分支机构、保险兼业代理机构。

续表

机构类型	机构数	密度	万人拥有量
	个	个/平方公里	个/万人
汽车金融公司	7	0.000 4	0.003 2
消费金融公司	1	0.000 1	0.000 5
村镇银行	37	0.002 3	0.017 0
合计	970	0.059 1	0.446 9

数据来源：北京统计局、北京市工商局、中国人民银行、银监会、保监会、北京市金融工作局①。

与上海市、广东省相比，北京市新型金融机构数量低于广东省，稍高于上海市。北京市、上海市和广东省的新型金融机构数量分布如图 3－34、图 3－35、图 3－36 所示。

1. 小额贷款公司

2010—2015 年，北京市小额贷款公司数量逐年显著上升，从 2010 年的 28 家增加至 105 家。见图 3－37。

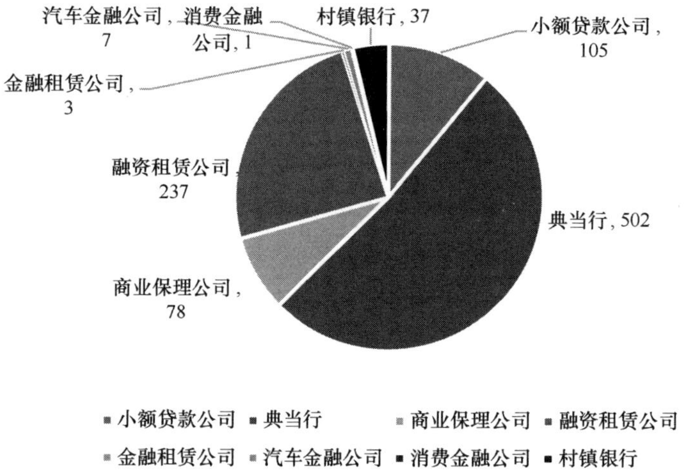

图 3－34　2015 年北京市新型金融机构数量（单位：个）

数据来源：北京市金融局、银监会。

① 其中，商业保理公司与融资租赁公司的数据来自北京市工商局北京市企业信用信息网，时间截至 2016 年 7 月；其他数据均截至 2015 年 12 月 31 日。小额贷款公司与担保公司数据来自北京市金融工作局；金融租赁公司、汽车金融公司、消费金融公司、村镇银行数据均来自银监会。

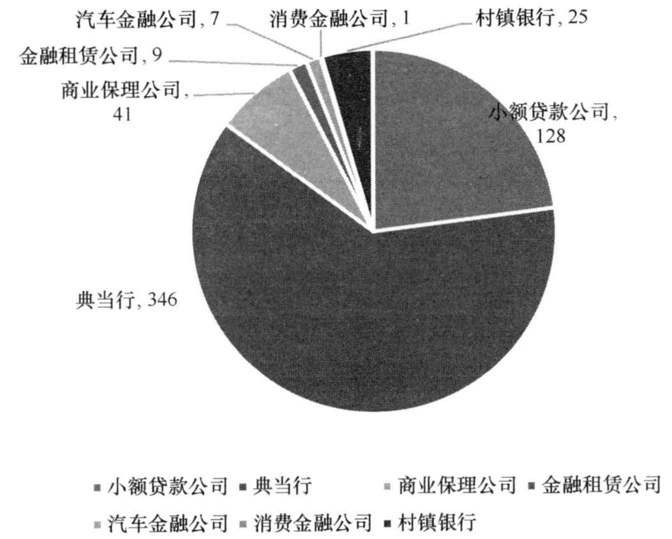

图 3－35　2015 上海市新型金融机构数量（单位：个）

数据来源：上海市金融办、银监会。

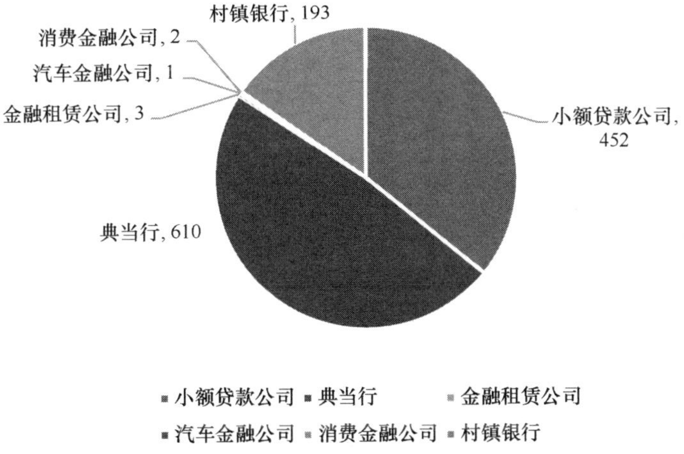

图 3－36　2015 广东省新型金融机构数量（单位：个）

数据来源：广东省金融工作办公室、银监会[①]。

① 所有数据均截至 2015 年 12 月 31 日（按照批准成立日期）；上海市数据缺失融资租赁公司数量；广东省数据缺失融资租赁公司数量与保理公司数量。

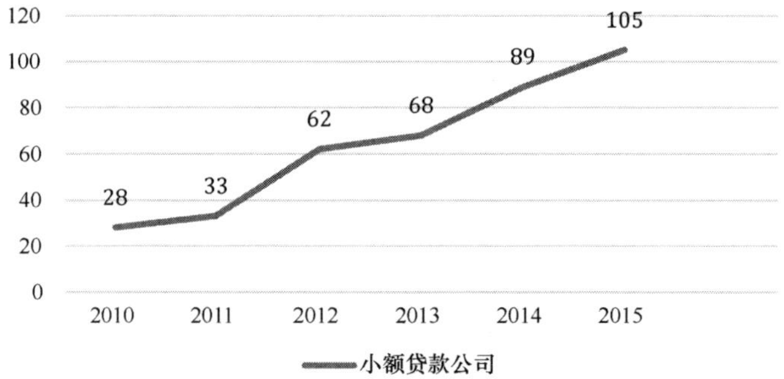

图 3－37　2010—2015 年北京市小额贷款公司数量（单位：个）

数据来源：北京市金融工作局。

小额贷款公司实现全市 16 个区全覆盖，注册资本金 158.8 亿元；小额贷款公司 2015 年累计贷款 232.5 亿元，贷款余额 141.2 亿元，积极为“三农”客户提供小额贷款支持，单笔借款额度最低为 2 700 元，有效扩大了“三农”客户受益范围。

与上海市、广东省、浙江省相比，北京的小额贷款公司数量最少。北京小额贷款公司密度 0.005 2 个/平方公里，接近上海市的 50%，高于广东省和浙江省；北京市小额贷款公司 0.039 2 个/万人，低于上海市和浙江省。见图 3－38、图 3－39。

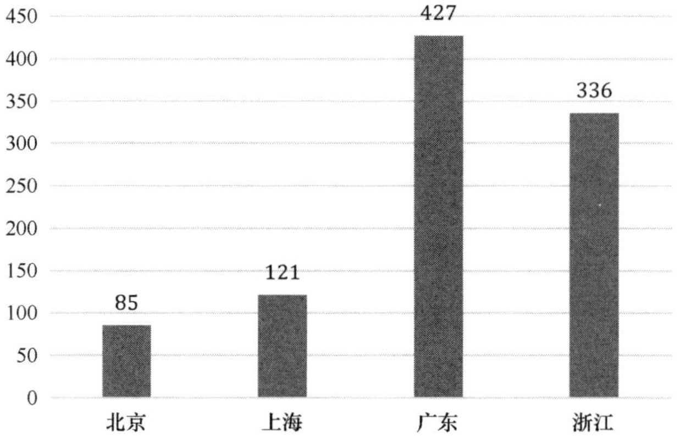

图 3－38　2015 年北京、上海、广东、浙江小额贷款公司数量（单位：个）

数据来源：中国人民银行[①]。

① 注：此数据截至 2015－12－31，来自中国人民银行的数据与北京金融工作局的数据有部分差异。截至 2015 年末，北京地区的小额贷款公司数量，人民银行统计数据为 85 家，金融局统计为 105 家，图中为方便各省市比较，采用人民银行数据。

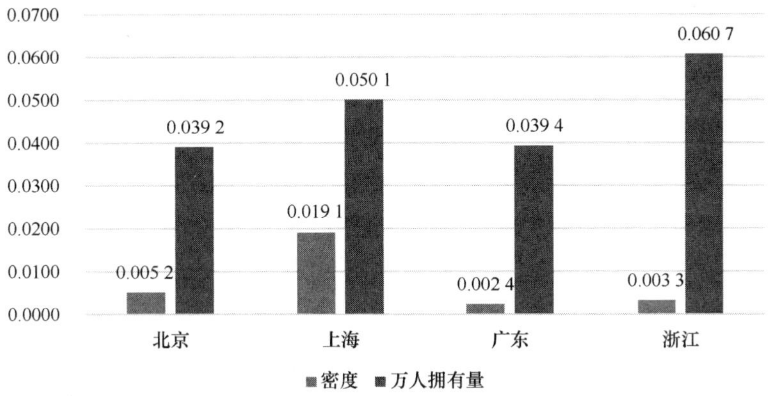

图 3 -39　2015 年北京、上海、广东、浙江小额贷款公司密度与万人拥有量

数据来源：中国人民银行。

2. 典当行

2013—2015 年，北京地区典当行数量与从业人员数均逐年上升。其中2014 年典当行数量同比增长 14.72%，2015 年同比增长 3.58%；从业人数与机构数量的变化几乎同步，都在 2014 年有较大幅度的增加。见图 3 -40。

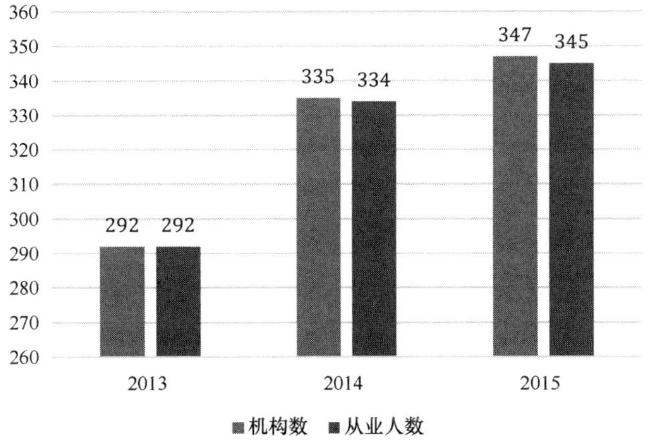

图 3 -40　北京市典当行数量及从业人员数

数据来源：商务部、搜当网[①]。

① 图中典当行机构数来自商务部，为典当行独立法人数量，不包含分支机构；从业人数来自搜当网数据，为在典当行工作且有从业资格证的工作人员。

从全国来看，北京典当行数量位列第六，低于浙江省、山东省、辽宁省、江西省、广东省，明显高于宁夏、青海省、西藏等省和自治区。截至2015年12月底，全国共有典当行8 050家，分支机构928家；北京地区共有典当行独立法人347家，分支机构139家，总数占全国的5.41%。见图3－41。

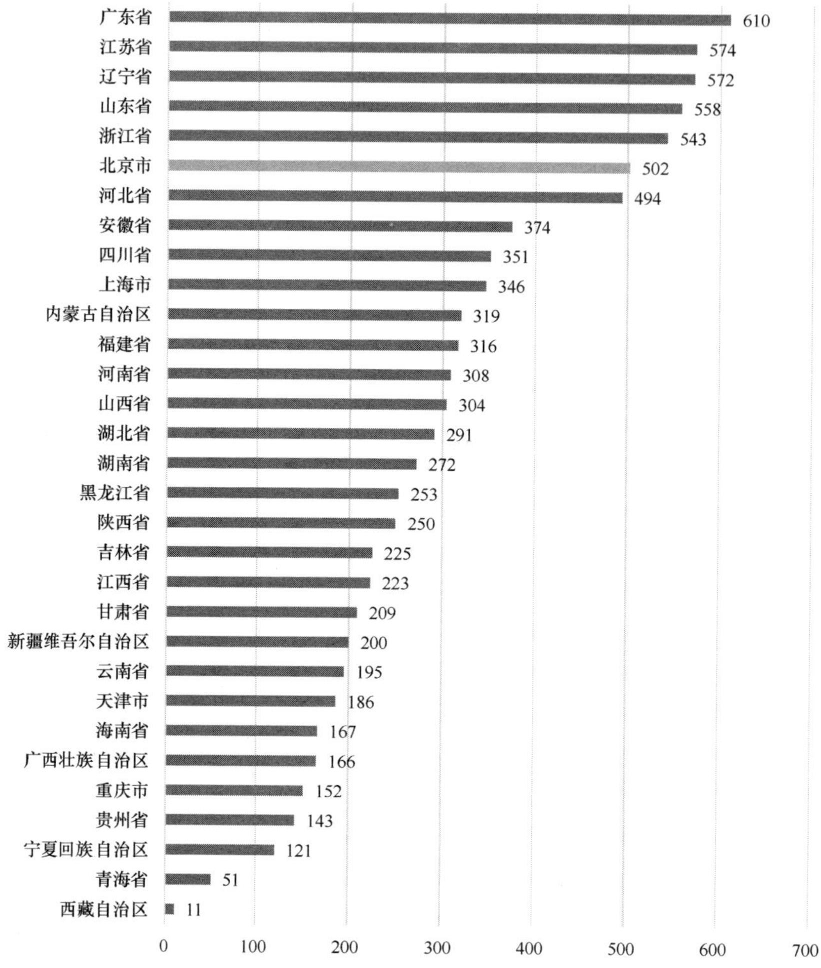

图3－41　2015年全国各省、市、自治区典当行数量（单位：个）

数据来源：搜当网①。

① 注：数据来自搜当网，为典当行独立法人与分支机构的总数；此数据与商务部的数据有小于5%的差异。

3. 保理公司

北京市商业保理公司大多分布在石景山区与朝阳区。截至 2016 年 7 月，在北京地区注册成立的商业保理公司共有 81 家，平均 0. 004 9 个/平方公里，0. 043 6 个/万人。其中石景山区拥有 32 家商业保理公司，数量是朝阳区的 1. 78 倍，是海淀区的 3. 20 倍，是西城区的 10. 67 倍，是东城区的 4. 57 倍，是昌平区的 32. 00 倍。见图 3 –42。

在金融发展水平较高的东城区、西城区、朝阳区和海淀区，商业保理公司数量明显低于石景山区，原因可能是石景山区是北京市首个获批的商业保理试点区，其商业保理公司数量明显高于其他区。

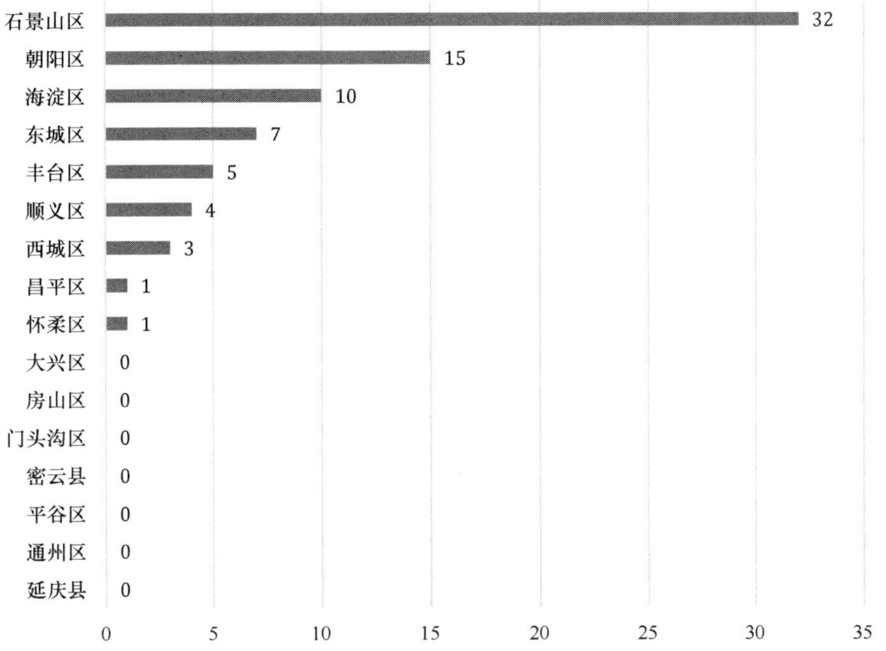

图 3 –42　北京市各区商业保理公司数量（单位：个）

数据来源：北京市企业信用信息网。

4. 租赁公司

金融租赁公司是经银监会批准，以经营融资租赁业务为主的非银行金融机构。截至 2015 年年底，北京市有金融租赁公司 3 家，分别是建信金融租赁股份有限公司、中国外贸金融租赁有限公司和北银金融租赁有限责任公司。其中，中国外贸金融租赁有限公司位于海淀区，建信金融租赁有限公司和北银金融租赁有限公司位于西城区。

融资租赁公司是服务于金融、贸易、产业的资产管理机构，是知识服务性技术公司，与金融租赁公司有本质差别，金融租赁公司归银监会监管，融资租赁公司则归商务部监管。截至 2016 年 7 月，北京市共有融资租赁公司 237 家，多分布在朝阳区、顺义区和海淀区。见图 3 –43。

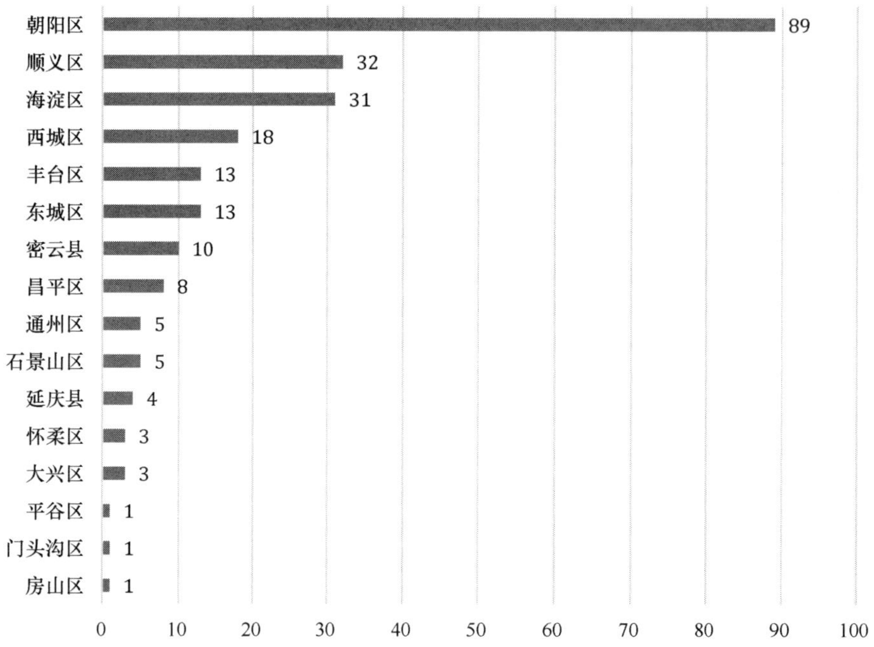

图 3 –43　北京市各区融资租赁公司数量（单位：个）

数据来源：北京市企业信用信息网。

5. 汽车金融公司

汽车金融公司是为汽车购买者、销售者提供金融服务的非银行金融机构，由银监会批准设立。

2004 年 8 月 12 日，北京市批准成立了第一家汽车金融公司——大众汽车金融（中国）有限公司。同年 12 月，批准成立了丰田汽车金融（中国）有限公司。至2012年年底，北京地区共批准设立了7家汽车金融公司，近三年来这一数字并无变化。见表3－10。

表3－10　2015年北京汽车金融公司名录

编号	公司名称	企业性质
1	梅赛德斯－奔驰汽车金融公司	外资全资
2	大众汽车金融（中国）有限公司	外资全资
3	丰田汽车金融（中国）有限公司	外资全资
4	东风标致雪铁龙汽车金融公司	中外合资
5	沃尔沃汽车金融（中国）有限公司	外资全资
6	宝马汽车金融（中国）有限公司	中外合资
7	北京现代汽车金融有限公司	中外合资

最近三年，北京市汽车金融公司资产总额持续增长。2014年末，辖内7家汽车金融公司资产总额1 690.70亿元，比上年增加471.32亿元，增长27.88%；负债总额1 449.76亿元，比上年增加415.88亿元，增长28.69%；全年累计实现净利润22.69亿元，比上年增加4.14亿元，增长18.28%。见图3－44。

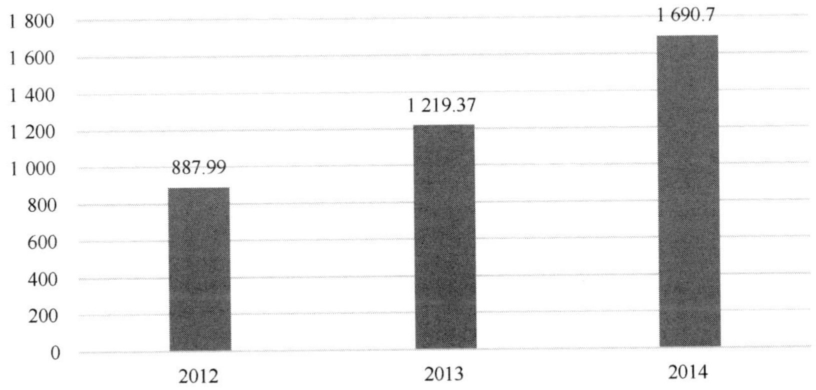

图3－44　北京市7家汽车金融公司资产总额（亿元）

数据来源：北京金融年鉴。

6. 消费金融公司

消费金融能提高购买能力，促进消费、拉动经济，提升社会的信用认识。2010 年，银监会首次批准筹建 4 家消费金融公司，包括中银消费金融有限公司、北银消费金融公司、四川锦城消费金融有限责任公司、捷信消费金融有限公司，其中 3 家有银行背景（中银消费、北银消费、锦城消费），1 家是外资公司（捷信消费）。见表 3－11。

表 3－11　我国首批试点的 4 家消费金融公司信息一览表

公司	发起人	注册地	消费信贷业务	覆盖范围
中银消费	中国银行	上海	现金贷、 商户专享贷、 互联网贷款	合作商户及网点 500 多家，遍布全国 80 多个城市
北银消费	北京银行	北京	直接支付类、 受托支付类、 循环信用类	主要在北京地区
锦城消费	成都银行、 马来西亚 丰隆银行	成都	消费分期、现金贷款	大成都范围及眉山、南充、资阳、德阳等地区
捷信消费	捷信集团	天津	耐用消费品贷、 消费现金贷	覆盖全国 24 个省份和直辖市，260 多个城市，6 万多个贷款服务网点，武汉、长沙两大运营中心

截至 2015 年，全国有 6 家消费金融公司，北京仍只有北银一家消费金融公司。

2012—2014 年，北银消费金融公司资产总额显著增加。2013 年北银消费金融公司资产总额 61.48 亿元，同比增长 221.88%；2014 年北银消费金融公司资产总额 124.21 亿元，同比增长 102.03%。见图 3－45。

7. 村镇银行

近年来，北京地区村镇银行营业网点数量持续增长。2013—2015 年，村镇银行营业网点数分别为 25 家、32 家和 37 家。2014 年，村镇银行在册员工 754 人，比上年增加 114 人，其中高管人员 65 人。见表 3－12、表 3－13。

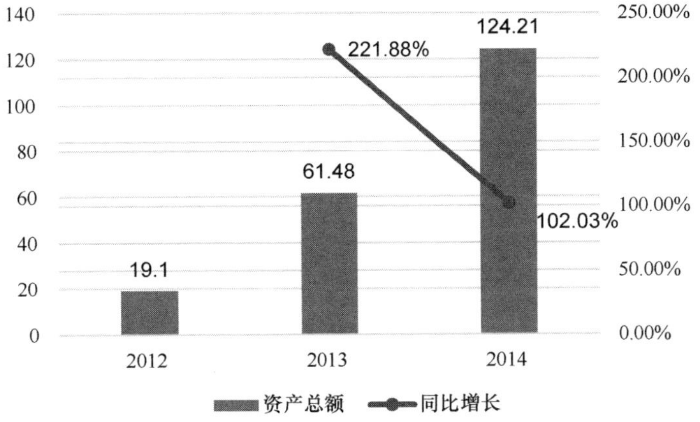

图 3 - 45　北银消费金融公司资产总额（亿元）

数据来源：北京金融年鉴。

表 3 - 12　2015 年北京市 10 家村镇银行名录

编号	银行名称	编号	银行名称
1	北京密云汇丰村镇银行	6	大兴华夏村镇银行
2	北京延庆村镇银行	7	顺义银座村镇银行
3	北京怀柔融兴村镇银行	8	北京通州国开村镇银行
4	大兴九银村镇银行	9	北京门头沟珠江村镇银行
5	昌平兆丰村镇银行	10	房山沪农商村镇银行

数据来源：北京市金融工作局。

表 3 - 13　北京地区 10 家村镇银行情况

时间	营业网点（家）	在册员工（人）
2012 年	15	476
2013 年	25	640
2014 年	32	754

数据来源：北京市金融工作局。

（三）数字金融机构

项目组用“数字金融”来定义互联网和金融的联姻，以避开互联网金融和金融互联网的纠结。通常，我们将银行的互联网技术应用称为金融互联网，如手机银行、网上银行、直销银行等，将非金融机构的互联网与金融的联姻称为互联网金融，如网络借贷、互联网众筹、第三方支付、互联网保险、互联网信托等。从本质上讲，两者的差异并不大，其核心点包括：

一是互联网是一个渠道，实现了个人客户、企业客户无地域限制、无时间限制、无物理网点成本限制地与金融服务商的接触。其包括点对点的支付即第三方支付、手机银行汇款、网上银行汇款等；点对点的融资如网络借贷和互联网股权众筹；点对保险的接触即互联网保险；点对信托的接触即互联网信托，点对基金的接触即互联网基金；点对多个金融产品的对接即金融超市。互联网实现了金融服务物理网点的跨越，形成了无时空约束的金融市场。

二是互联网是一个新技术萌发的平台。互联网上各种信息传来传去，而且是一个不会“忘却”的平台，只要信息发生过就会在某个地方被保存下来，海量数据的存在催生了大数据技术。通过大数据的分析，可以获取有价值的信息；在数据加工的基础上，可以进行客户画像，通过客户画像了解客户的消费习惯、行为习惯、浏览习惯、购物习惯、信用记录等，为各种营销服务；在大量中心化数据被黑客攻击、大量客户信息被标价转让的情况下，一种分布式、不可篡改的数据记录技术——区块链出现。

互联网金融中，第三方支付已经获取牌照，网络借贷被监管机构定位为信息中介，互联网众筹尚未纳入监管讨论。但互联网金融远不止这些，市场监管和创新的逐步推进和发展才刚刚开始。

在下面的讨论中，项目组仍将以网络借贷、互联网众筹和第三方支付为核心来讨论数字金融。见图 3－46。

1. P2P

从 2007 年国内首家网络小贷公司拍拍贷成立以来，P2P 行业经历了从无到有、从盲目扩张到洗牌重构的发展历程。2015 年是 P2P 发展的转折年，从全民热议、如火如荼到急转直下，伴随发生 e 租宝等多起恶性事件。

随后，监管机构开始整顿 P2P 行业，以维护社会金融环境的理性繁荣，保护金融消费者的切身利益。2016 年 3 月，央行条法司、科技司组织中国互联网金融协会部分成员单位讨论《互联网金融信息披露规范（初稿）》。该规范要求 P2P 平台每日至少更新 21 条运营信息，被称为最严信息披露制度。4 月，央行牵头多部委出台《互联网金融风险专项整治工作实施方案》，要求采

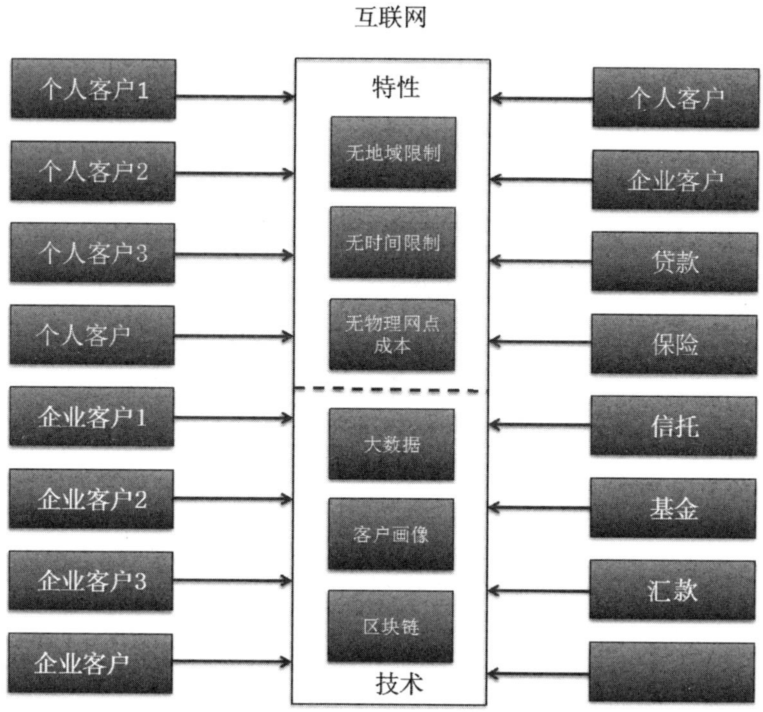

图 3－46　数字金融特性

用“穿透式”方法，根据业务实质明确监管责任，并强调 P2P 网络借贷是重点整治行业；教育部办公厅和银监会联手发布《关于加强校园不良网络借贷风险防范和教育引导工作的通知》，提出要加强校园不良网络借贷平台的监管和整治，教育和引导学生树立正确的消费观念。2016 年 8 月，《网络借贷信息中介机构业务活动管理暂行办法》正式发布，标志着一直以来备受争议的 P2P 行业被正式纳入监管。

根据网贷之家的数据，截至 2016 年 6 月，北京市正常运营的 P2P 平台有 299 个，占全国总数的 12.73%。同期全国累计上线平台 4 127 个，其中正常运营平台 2 349 个，超过 43.08% 的平台停业或变成问题平台①。运营平台数排名前三的省市是广东、北京和上海，其中广东省运营平台 417 个，占比为

① 问题平台：采用网贷天眼的定义，即 P2P 平台发生提现困难、暂停发标、平台失联、跑路、诈骗、警方介入、终止运营等情况。

17.75%；上海市运营平台216个，占9.19%。从平台背景来看，民营系P2P平台最多，占比为88%，但累计超过45.93%的民营系平台停业或成为问题平台；银行系仅有16家，迄今没有出现问题平台。见图3－47。

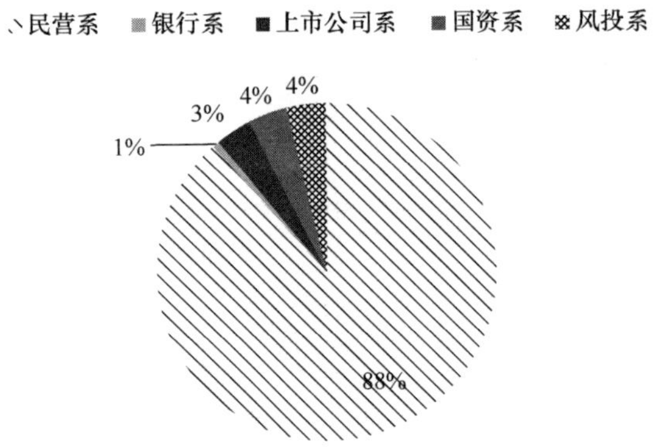

图3－47　全国P2P平台背景分布（2016年6月）

数据来源：网贷天眼。

目前行业运营平台数趋于稳定，但问题平台数量仍在增长，经营不善、不合规、有道德问题的平台逐渐被市场淘汰。P2P行业成交量和平台参与人数增速放缓，整体综合平均利率下行，贷款平均期限上行，说明市场正在回归理性。

2013—2015年，各地P2P平台数量大幅增长。见图3－48。2013年末北京P2P平台数尚不足100个，到2015年年底已超过300家。

图3－48　重点省市P2P问题平台与运营平台数量（单位：家）

数据来源：WIND资讯。

平台数量增加的同时，P2P 交易额也大幅增长。2015 年末，北京 P2P 交易额突破了 2 500 亿元，远超同期上海的 1 000 亿元。见图 3 - 49。

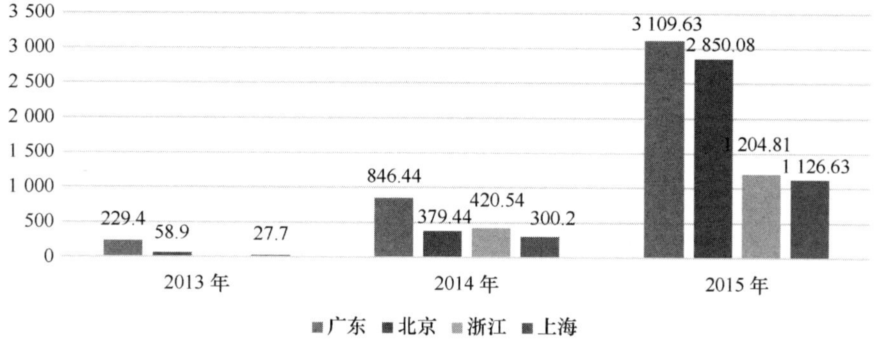

图 3 - 49　重点省市 P2P 行业月成交量（单位：亿元）

数据来源：网贷之家。

北京地区 P2P 参与人数总体上呈增长趋势，偶有回落。2015 年北京地区 P2P 参与人数急剧增加，到年末达到峰值。2015 年 12 月，北京地区 P2P 平台投资人数达 134.41 万人，借款人数达 27.96 万人，此后 e 租宝等恶性事件爆发，投资人数出现短期锐减。见图 3 - 50。

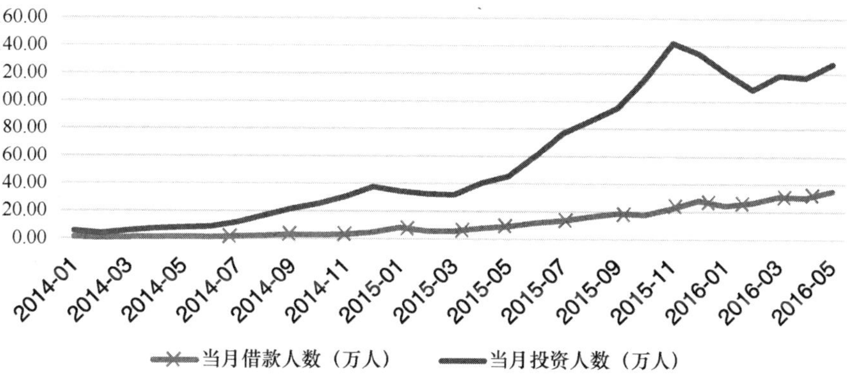

图 3 - 50　北京地区 P2P 平台参与人数

数据来源：网贷之家。

2. 众筹

根据零壹研究院数据中心的不完全统计，截至2015年末，我国互联网众筹平台（不含港台澳地区，下同）有365家。其中，2015年新增平台168家，同比增长7.0%；正常运营的281家平台中，股权众筹平台185家，占比为65.8%；产品众筹平台119家，占比为42.3%。

从地区分布看，北京正常运营的众筹平台有75家，其中股权众筹平台41家，分别占全国总数的27%和32.8%，均高于广东、上海①。见图3－51。

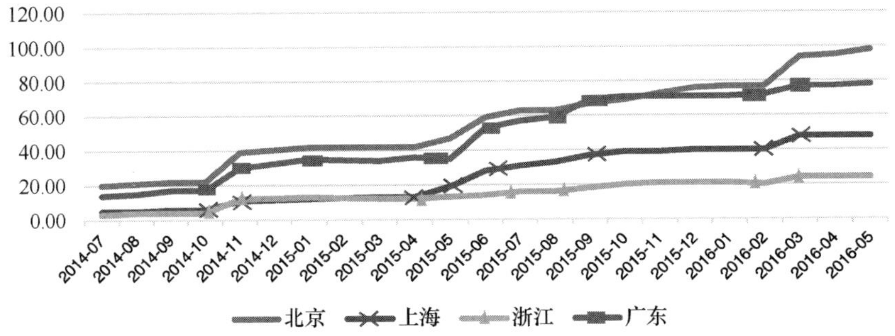

图3－51　众筹平台数发展趋势（单位：家）

数据来源：WIND资讯。

3. 第三方支付

2016年第一季度，北京共有第三方支付平台50家，累计发生支付业务16.42亿笔，占全国网络支付业务总数的5.58%。

互联网支付方面，北京有30家公司提供了服务，共交易51 486.54万笔，其中市场份额排名前五的公司是天翼电子商务、易宝支付、百付宝、网银在线（北京）、汇元银通（北京）。天翼电子商务和易宝支付两家公司占业务总规模的一半以上。见图3－52。

移动支付方面，北京有12家公司提供了服务，共交易31 441.08万笔，其中市场份额排名前五的公司是天翼电子商务、网银在线（北京）、易智付（北京）、易宝支付、联动优势，其中天翼电子商务占市场规模的56%。见图3－53。

① 数据来源：《中国互联网众筹年度报告（2015）》（零壹财经）。

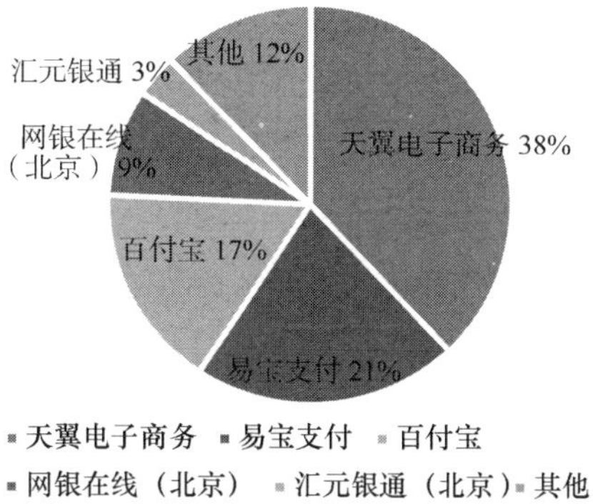

图 3-52　北京第三方支付公司互联网支付交易市场规模份额（2016 年第一季度）

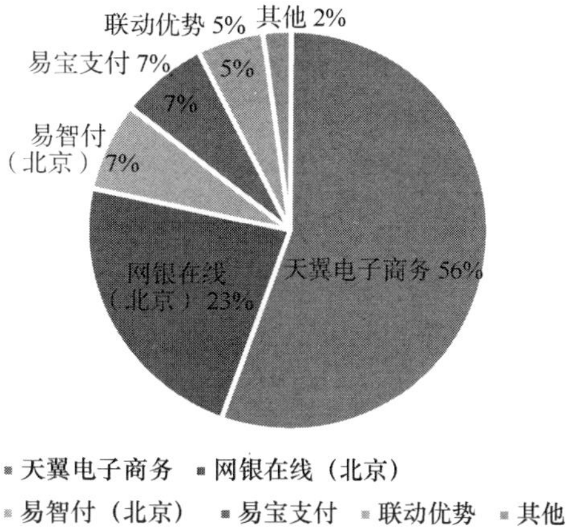

图 3-53　北京第三方支付公司移动支付交易市场规模份额（2016 年第一季度）

预付卡发行方面，北京有 25 家公司提供了服务，交易 3 988.05 万笔，其中市场份额排名前四的公司是天翼电子商务（占 55%）、汇元银通（北京）（占 31%）、市政交通一卡通和联通支付。见图 3-54。

银行卡收单方面，北京有 15 家提供了服务，共交易 25 847.64 万笔，其中市场份额排名前五的公司是拉卡拉、随行付、银联、和融通、海科融通。见图 3-55。

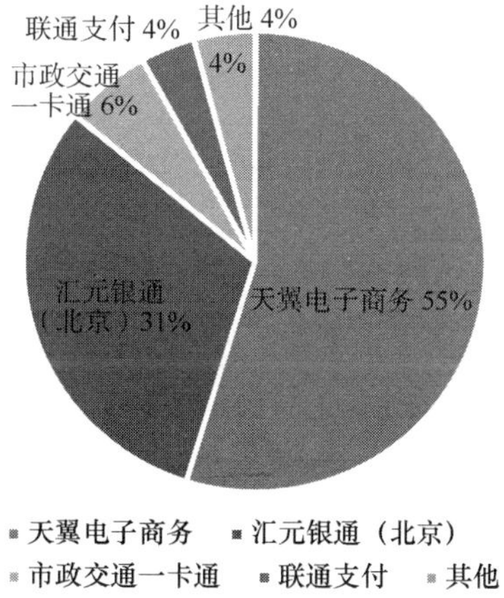

图 3-54　北京第三方支付公司预付卡发行市场规模份额（2016 年第一季度）

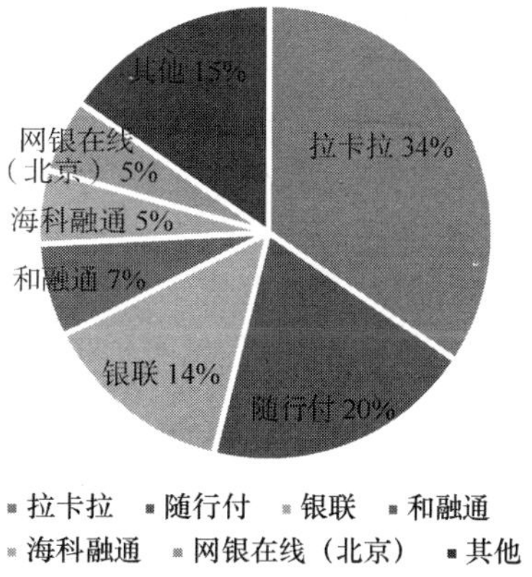

图 3-55　北京第三方支付公司银行卡收单市场规模份额（2016 年第一季度）

为满足企业和个人用户需求的多样化，第三方支付企业的业务类型在横向和纵向两方面寻求拓展。横向方面，除了不断覆盖各种消费场景、刺激传统商业，还积极布局传统金融理财行业，如支付宝推出余额宝、招财宝等基金类、保险类理财产品，财付通推出理财平台理财通；纵向方面，逐渐由线上走向线下，利用线下扫描二维码方式加速移动支付业务发展，并布局供应链融资等金融增值服务。第三方支付在实现无死角支付、无时空限制支付等方面发挥了巨大作用。

（四）准金融机构

准金融机构即民间金融，是从事金融活动但没有取得相应金融许可证的企业，其经营活动游离在合法和非法之间，但的确是普惠金融的组成部分。

1. 农村专业合作社资金互助

为解决北京地区农民融资问题，北京市出台了《关于促进农民专业合作社发展的扶持政策》《北京市实施〈中华人民共和国农民专业合作社法〉办法》《北京市农民专业合作社示范社建设行动计划》《北京市农民专业合作社内部资金互助试点管理办法（试行）》等政策和法规。

2007 年 4 月 27 日，通州区果村蔬菜合作社 163 户社员成立资金互助会，共筹集互助资金 28 万元，其中社员入资 13 万元，市、区经管部门扶持资金 15 万元，共同制定了《果村蔬菜专业合作社资金互助办法》，正式启动资金互助合作；2007 年 8 月，密云县成立黄坨子蔬菜合作社资金互助会；2009 年 10 月，延庆县绿菜园蔬菜专业合作社成立资金互助会。

根据北京市委、市政府关于推进“新三起来”（土地流转起来、资产经营起来、农民组织起来）的工作部署和新型城镇化改革的有关安排，2015 年北京市农经办（农研中心）联合中国乡建院、市农投公司，积极探索农民专业合作社内部资金互助的体制机制建设，分别于 5 月 8 日和 12 日正式在大兴区长子营镇赤鲁村和平谷区大兴庄镇西柏店村启动试点工作。

虽然没有完整的统计数据，但北京地区农村专业合作社内部资金互助的探索一直在进行。

2. 农村信用互助合作社

2014 年，北京市大兴区庞各庄镇梨花村成立了北京市首家农村信用互助合作社，57 户村民出资 100 万元，设立专项信用合作互助基金，再由合作社与北京银行大兴支行签订合作协议，将合作社吸收的股金存入银行账户，作为社员申请银行贷款的担保基金，最多可以贷到500万元。通过成立农村信用互助合作社，将贷款初期审查工作从银行转到了合作社，由于村民之间的了解更深入、更准确，农民更容易获得贷款，银行也降低了贷款风险。

3. 格莱珉中国

2015年7月，格莱珉中国与恒昌公司联手合作的“精准扶贫”项目在北京市房山区刘平庄村启动。恒昌·格莱珉的目标客户群是农村低收入的贫困妇女，在选定合适的客户对象后，五人组成小组，再和其他小组形成一个中心，参加为期七天有关储蓄、借款、信用积累等基础知识的培训。小组成员需要共同制定并遵守一些“公约”，如“尊敬孝顺老人”“让孩子得到好的教育”“每年参加一次体检”等与金融毫无关系、却与日常生活相关的要求。公约形成后，小组成员将互相激励、互相帮助，营造积极向上的信用氛围。

4. 中和农信

中和农信（中和农信项目管理有限公司）是中国扶贫基金会旗下、全国最大的公益性小额信贷专业机构，以“打通农村金融最后100米”为使命，通过无须抵押、上门服务的小额信贷方式和多种形式的非金融服务，支持贫困地区中低收入人群开展创收性活动，从而实现可持续脱贫致富。截至2016年6月底，中和农信提供的小额信贷服务项目已覆盖全国18个省185个县的2 832个乡镇。中和农信在北京市门头沟区设有分公司。

2015年6月，中和农信与蚂蚁金服达成风控体系等方面的共建合作，将蚂蚁金服线上大数据风控与中和农信线下熟人信贷风控结合，以“互联网+精准扶贫”的方式，为更多的农村用户提供普惠金融服务。

5. 农村和社区便利店

为改善京郊偏远农村地区和城镇社区金融支付环境建设，北京农商银行建立乡村便利店和社区便利店。

乡村便利店是一种成本相对低廉、服务延伸面广的新型农村金融服务模式，主要建设在无金融覆盖的偏远农村地区，店址选择在村民活动较为集中的村委会。乡村便利店配备多功能自助终端机、96198直通电话机和网银自助服务机，并聘请村委会工作人员作为便利店辅导员，对村民进行宣传和辅导，通过自助服务加人工辅导的模式，提供小额助农取现、缴费充值、转账汇款、定活互转、医保转账、补登存折、查询等业务办理服务。北京农商行的首家乡村便利店于2010年7月在怀柔区怀北镇大水峪村正式揭牌，截至2014年年底，北京农商行已建立了138家乡村便利店，覆盖房山、平谷、昌平、密云、怀柔、大兴、门头沟、通州、延庆、顺义10个远郊区。

社区便利店主要建设在居民社区、企业厂区、校园、集贸市场等场所，通过壁挂式或大堂式多功能自助终端设备提供7×24小时的自助金融服务，社区客户能够办理缴费、充值、转账、汇款等业务。

（五）支持性金融机构

1. 征信

我国的征信体系可划分为三大层次：一是金融征信，即由中国人民银行主导的中国人民银行征信中心；二是行政管理征信，即政府各部门、各机构（如工商、税务、海关等）立足部门职能，在监管过程中建立起的数据体系；三是商业征信，即第三方征信。

（1）央行征信。2006年3月，中国人民银行成立中国人民银行征信中心，负责企业和个人征信系统的建设、运行和维护，2008年5月正式在上海举行挂牌仪式。2013年3月开始施行的《征信业管理条例》，将中国人民银行征信中心定位为由国家设立的金融信用信息基础数据库。

（2）全国企业信用信息公示系统。国家工商行政管理总局建设并维护的全国企业信用信息公示系统，提供了企业信用信息、经常异常名录、严重违法企业名单、抽查检查公示、信息公告等信息。

（3）第三方征信。截至2015年11月18日，北京地区完成备案办理的企业征信机构有31家，占全国总数的四成左右。

截至2015年年底，全国共有17个省（市）的78家企业征信机构完成备案，社会上约有150家未备案的征信机构，据不完全统计，约有2 000多家公司开展征信业务。其中，比较有影响的征信机构有中诚信和大公。

中诚信（中诚信国际信用评级有限公司）是经中国人民银行、商务部批准设立的中外合资信用评级机构，由国际评级机构穆迪持有49%的股权，业务范围包括主体评级、固定收益类金融产品评级、结构融资评级、评级衍生业务等，是我国信用评级行业的开拓者和引军者。

大公（大公国际资信评估有限公司），在全国设有34个分支机构，员工超过 800 人，是我国早期成立的信用评级机构之一。

2015 年 7 月，央行首批获准了包括芝麻信用、腾讯征信、鹏元征信等在内的 8 家个人征信机构。其中，芝麻信用背靠阿里集团的蚂蚁金服，拥有阿里在电商和互联网金融领域的客户数据资源和基于大数据判断信用风险的经验。腾讯征信隶属于腾讯集团，其数据来源包括用户基本信息、基于 QQ 的互联网行为数据以及其他第三方数据等，腾讯持股的微众银行推出的“微粒贷”，离不开腾讯大数据平台建立起来的征信与风控系统的支持。鹏元征信有限公司 2005 年经深圳市政府和中国人民银行深圳中心支行征信处批准设立，拥有独立研发的征信系统，并具有完全自主知识产权的核心技术，在个人征信业务上位居全国前列。

除了专门做征信业务的机构，一些提供消费信贷产品的互联网金融公司也有自己独立的征信部门。可以说，我国的征信业务仍处于初级发展阶段，企业和个人的信息零散分布于各职能部门，碎片化、分散化，没有实现互联互通。当数据孤岛实现有机联通，基础的法律政策建设完善，市场化征信机构将有力地推进信用普惠，进而助力实现金融普惠。

2. 担保公司

2010—2015 年，北京市融资性担保机构数量先增后减。2013 年起，北京市融资性担保机构数量逐年减少，至 2015 年年底降为 120 家，见图 3 – 56。

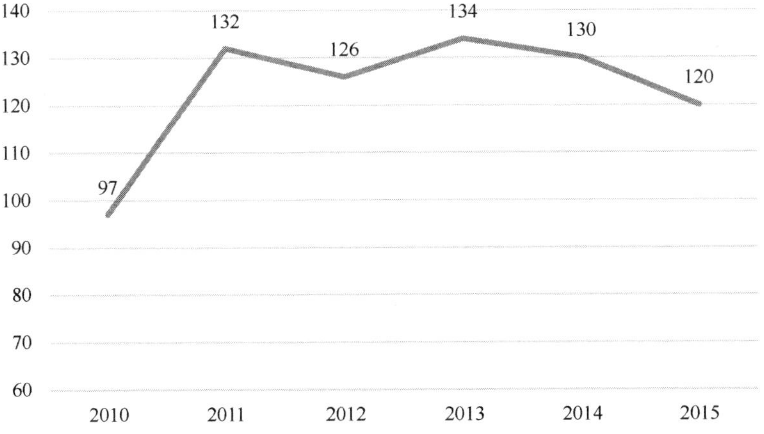

图 3 – 56　北京市融资性担保机构数量（单位：个）

数据来源：北京市金融工作局。

尽管数量有所减少，2015 年融资性担保机构在保余额却有所增加。截至 2015 年年底，北京市 120 家融资性担保机构注册资本 536.4 亿元；在保余额 2 261.3亿元，同比增长 18.9%；全年新增 16.9 万户企业得到了本市融资担保机构的担保支持。

（六）普惠金融弱相关金融机构

在普惠金融弱相关金融机构中，证券类机构数量最多。截至 2014 年年底，北京地区与普惠金融相关度较低的金融机构有 588 家，从业人员 47 195 人，机构密度 0.035 8 个/公里^2，0.316 3 个/万人。其中，证券类机构数量最多，有 398 个，从业人员数量也最多（见表 3－14）。

表 3－14　2014 年北京普惠金融弱相关机构情况

类别	机构（个）	密度（个/公里^2）	万人拥有量（个/万人）	从业人员（人）
期货	112	0.006 8	0.060 2	6 081
证券	398	0.024 3	0.214 1	37 104
信托	3	0.000 2	0.001 6	556
基金	75	0.004 6	0.040 3	3 454
合计	588	0.035 8	0.316 3	47 195

数据来源：北京金融年鉴 2015。

三、普惠金融产品现状

（一）贷款融资

1. 社会融资规模情况

（1）社会融资规模快速扩张，在全国的占比稳健上升。“三农”和小微企业贷款余额持续增加，金融持续为重点领域和薄弱环节提供有效支持。2015 年，北京地区社会融资规模为 15 368.9 亿元，同比多增 2 491.7 亿元，占全国社会融资规模的比重为 10%（见图 3－57）。北京地区金融机构新增人民币贷款主要投向租赁和商务服务业、交通运输、仓储和邮政业、房地产业等领域。

（2）人民币贷款规模持续增加，但在社会融资规模中的占比下降。2015 年，北京地区新增人民币贷款 4 594.9 亿元，同比增长 10.7%，占地区社会融资规模的比重为29.9%，比上年低7.7个百分点（见图3－58）；1—6月，北京地区非金融企业社会融资规模达6 991.1亿元，比上年同期增加898亿元，人民币贷款新增额占同期社会融资规模比重由上年同期的40.7%升至46.2%，总体保持了较高增速。

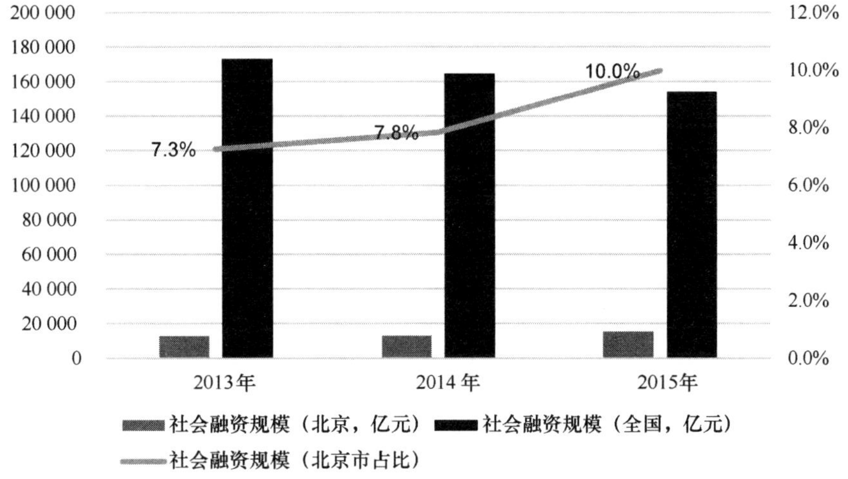

图3－57　2013—2015年北京市社会融资规模及全国社会融资规模对比

数据来源：中国人民银行北京营业管理部、北京市金融年鉴、wind资讯。

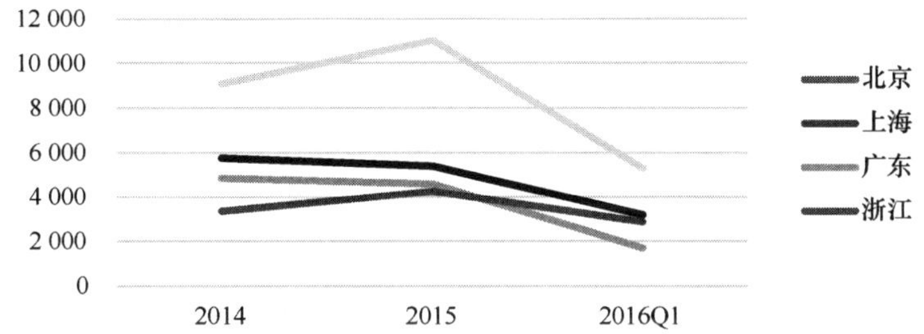

图3－58　2014—2016年Q1北京市人民币贷款规模与其他省市对比（单位：亿元）

数据来源：中国人民银行北京营业管理部、北京市金融年鉴、wind资讯。

（3）委托贷款、信托贷款和未贴现银行承兑汇票是融资方式的有效补充，约占社会总融资规模的20%。2015年，委托贷款、信托贷款和未贴现银行承兑汇票合计增加3 289.7亿元，占地区社会融资规模的21.4%，与2014年基本持平（见表3－15和图3－59）。

表3－15　2014—2015年北京市社会融资规模构成

	2014年		2015年	
	规模（亿元）	占比（%）	规模（亿元）	占比（%）
人民币贷款	4 844.7	37.62	4 594.9	29.90
委托贷款、信托贷款和未贴现银行承兑汇票	2 787	21.60	3 289.7	21.40
债券净融资	3 316.8	25.76	7 179.9	46.72
股票融资	901.4	7.00	1 190.5	7.75
其他	1 027.3	7.98	－886.1	－5.77
合计	12 877.2	100.00	15 368.9	100.00

数据来源：中国人民银行北京营业管理部、北京市金融年鉴、wind资讯。

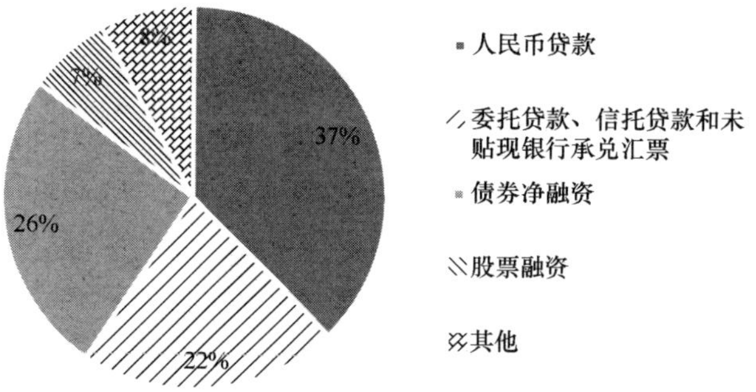

图3－59　2014年北京市社会融资规模构成

数据来源：中国人民银行北京营业管理部、北京市金融年鉴、wind资讯。

2. 股票、债券等融资方式

（1）股票和债券发行是企业融资的主要手段，北京地区“人民币贷款＋债券融资”二元结构明显。2015年，北京地区企业债券净融资为7 179.9亿元，同比大幅增加3 863亿元，占地区社会融资规模的比重为46.7%，比2014年高21个百分点；2015年全年企业股票发行额超过1 190.5亿元，同比增加290.1亿（见图3－60）。

（2）新三板上市企业数量全国第一，占总上市企业约14.88%，且保持高速增长态势。2015年年底，全国新三板挂牌公司数量5 129家，比2014年年底的 1 572 家大幅增长 226%。其中，北京 763 家、广东 684 家、江苏 651 家，位列前三位。从 2015 年新增的挂牌公司数量来看，广东、江苏、北京位列前三位。其中，广东新增 535 家，占比 15.04%；江苏新增 480 家，占比 13.5%；北京新增 401 家，占比 11.27%（见图 3－61）。

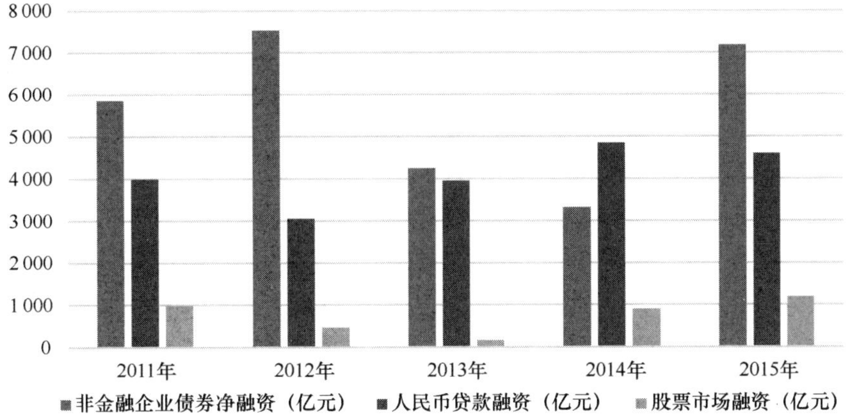

图 3－60　2011—2015 年北京市债券、股票和人民币贷款融资规模

数据来源：中国人民银行北京营业管理部、北京市金融年鉴。

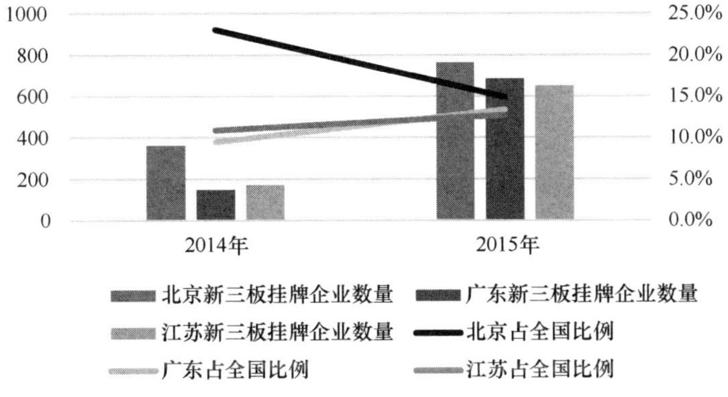

图 3－61　2014—2015 年北京、江苏、广东新三板挂牌企业数量情况

数据来源：联合信用征信股份有限公司。

（3）产业基金对小微企业支持力度不断深化。北京市中小企业创业投资引导基金规模继续上升，以杠杆方式引导社会资本加大小微企业投资。2014

年，北京市第七批中小企业创业投资引导基金新增 7 家参股创投机构，预计将再撬动社会资本 10 亿元投入小微企业。自 2008 年北京市财政支持设立该项引导基金以来，规模已达到 9.2 亿元，先后与国内创业投资机构共同出资设立了 24 家参股创投企业，协议出资金额近 40 亿元，累计投资 89 家创业期科技型、创新型小微企业，财政资金效应放大近 4 倍。未来这一基金的支持力度将持续加大。

（4）产业基金对重点“三农”对象的扶持力度不断加大，“三农”产业基金对农村的杠杆带动效应明显。过去几年间，北京农业产业投资基金已经投资了江苏益客食品、北京中地种畜等多家农业产业化龙头企业。投资基金通过金融手段把财政资金的杠杆作用更充分地发挥出来，提高了财政资金的利用效率，同时通过对重点行业和企业的支持，促进农业产业化发展。相对于银行信贷“点对点”的支持，投资基金在为农业企业注入资金之外，还帮助农业企业提高管理水平。

3. 人民币贷款情况

金融机构贷款余额持续高增长。北京市本外币贷款继续保持较高增速，外币贷款额有所下降。2015 年年末，北京市金融机构本外币贷款余额同比增长 9.1%，低于全国 4.3 个百分点。其中，人民币贷款余额同比增长 11.2%，比全国低 3.1 个百分点；外币贷款余额同比减少 8.1%，为近 4 年同期首次负增长（见图 3－62）。

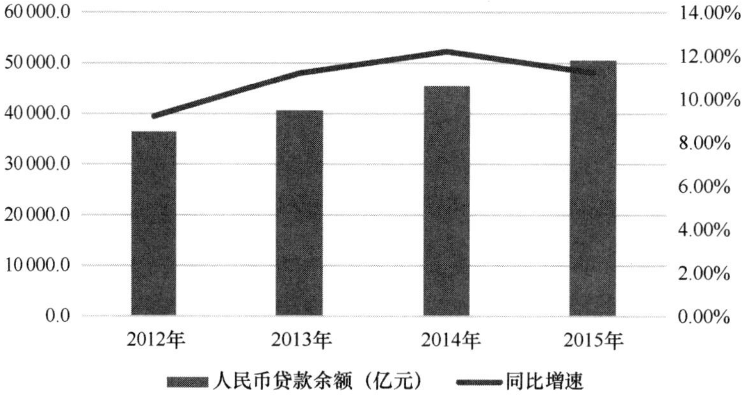

图 3－62　人民币贷款余额变化情况（单位：亿元）

数据来源：中国人民银行北京营业管理部。

小微企业贷款余额持续增加，金融持续为重点领域和薄弱环节提供有效支持。目前，北京地区小微企业贷款余额占总量的10%左右，涉农贷款余额占总量的5%左右，居民个人贷款占20%左右。2015年年末，北京市中资银行文化创意产业、高新技术产业人民币贷款余额同比分别增长31.9%和5.6%。金融机构小微企业人民币贷款余额同比增长21.5%，高出大型企业和中型企业7.4个和11.7个百分点；本外币涉农贷款余额同比增长2.5%。居民个人贷款余额比例稳中有升，占比由2013年的19.59%上升到22.12%（见表3－16）。

表3－16　北京市小微企业与涉农贷款余额规模及比例

	人民币贷款余额（亿元）	涉农贷款余额（亿元）	涉农贷款占比	小微企业贷款余额（亿元）	小微企业贷款占比	个人贷款余额（亿元）	个人贷款占比
2012年	36 441.3	1 794.5	4.92%	3 014.9	8.27%	—	—
2013年	40 614.0	2 343.1	5.77%	3 571.2	8.79%	7 957	19.59%
2014年	45 458.7	2 595.3	5.71%	4 231.3	9.31%	9 398.1	20.67%
2015年	50 559.5	2 659	5.26%	5 141.029 5	10.17%	11 181.7	22.12%

数据来源：中国人民银行北京营业管理部。

（1）涉农贷款。具体体现在以下几方面：

①农村金融体系日益完善，涉农贷款规模持续增加，金融机构对农村的金融服务能力持续加强。2015年，北京地区农村金融机构共发放涉农贷款2 659亿元，同比增长2.47%（见图3－63）。农村金融的良好发展依赖于日益完善的农村金融服务体系。国开行、农行、农商行等23家金融机构及银行监管部门为全市50个重点村建设提供了有力支持，共落实贷款1 243亿元。除了主导的政策性金融机构和国有商业银行，北京市已设立11家村镇银行、105家小额贷款公司、1家“三农”信贷专营机构，以及北京农业投资公司、北京农业投资基金公司、北京农业担保公司等投资机构和中介组织。

②涉农贷款余额五年增3倍，相对其他城市，北京涉农贷款增速处于较高水平。2009年，北京市涉农贷款余额817亿元，与上海、天津相比处于同一水平，2014年，北京市涉农贷款余额2 595亿元，高于上海的1 975亿元和

天津的2 553亿元，显示北京市金融对农业的支持力度持续加大（见图3－64）。

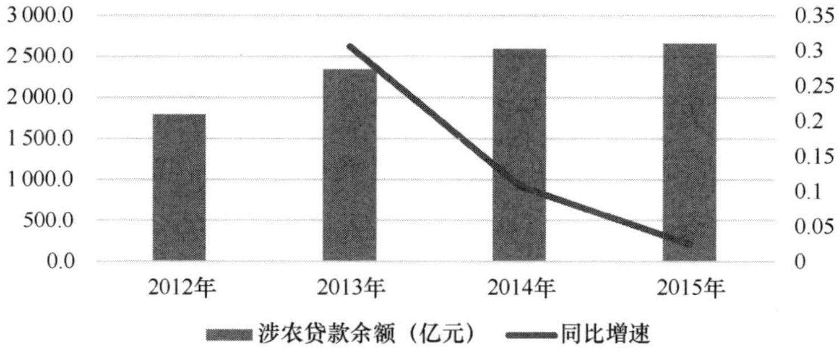

图3－63　北京市涉农贷款余额变化情况（单位：亿元）

数据来源：中国人民银行北京营业管理部。

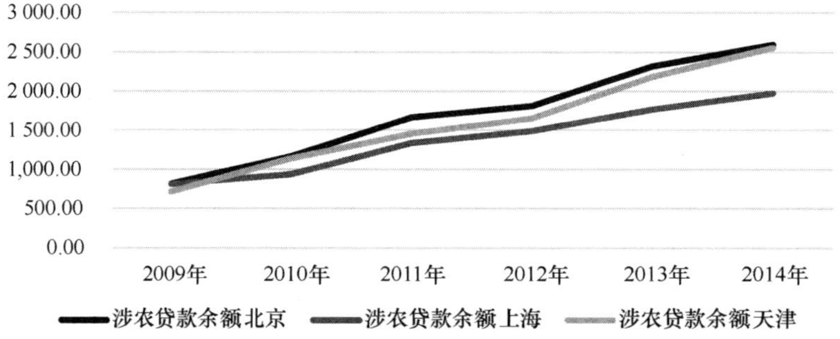

图3－64　北京市涉农贷款余额与其他城市对比（单位：亿元）

数据来源：中国人民银行、wind资讯。

③农村贷款与农户贷款比例相对稳定。2010—2014年，全国涉农贷款保持高增长态势，从11.7万亿元增长到23.6万亿元。农村贷款和农户贷款同步增长，农村贷款余额由9.8亿元增长到19.4亿元，增速接近100%，农户贷款余额由2.6亿元增长到5.3亿元，增长超过一倍。总体看来，农村贷款占涉农贷款比例超过8成，农户贷款占比约20%（见图3－65）。

（2）小微贷款。具体体现在以下几方面：

①小微企业融资环境不断改善，金融服务对小微企业的支持力度不断增

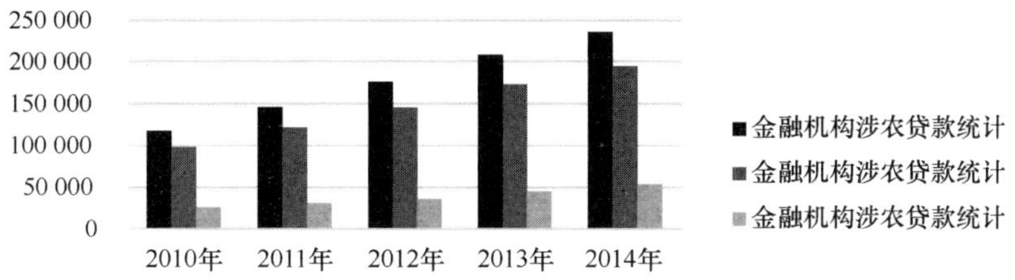

图 3－65　涉农贷款结构变化情况（单位：亿元）

数据来源：中国人民银行、wind 资讯。

强。2015 年，北京地区小微企业贷款余额 5 141. 03 亿元，同比增长 21. 5%，占人民币贷款总额首次突破 10%，体现了北京金融机构在小微企业金融支持方面的推动力度（见图 3－66）。在“两个不低于”（确保小微企业贷款增速不低于各项贷款平均水平、增量不低于上年同期水平）目标的指导下，在风险总体可控的前提下，北京地区小微企业贷款 2013—2015 年分别同比增长 18. 5%、18. 5% 和 21. 5%，高出同期贷款总体增速 7. 3、6. 3 和 10. 3 个百分点，推动小微企业金融服务成效显著（见图 3－67）。

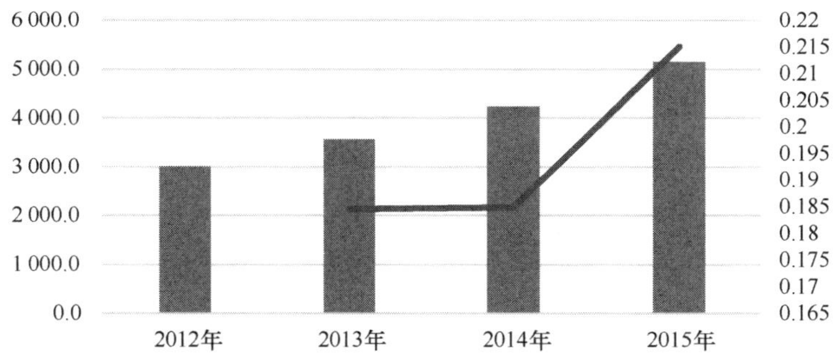

图 3－66　北京市小微企业贷款余额变化情况（单位：亿元）

数据来源：中国人民银行北京营业管理部。

②小微企业贷款新增规模快速增加，2015 年首次超过中型企业。2015 年，小微企业贷款规模合计新增 700. 9 亿元，中型企业贷款规模新增 517. 9 亿元，大型企业贷款规模新增 2 235. 5 亿元，小微企业贷款规模首次超过了中型企业，占企业贷款总量的 20% 左右（见图 3－68）。

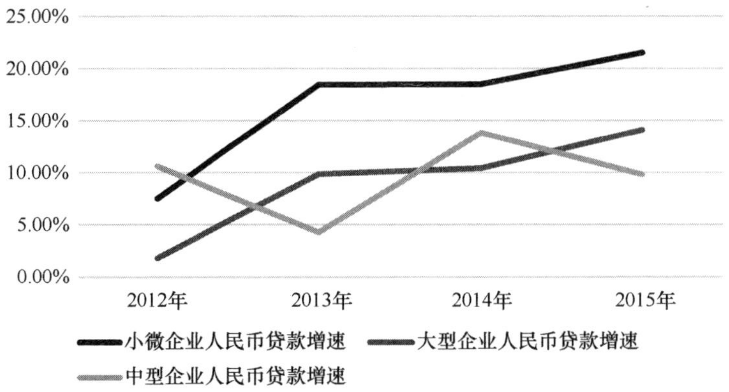

图 3－67　北京市大中小微企业人民币贷款增速对比

数据来源：中国人民银行北京营业管理部。

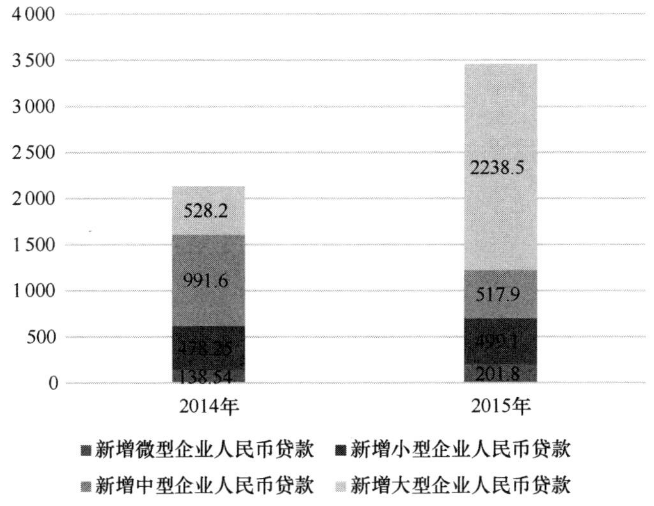

图 3－68　北京市大中小微企业人民币贷款增量对比

数据来源：中国人民银行北京营业管理部。

③小微企业占企业贷款总量的比例仍然较小，大型企业仍占绝对优势。尽管小微企业新增贷款持续快速增长，但由于大型企业贷款快速上升，小微企业贷款在企业贷款中有所下降，由 30% 下降到 20% 。大型企业贷款仍是企

业贷款中的重要支柱。2014 年，大型企业新增贷款占比约 45%，2015 年增加到 65%（见图 3－69 和图 3－70）。

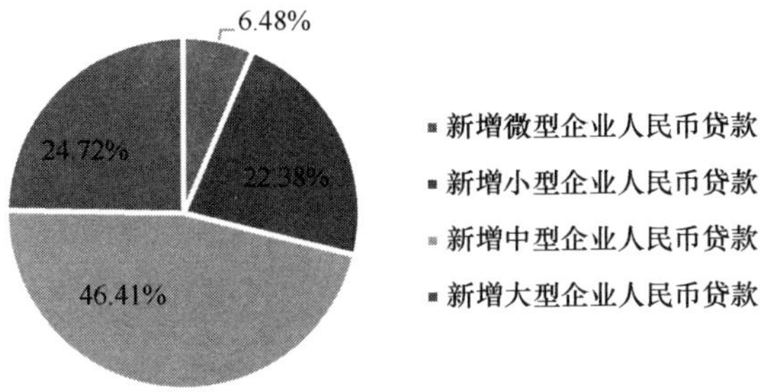

图 3－69　2014 年北京市新增大中小微企业人民币贷款份额占比

数据来源：中国人民银行北京营业管理部。

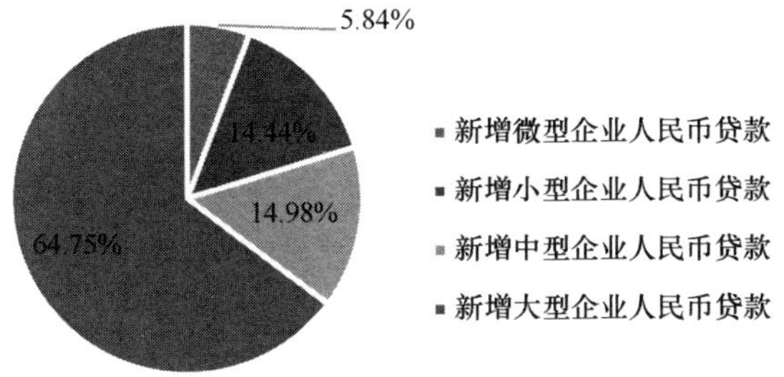

图 3－70　2015 年北京市新增大中小微企业人民币贷款份额占比

数据来源：中国人民银行北京营业管理部。

④从小微企业人民币贷款细分结构来看，对小型企业的支持力度更大，占比超过 7 成。2014 年，北京市小微企业人民币贷款新增 616.79 亿元，其中，小型企业新增 478.25 亿元，占 77.5%；微型企业新增 138.54 亿元，占比 22.5%。2015 年两者差距减小，对微型企业的支持力度明显增加。2015 年，北京市小微企业人民币贷款累计新增 700.9 亿元，其中，小型企业人民币贷款累计新增 499.1 亿元，占比为 71.2%；微型企业人民币贷款累计新增 201.8 亿元，占比为 28.8%（见表 3－17）。

表 3－17　北京市小微企业贷款细分结构　　（单位：亿元）

	新增小微企业人民币贷款合计	新增微型企业人民币贷款	新增小型企业人民币贷款	新增微型企业人民币贷款占比	新增小型企业人民币贷款占比
2013 年	605. 5	160. 8	444. 7	26. 6%	73. 4%
2014 年	616. 79	138. 54	478. 25	22. 5%	77. 5%
2015 年	700. 9	201. 8	499. 1	28. 8%	71. 2%

数据来源：中国人民银行北京营业管理部。

（3）个人贷款（含消费贷款及经营性贷款）。具体体现在以下几方面：

①住户贷款余额持续增长，其中，消费贷款增长是主力，经营性贷款增加额相对较少。2015 年，北京市新增住户贷款 1 783 亿元，其中，消费贷款增加 1 714. 8 亿元，占比超过 96%；经营性贷款增加 68. 8 亿元，占比约 4%（见图 3－71）。住户贷款的增加主要来自消费贷款的增长，增速接近 70%，最主要的驱动因素是住房消费贷款的快速增长。

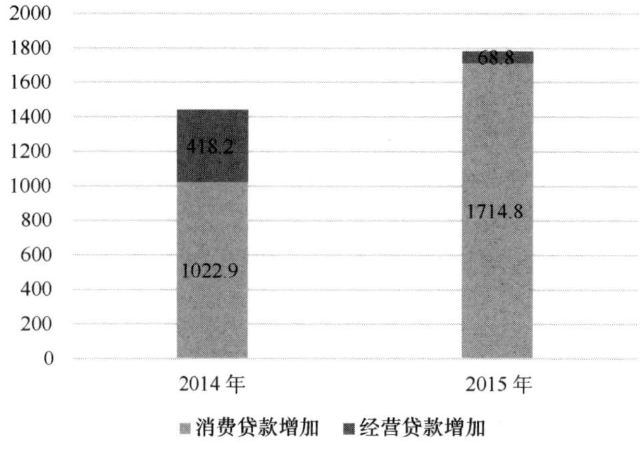

图 3－71　2014、2015 年北京市个人贷款新增规模（单位：亿元）

数据来源：中国人民银行北京营业管理部。

②经营性贷款以小微企业主经营性贷款为主，约为个体工商户经营性贷款的 4. 5 倍。2014 年，新增小微企业主经营性贷款 310. 9 亿元，占比为 81. 9%；新增个体工商户经营性贷款 68. 5 亿元，占比 18. 1%（见图 3－72）。2015 年前 4 个月，新增小微企业主经营性贷款 42. 5 亿元，占比 85. 7%，新增

个体工商户经营性贷款7.1亿元，占比14.3%。

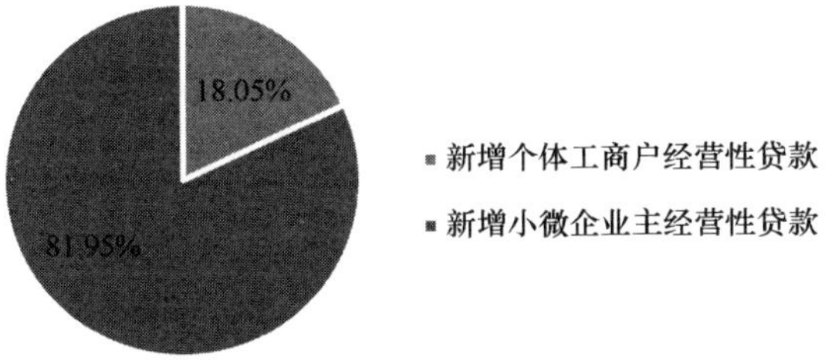

图3－72　2014年北京市经营性贷款增加额构成比例

数据来源：中国人民银行北京营业管理部。

③消费贷款中，住房消费贷款和汽车消费贷款是绝对主力，其中，住房消费贷款占比为80%，汽车消费贷款占比约19%。2015年，北京地区消费贷款增加1 714.8亿元，其中，个人住房消费贷款增加1 373.4亿元，汽车消费贷款增加325亿元，住房消费贷款增量是汽车消费贷款的4倍，新一轮房价上涨带动了北京地区购房市场的景气度和贷款买房的需求（见图3－73）。

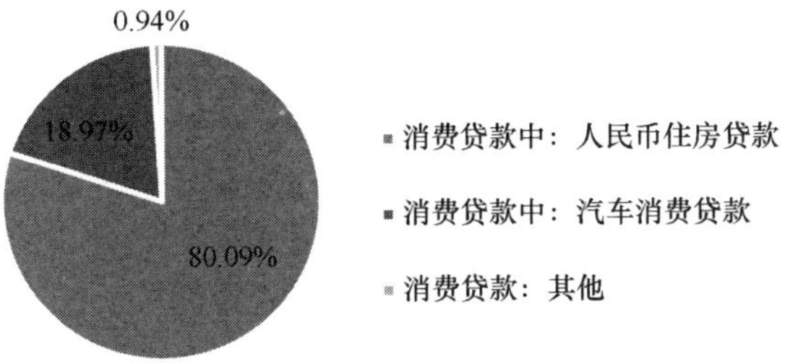

图3－73　2015年北京市消费贷款增加额构成比例

数据来源：中国人民银行北京营业管理部。

④住房消费贷款余额保持较高水平，2015年，快速增加，占个人贷款余额的比例超过50%。2015年北京市住房消费贷款余额5 894.2亿元，同比增长30%，占个人贷款余额的52.7%，比2014年提高了4.6个百分点（见图3－74）。

⑤汽车消费贷款余额稳中有增，2015年达到1 647亿元，占个人贷款余额的比例为14.7%，比2014年提高0.6个百分点，说明汽车消费贷款在居民贷款中保持稳定（见图3－75）。

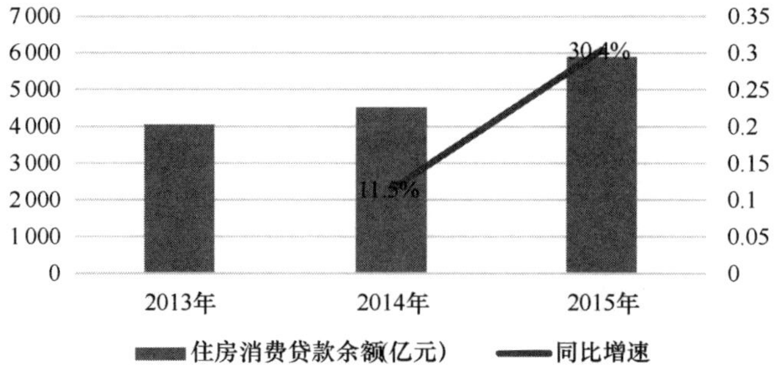

图 3－74　2013—2015 年北京市住房消费贷款余额及增速

数据来源：中国人民银行北京营业管理部。

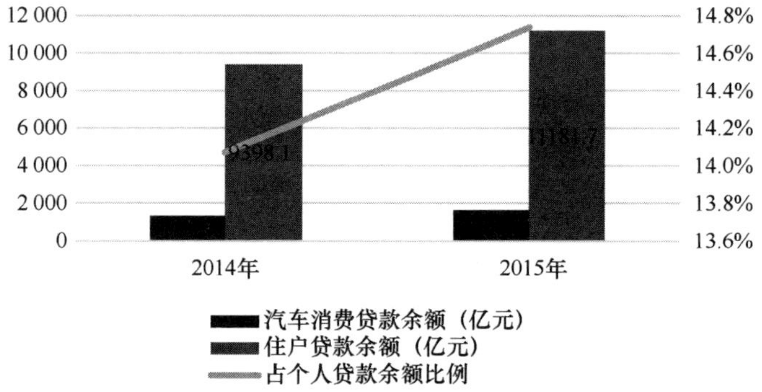

图 3－75　2014—2015 年北京市汽车消费贷款余额及占总贷款比例

数据来源：中国人民银行北京营业管理部。

⑥居民消费信用卡普及程度较高，北京地区信用卡人均发卡量处于全国领先地位，达到人均 1.34 张。央行公布的 2015 年支付体系运行数据显示，截至 2015 年年末，全国人均持有银行卡 3.99 张，较 2014 年年末增长 9.62%。其中，人均持有信用卡 0.29 张，下降 14.71%。北京、上海信用卡人均拥有量仍远高于全国平均水平，分别达到 1.34 张和 1.01 张。

4. 贷款金融机构情况

普惠金融重点关注小微企业贷款、涉农贷款和棚改及个人住户贷款。提供这些贷款的金融机构可分为三类：一是大型有牌照金融机构，包括政策性银行，如农业发展银行、进出口银行、国家开发银行；国有商业银行；股份制商业银行；北京银行及其他城市商业银行；农村商业银行；外资银行；信托公司。二是新型金融机构，包括村镇银行、小额贷款公司、担保公司、典当行、融资租赁公司、金融租赁公司、汽车金融公司、消费金融公司等。三是其他金融平台，比如P2P网贷（见表3－18）。

表3－18　2014年北京市普惠金融贷款机构来源构成

机构类型		普惠金融相关贷款余额			
		小微企业贷款余额（亿元）	涉农贷款余额（亿元）	棚改及住户贷款余额（亿元）	合计
大型有牌照金融机构	农业发展银行	—	333.9	—	333.9
	进出口银行	—	21.8	—	21.8
	国家开发银行	—	—	254.0	254.0
	国有商业银行	1 476.6	868.5	—	2 345.0
	股份制商业银行	2 418.3	—	—	2 418.3
	北京银行	2 200.9	46.0	—	2 246.9
	其他城市商业银行	335.9	—	—	335.9
	农村商业银行	446.3	677.5	—	1 123.7
	外资银行	352.9	—	—	352.9
	信托公司	76.2	—	—	76.2
新型金融机构	村镇银行	—	61.9	—	61.9
	小额贷款公司	—	—	131.0	131.0
	担保公司	—	—	609.3	609.3
	典当行	—	—	53.0	53.0
	融资租赁公司	—	—	381.8	381.8
	金融租赁公司	—	—	716.8	716.8
	汽车金融公司	—	—	1 322.4	1 322.4
	消费金融公司	—	—	106.8	106.8
其他	P2P网贷平台	—	—	272.0	272.0
	合计	7 307.0	2 009.5	3 847.1	13 163.5

数据来源：中国人民银行北京营业管理部、北京市金融年鉴、wind资讯。

从贷款去向来看，商业银行是普惠金融的贷款主力，占比超过60%。其中，排名前三位的依次是股份制商业银行、国家开发银行和北京银行，占比分别为18.4%、17.9%和17.1%。北京农商行排名第四，是小微企业贷款和涉农贷款的主要来源。政策性银行贷款主要用于支持棚改和重大民生保障工程，小额贷款公司、担保公司、典当行、融资租赁公司、消费金融公司、金融租赁公司、汽车金融公司、P2P 贷款一般面向有贷款需求的个人或企业（见图3－76）。

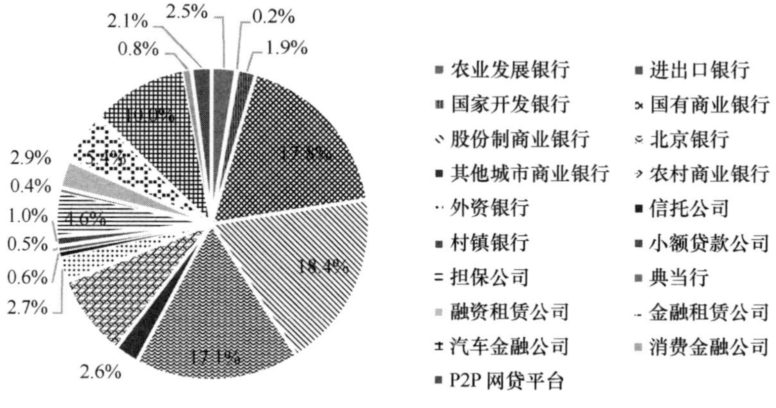

图3－76　2014年北京市普惠金融贷款机构来源构成占比

数据来源：中国人民银行北京营业管理部、北京市金融年鉴、wind资讯。

（1）政策性银行贷款。北京市辖区内的政策性银行包括中国农业发展银行北京市分行、中国农业发展银行总行营业部、中国进出口银行总行营业部和国家开发银行北京市分行。

政策性银行贷款主要用于棚改和重大民生保障工程建设等。2015年，政策性银行对北京市70多个棚改项目的累计授信规模达1 319亿元，放款871亿元，其中，东城、西城、海淀、丰台、房山及门头沟6个区共计39个项目通过市级统贷平台，获得国家开发银行北京分行批准棚改项目贷款888亿元。在支持首都重大项目和民生保障工程建设方面，北京市辖区银行2015年新发放重点工程贷款500亿元，同比增长97.5%（见图3－77）。

其中，农业发展银行是在北京地区普惠金融中发挥着最主要的作用，提供涉农、重大基础设施和民生保障工程建设的信贷支持，包括农业农村基础设施建设、水利建设贷款、农村土地流转和规模化经营贷款、农民集中住房建设、农村人居环境建设、涉农棚户区改造贷款。过去三年来，北京地区农业发展银行余额持续增长，年均增速超过20%（见图3－78）。2014年全年发放粮油贷款21.65亿元，支持企业购入粮食24.66公斤，发放水利贷款21.65亿元，发放新农村建设贷款5.65亿元。用于支持农村路网建设工程、加工企业粮食购销等累计发放贷款14.25亿元。

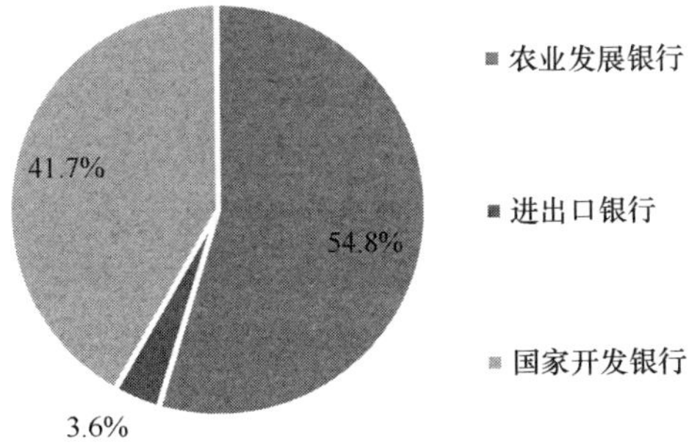

图3－77　2014年北京市普惠金融政策性银行来源构成占比

数据来源：中国人民银行北京营业管理部、北京市金融年鉴、wind资讯。

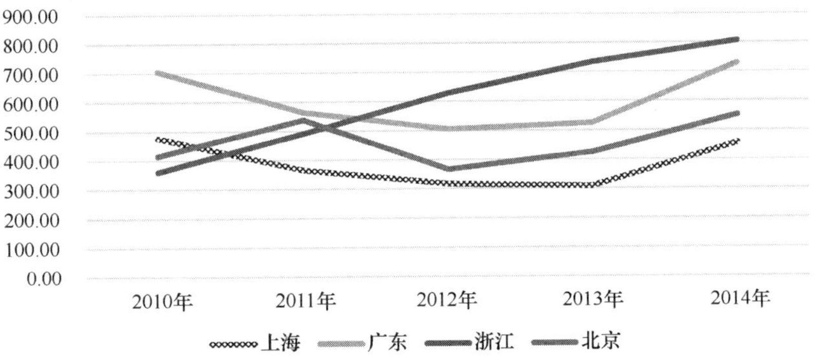

图3－78　农业发展银行各省市贷款余额情况对比（单位：亿元）

数据来源：中国人民银行北京营业管理部、北京市金融年鉴、wind资讯。

进出口银行北京分行2015年支持企业“走出去”贷款余额92亿元，比上年增长58.62亿元，其创新性产品农业产业化发展贷款累计发放27.87亿元。

国家开发银行北京市分行主要支持北京市重点在建续建项目的合理资金

需求和棚户区改造等保障性安居工程建设。截至2015年年末，累计发放棚户区贷款490.6亿元，余额254亿元，占全辖区57.41%。

（2）商业银行贷款。具体表现如下：

①从普惠金融贷款支持来源看，商业银行贡献了2/3（见图3－79）。商业银行已经建立了由国有商业银行、股份制商业银行、城市商业银行、农村商业银行以及村镇银行组成的多层次金融服务框架，能够满足农村和小微企业的贷款需求。普惠金融的两大重点服务对象——农村贫困人群和小微企业，主要从商业银行获取贷款。

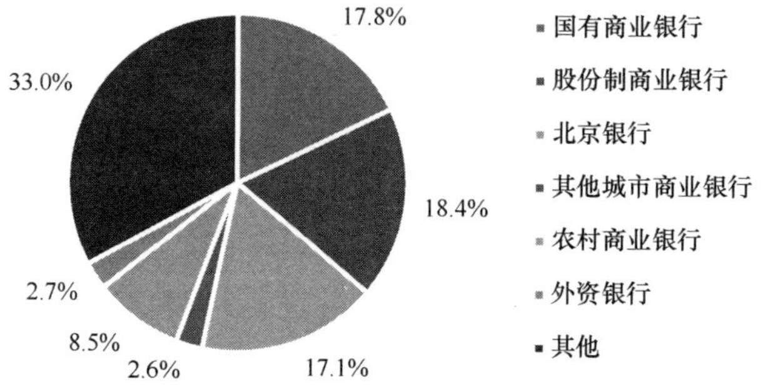

图3－79　商业银行普惠金融贷款余额构成情况

数据来源：中国人民银行北京营业管理部、北京市金融年鉴、wind资讯。

②小微企业贷款方面，排名前三位的是股份制商业银行、国有商业银行和北京银行。2014年，北京市国有商业银行小微企业贷款余额1 476.59亿元，同比增长17.13%，高于全部贷款增速6.42个百分点；北京地区12家股份制商业银行小微企业贷款余额2 418.27亿元，增长39.37%，高于总体贷款增速30.66个百分点；北京银行小微企业贷款余额2 200.94亿元，增长22.79%；其他12家城商行小微企业贷款余额335.89亿元，高于总体各项贷款增速3.78个百分点；农村商业银行小微企业贷款余额446.27亿元，增长45.65%，高于全部贷款增速33.52个百分点；外资银行小微企业贷款余额352.85亿元，增长7.33%。各类商业银行紧密贴合小微企业客户融资需求，创新信贷产品体系，满足了小微企业灵活、快速、多层次的融资需求（见图3－80和图3－81）。

③涉农贷款方面，国有商业银行、北京农商行、农业发展银行是贷款主

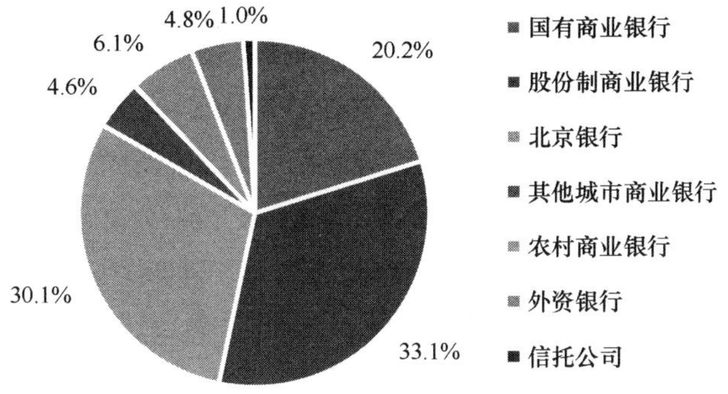

图3-80　2014年北京市商业银行小微企业贷款余额构成情况

数据来源：中国人民银行北京营业管理部、北京市金融年鉴、wind资讯。

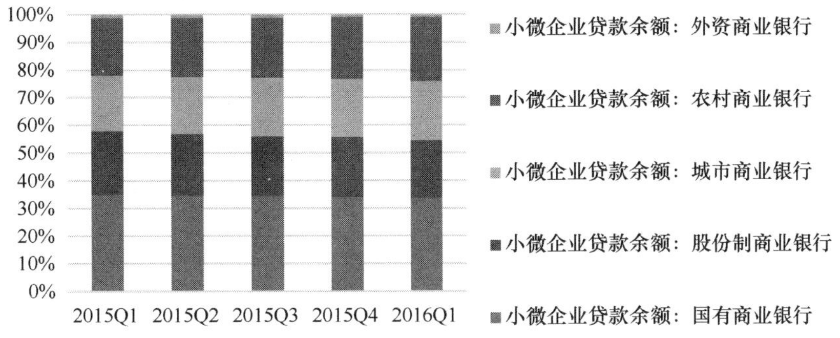

图3-81　全国商业银行小微企业贷款余额构成情况

数据来源：中国人民银行北京营业管理部、北京市金融年鉴、wind资讯。

力。2014年，北京市5家国有商业银行涉农贷款余额868.45亿元，比上年增加15.24%，高于全部贷款增速4.53个百分点；北京农商行涉农贷款余额677.47亿元，占全行贷款投放的26.51%，同比增长14.47%，高于总体贷款2.34个百分点。北京银行在北京10个郊县设有215台“富民通”助农取款终端，覆盖200余村，累计发放“富民贷”46亿元（见图3-82）。

（3）村镇银行。2014年，全国村镇银行超过1 000家，约40%由农村商业银行发起，60%由城镇商业银行发起。北京市共有10家村镇银行，2014年，各项贷款余额61.9亿元，较年初增长14.7%，农户和小微企业贷款占比为92.24%，较上年提升了1.75个百分点。不良贷款率为0.12%，不良贷款余额持续增加，原因是银担合作不规范，担保贷款风险频发（见图3－83）。

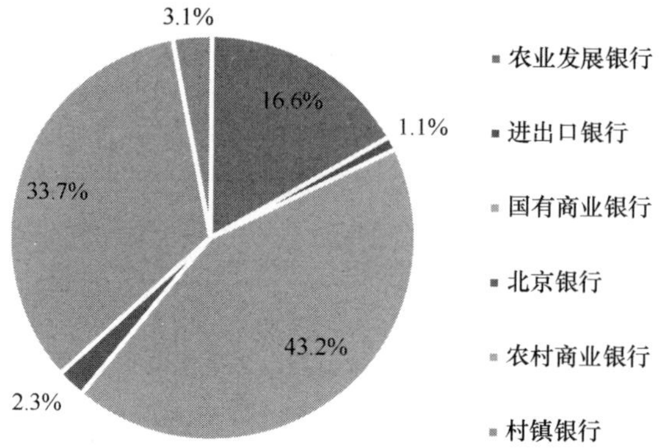

图3－82　2014年北京市商业银行涉农贷款余额构成情况

数据来源：中国人民银行北京营业管理部、北京市金融年鉴、wind资讯。

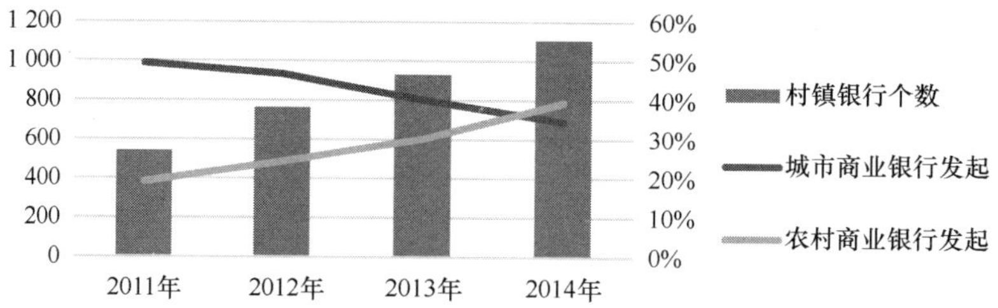

图3－83　村镇银行发起构成情况

数据来源：中国人民银行北京营业管理部、北京市金融年鉴、wind资讯。

村镇银行作为商业银行在农村的底层分支机构，近些年贷款余额快速上升，农户贷款和农业贷款的比例也同比增长。“三农”各项贷款余额增长，受益于监管部门陆续出台的金融支农政策，比如，两次向承担小微企业及“三农”贷款的金融机构实施“定向降准”，延长涉农贷款减免营业税、所得税等农村金融税收优惠政策，并将享受税收优惠政策的农户小额贷款限额从5万元提高到10万元等（见图3－84）。

（4）小额贷款机构。具体情况表现如下：

①北京小额贷款机构在全国的占比逐年提升。北京市共批准设立105家

小额贷款公司，实现全市 16 个区全覆盖，注册资本金 158.8 亿元；小额贷款公司 2015 年累计贷款 232.5 亿元，贷款余额 141.2 亿元，为“三农”客户提供小额贷款支持，最低单笔借款额度为 2 700 元，扩大了“三农”客户的受益范围（见图 3－85）。

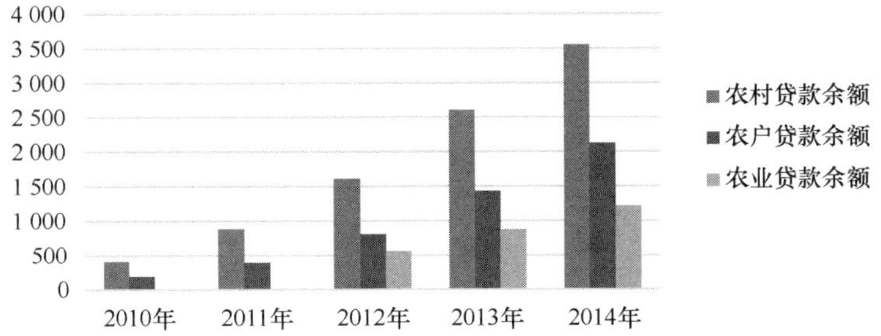

图 3－84　2014 年村镇银行涉农贷款余额构成情况（单位：亿元）

数据来源：中国人民银行北京营业管理部、北京市金融年鉴、wind 资讯。

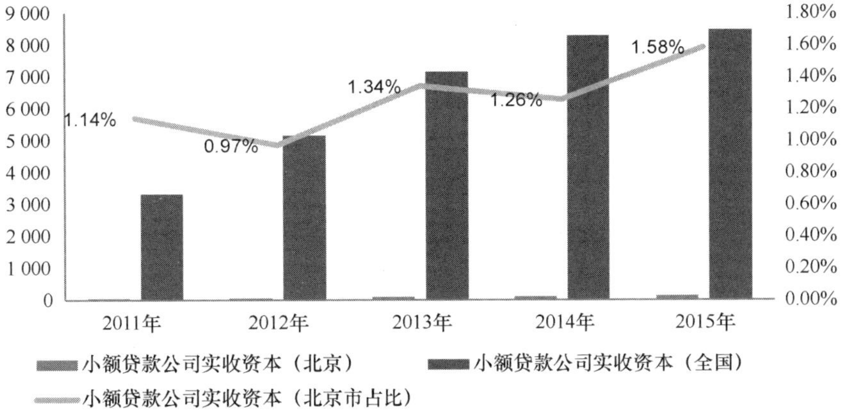

图 3－85　北京市小额贷款公司实收资本及与全国对比情况（单位：亿元）

数据来源：中国人民银行北京营业管理部、北京市金融年鉴、wind 资讯。

②小额贷款机构平均贷款余额较高。截至 2015 年年底，北京共有小额贷款机构 105 家，贷款余额 131 亿元，在全国占比为 1.5%。与天津、上海、河北相比，小额贷款机构数量较少；从平均小额贷款余额来看，北京每家小额贷款机构贷款余额仅次于上海，高于天津和河北（见图 3－86）。

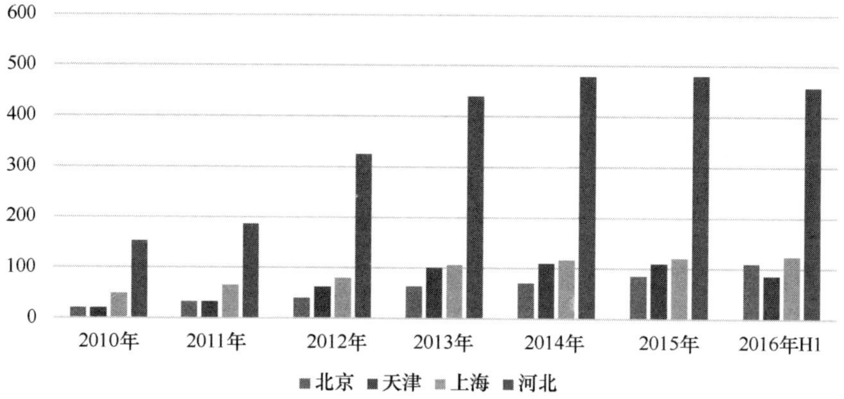

图 3－86　北京市小额贷款公司个数对比情况

数据来源：中国人民银行北京营业管理部、北京市金融年鉴、wind 资讯。

③小额贷款余额增速放缓。从发展趋势来看，全国小额贷款余额增加最快的阶段是2010 年至2013 年，年均增长超过50%；2013 年至2014 年，小额贷款余额增速逐渐趋缓；2014 年之后，小额贷款总体增长接近停滞，仅北京和上海两地略微增加（见图3－87）。原因主要有两点：一是小额贷款机构发展已具备一定规模，基本实现了区域全覆盖；二是 P2P 平台的快速崛起分流了部分小额贷款机构的客户。

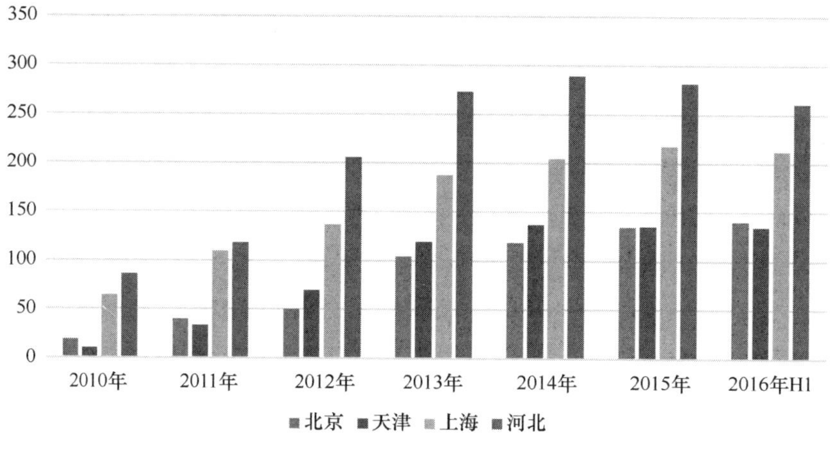

图 3－87　北京市小额贷款公司贷款余额对比情况

数据来源：中国人民银行北京营业管理部、北京市金融年鉴、wind 资讯。

④小额贷款从业人数趋于稳定。随着2015年后小额贷款总体增长接近停滞，小额贷款机构从业人数也基本保持稳定（见图3－88）。

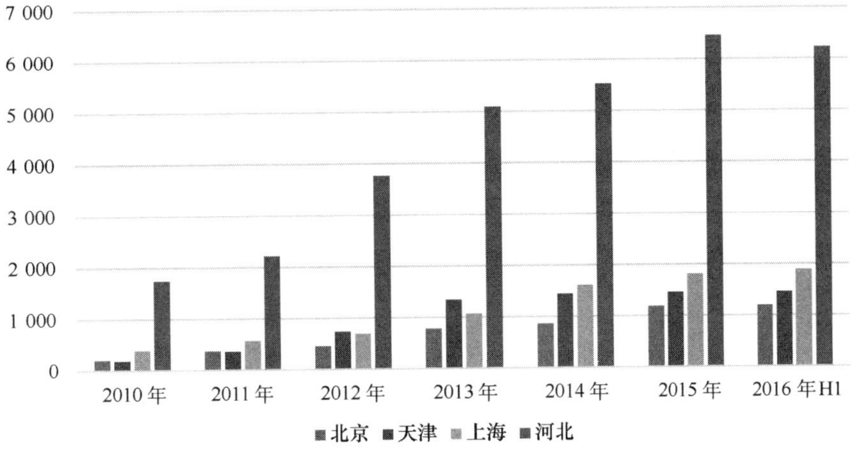

图3－88　北京市小额贷款公司从业人数对比情况（人）

数据来源：中国人民银行北京营业管理部、北京市金融年鉴、wind资讯。

（5）汽车金融、消费金融、融资租赁、典当和担保机构贷款。小型有牌照金融机构贷款余额快速增长，主要面对个人贷款需求，包括消费贷款和经营性贷款等。汽车消费公司和金融租赁公司累计贡献超过50%。2014年年末，北京市辖区内非银行金融机构资产总额同比增长36.45%，负债总额同比增长38.86%，全年累计实现利润同比增长24.25%。其中，财务公司、汽车金融公司和租赁公司资产规模位列前三位，分别增长102.04%、75.06%和74.04%；消费金融公司和货币经纪公司利润增速迅猛，分别高达124.26%和105.34%，经营实力整体明显提升（见图3－89）。

2014年，北京市辖区内共有7家汽车金融公司，资产总额1 690亿元，比上年增加471亿元，增长27.88%；负债总额1 449.76亿元，比上年增加415.88亿元，增长28.69%。

2014年，辖区内共有两家金融租赁公司，资产总额896.63亿元，比上年增加384.45亿元，增长75.06%；负债814.32亿元，比上年增加359.29亿元，增加78.96%。

北银消费金融公司2014年资产总额124.21亿元，比上年增加62.73亿

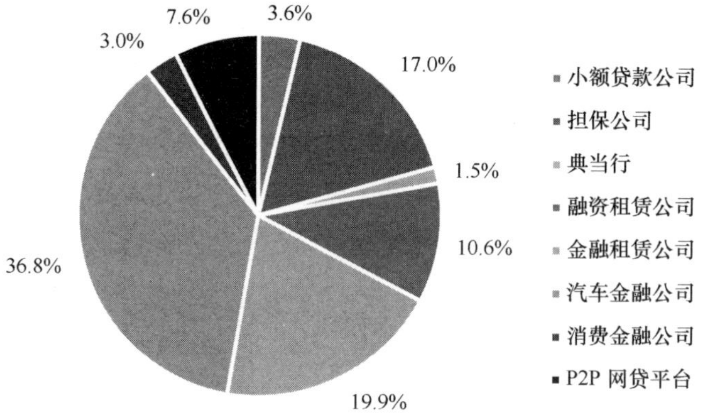

图 3-89　北京市住户贷款余额构成情况

数据来源：中国人民银行北京营业管理部、北京市金融年鉴、wind 资讯。

元，增长 102.04%；负债总额 106.78 亿元，比上年增加 59.89 亿元，增长 127.7%。截至 2014 年年末，贷款总额超过 20 亿元，服务农村家庭和农村客户超过 10 万个。

2014 年，北京市融资性担保机构 130 家，注册资本 553.96 亿元，总资产 761.65 亿元，融资性担保平均放大倍数 3.16 倍，融资性担保代偿率 1.44%。融资担保余额规模居全国首位，覆盖小微企业 4.5 万户。

（6）P2P、股权众筹等互联网金融机构。2016 年，中国担任二十国集团（G20）主席国，数字普惠金融被列为重要议题之一。数字金融体现了金融与科技的不断融合，涵盖了传统金融数字化、移动化以及新兴互联网金融等领域，具备共享、便捷、低成本、低门槛的特点，在普惠金融方面具有天然优势。中国普惠金融的发展理念、经验以及重点关注内容在起草过程中也融入了《G20 数字普惠金融高级原则》。移动支付和第三方支付、P2P 网贷、众筹融资、网络银行等为代表的数字普惠金融受到广泛关注。

股权众筹在北京地区积极试点，居全国领先地位。2015 年，国内首个由政府指导、企业自发形成的股权众筹联盟在北京中关村成立。目前，北京有股权融资平台 73 家，占比 25.8%，成功筹集资金额达 39.17 亿元，位居全国首位。中关村股权众筹联盟是行业自律社团组织，由天使汇、京东众筹、牛投众筹、众筹网、中关村股权交易服务集团、大河创投等 80 家股权众筹及相关机构组成。

网贷规模快速扩张，质量管理存在提升空间。2015 年，北京市网贷行业成交量为2 850.07亿元，位居全国第二，同比增长了6倍多，占全国网贷成交总量的29.01%，提高了13.89个百分点（见图3－90）。纵观全年，北京市网贷成交量呈现增长趋势，月均复合增长率为16.91%。截至2015年12月底，北京市正常运营平台数量有302家，位居全国第三，问题平台54家，位居全国第五。

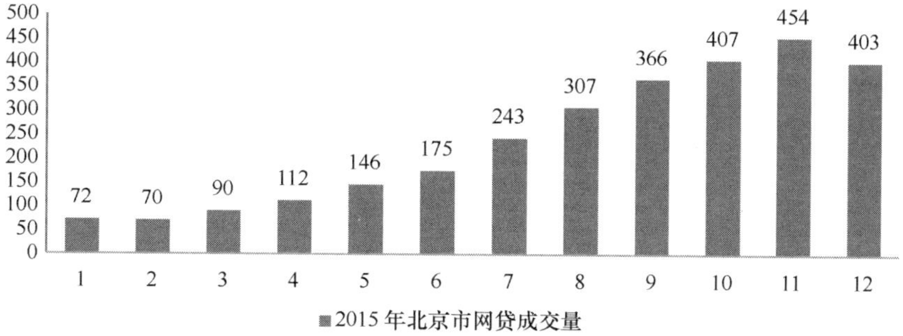

图3－90　2015年北京市网贷规模成交量（单位：亿元）

数据来源：中国人民银行北京营业管理部、北京市金融年鉴、wind资讯。

2013年以来，P2P网贷行业呈爆发性增长，行业规模、平台数量、投资人气等多项数据快速增长。受监管政策进入规范调整期的影响，2016年，行业规模及数量增速有所放缓。

截至2016年3月，中国P2P网贷行业余额5 039.77亿元，是2014年年末的4倍。北京地区网贷余额排名全国第一，接近第二名上海的2倍（见图3－91）。

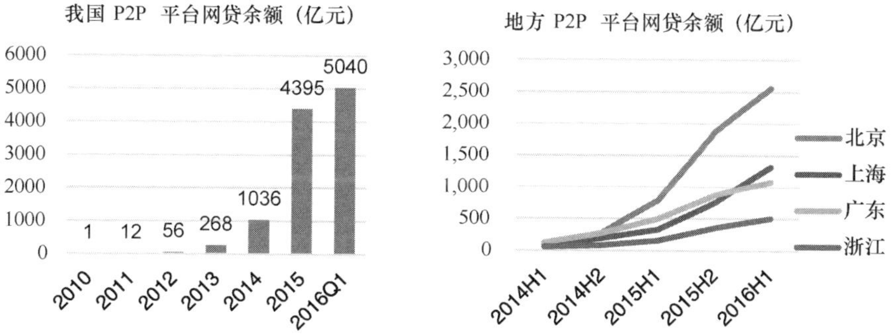

图3－91　北京市网贷规模成交量与全国情况对比

数据来源：网贷之家。

在平台数量方面，2016 年以来，增速明显放缓，从 2015 年月均增长 100 家以上减少到 40 家左右。截至 2016 年 3 月底，全国 P2P 网贷行业累计平台数量达到 3 984 家，其中，正常运营平台为 2 461 家，累计问题平台 1 523 家。北京地区正常运营的平台数在 300 家左右，2015 年下半年以来保持稳定（见图 3 –92）。

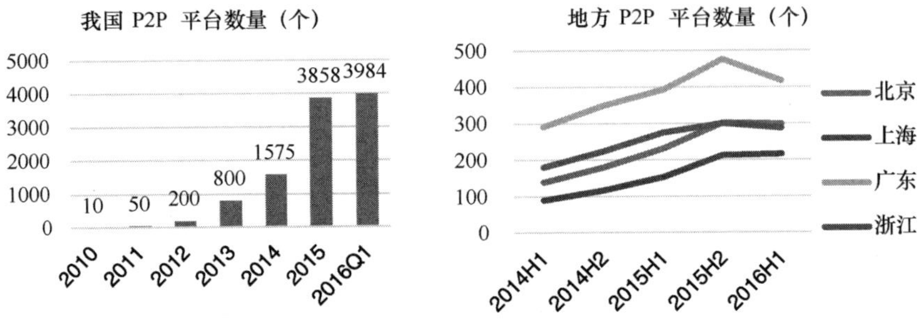

图 3 –92 北京市 P2P 平台个数与全国情况对比

数据来源：网贷之家。

在成交量方面，2016 年一季度，中国 P2P 网贷行业月成交量均超过 1 000 亿元，分别为 1 364 亿元、1 130 亿元、1 303 亿元，此前连续增长势头被打破。北京地区 2016 年一季度交易量总体保持稳定，约为 450 亿元（见图 3 –93）。

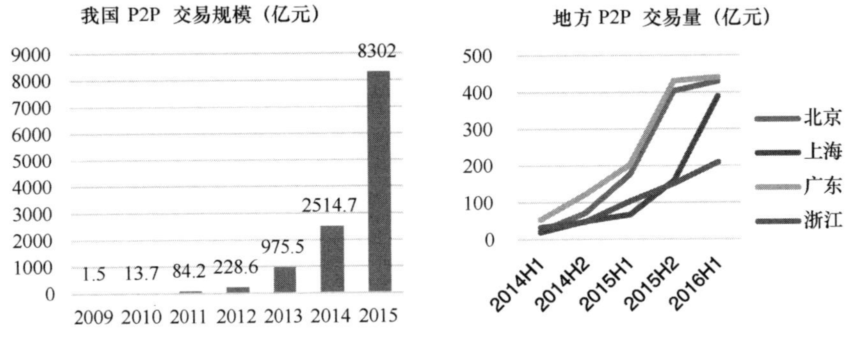

图 3 –93 北京市 P2P 交易规模与全国情况对比

数据来源：网贷之家。

P2P 以短期借贷为主，收益率不断下降。从 P2P 行业的平均借款期限来看，近年基本保持在 6 ~7 个月。网贷之家的数据显示，网贷行业平均借款期限为7.33个月。北京地区平均借款期限约为10个月，相较于传统金融机构，P2P网贷仍然以短期借款为主，主要原因可能是监管层将行业定位为民间属性，同时借款人无法承担长时间高息和出借人偏好高流动性标的，这与传统金融机构较长期限的贷款形成互补（见图3-94）。

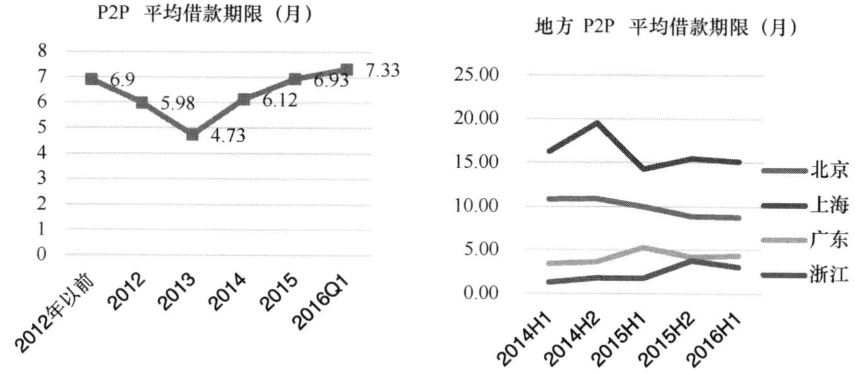

图3-94　北京市P2P借款期限与全国情况对比

数据来源：网贷之家。

从P2P利率来看，2016年3月，网贷综合利率为11.63%，远高于银行理财产品和“余额宝”等互联网货币基金产品，对投资者具有较强的吸引力。北京地区P2P平台平均利率约为10%，高于上海的9%，略低于广东和浙江（见图3-95）。

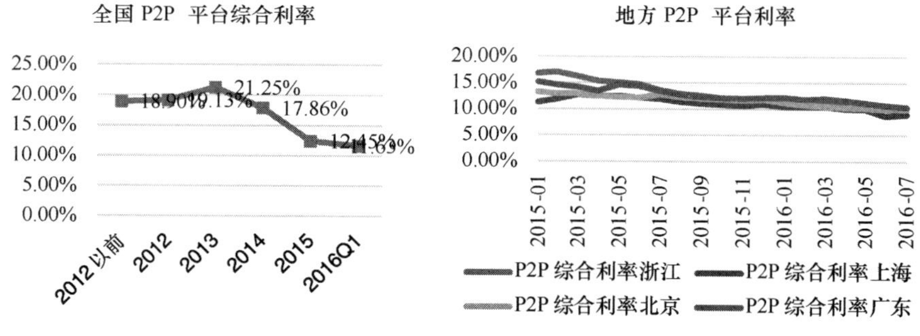

图3-95　北京市P2P利率与全国情况对比

数据来源：网贷之家。

纵向对比来看，近年来，P2P 行业整体利率水平不断下滑。原因可能有两方面：一是货币政策持续宽松，社会整体利率水平均处于下降趋势；二是行业监管顶层设计即将出台，为了规避政策、法律风险，P2P 网贷平台调低利率至合理区间，加之问题平台曝光，风险偏好低的投资者将资金转移至拥有更好安全性的平台。

5. 贷款利率情况

根据贷款获得的难易程度和风控水平，金融机构形成了多层次的贷款利率体系。根据各贷款金融机构的不同，获得贷款的利率也不同。银行多以央行发布的贷款基准利率为基础，适当执行上浮或下浮。其他金融机构根据期限的不同，以其约定的贷款利率发放贷款。

综合多方面样本，2014 年，北京商业银行基准利率 6%，北京市小贷公司年化贷款利率约为 15% ~16%，汽车金融公司年化贷款利率约为 8% ~12%，融资租赁公司贷款利率约为 8% ~9%，金融租赁公司贷款利率约为 5% ~5.5%，P2P 贷款利率为 9% ~11%，消费金融公司贷款利率为 11% ~13%，村镇银行贷款利率为 8% ~9%，担保公司贷款利率为 15% ~18%，典当行贷款利率为 12% ~15%，民间借贷贷款利率为 18% ~30%（详见表 3 – 19）。

表 3 – 19　2014 年北京市机构贷款利率构成

机构类型		贷款利率
大中型金融机构	商业银行	6%
小型有牌照金融机构	村镇银行	8% ~9%
	小额贷款公司	15% ~16%
	担保公司	15% ~18%
	典当行	12% ~15%
	融资租赁公司	8% ~9%
	金融租赁公司	5% ~5.5%
	汽车金融公司	8% ~12%
	消费金融公司	11% ~13%
其他	P2P 网贷平台	9% ~11%
	民间借贷	18% ~30%

数据来源：网络、wind 资讯、2014 北京金融年鉴。

中国人民银行自2012年7月6日起下调金融机构人民币存贷款基准利率。金融机构一年期存款基准利率下调0.25个百分点，一年期贷款基准利率下调0.31个百分点；其他各档次存贷款基准利率及个人住房公积金存贷款利率相应调整。2014年年末开启降息降准周期，人民币贷款基准利率下降到4.35%～4.90%的水平。

从北京地区贷款利率浮动情况来看，近年来执行基准利率下浮10%以内贷款的比例持续上升。2014年，人民币贷款利率在6.3%上下45个基点幅度内波动。执行下浮利率的贷款占比明显上升，执行基准利率下浮10%以内的贷款规模近三年来逐渐由50%提升到60%，见图3－96和图3－97。随着利率市场化推进和整体经济环境的复苏，预计这一趋势将得到强化。

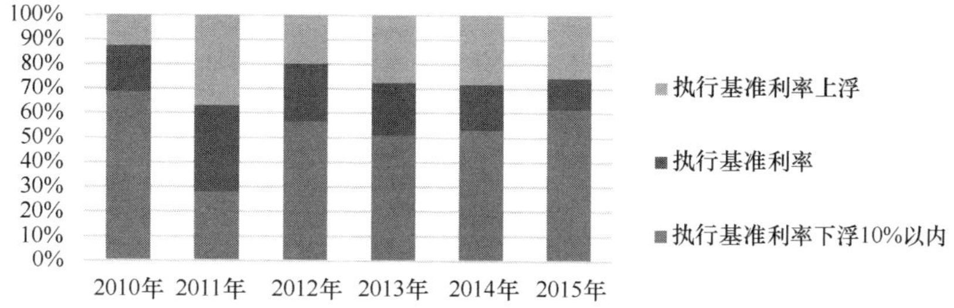

图3－96　北京市银行贷款利率浮动情况

数据来源：中国人民银行北京营业管理部、北京市金融年鉴、wind资讯。

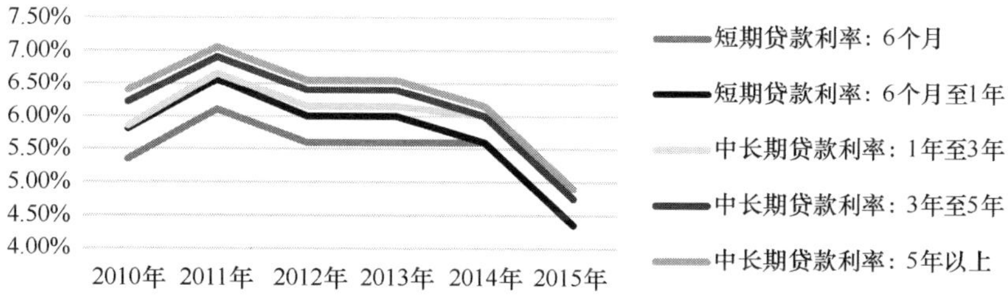

图3－97　人民币贷款基准利率浮动情况

数据来源：中国人民银行北京营业管理部、北京市金融年鉴、wind资讯。

考虑到目前基准利率已达历史最低，货币市场利率保持在较低水平，企业融资成本已有明显下降，且融资成本高很大程度上与中介机构收费高有关；

局部资产价格上涨过快，食品价格仍有上涨可能；美联储年内仍有加息的可能，再度降息人民币可能承受新的较大的贬值压力，预计下半年基准利率调整仍较为谨慎，不会轻易使用。

6. 贷款需求调研情况

项目组在北京地区各区和商业中心发放了500份调研问卷，了解北京市居民的贷款需求状况和满足程度。

总体而言，北京市有贷款需求的人群中，消费贷款和住房贷款是主要需求，其中大部分贷款需求在50万元以下。近一半群体的贷款需求在10万~50万元之间；近25%的群体贷款需求在10万元以下，贷款需求在50万元以上的群体占比略超26%（见图3－98）。

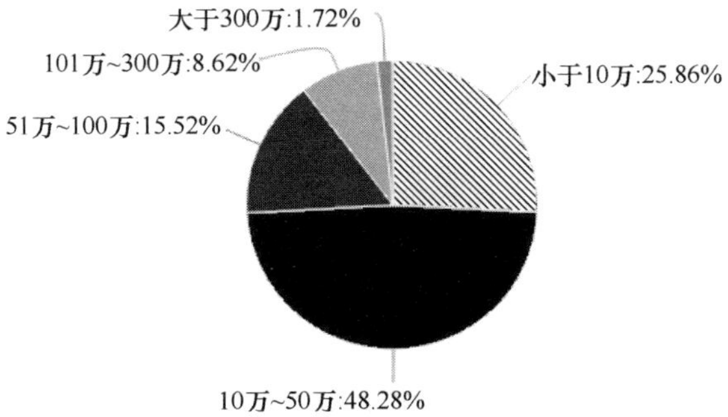

图3－98　北京市居民贷款需求分布情况

数据来源：互联网普惠金融研究院问卷调研。

贷款需求的满足程度并不乐观，反映了普惠金融发展的迫切性。受访人群中，约有四成人获取的贷款能大致满足需求（占需求的80%以上），超过六成的受访者表示不能较好获得想要的贷款，获得贷款的比例在需求的80%以下，其中17%的居民完全无法获得贷款，表明北京市普惠金融有较大的发展空间（见图3－99）。

调研结果显示，北京市居民获取贷款的主要来源是银行，占比超过七成。第二大来源是亲朋好友，37.5%的居民都有向亲朋好友借款的经历，且一般为无息贷款。P2P、互助合作社、小贷公司、民间借贷在居民获取贷款来源中的占比小于10%，主要原因是金融服务的可获得性不够，金融教育也不足（见图3－100）。

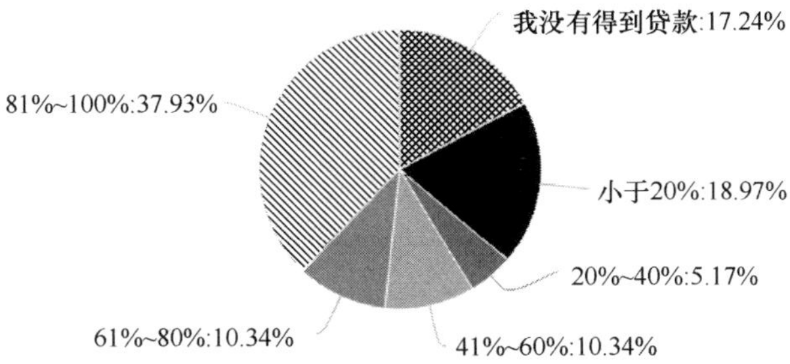

图 3－99　北京市居民贷款需求满足情况分布

数据来源：互联网普惠金融研究院问卷调研。

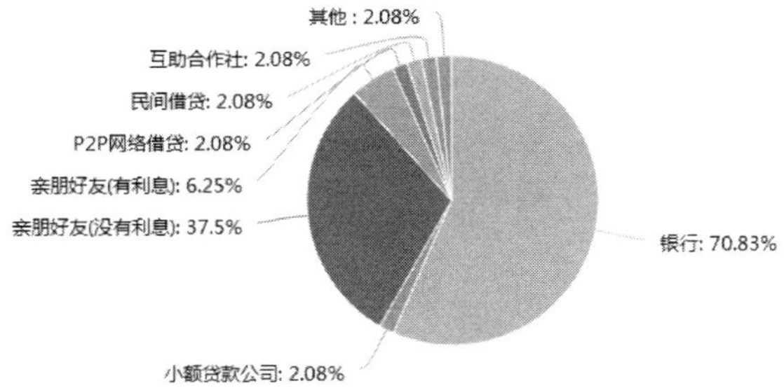

图 3－100　北京市居民贷款需求来源情况分布

数据来源：互联网普惠金融研究院问卷调研。

从居民获得贷款的利率分布情况来看，八成居民获得贷款的利率价格不超过 7%。超过 35% 的居民获得贷款的主要来源是亲朋好友等，且一般无息；约 45% 的居民主要靠银行获取贷款，利率在 4% ~7% 之间；约 15% 的居民主要从 P2P 等其他金融机构获取贷款，利率是 8% ~10%；约 4% 的居民主要通过民间借贷等多种非典型途径获取贷款，利率在 11% ~20% 之间（见图 3－101）。

调查结果表明，作为最便捷循环使用信用的信用卡，普及空间仍很大。北京农村居民没有信用卡的人数占比高达 83.57%，社区居民中这一比例为 58.04%。城镇社区居民信用卡额度超过 5 万元的占比更高，但差异并不特别显著（见图 3－102）。

从使用频率来看，持有信用卡的农村村民中，有一半以上每周使用信用卡小于一次，城镇社区居民的使用频率更高（见图 3－103）。

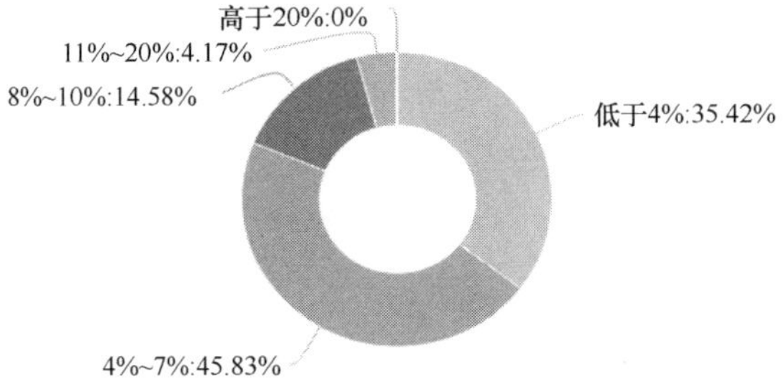

图 3-101　北京市居民贷款利率分布情况

数据来源：互联网普惠金融研究院问卷调研。

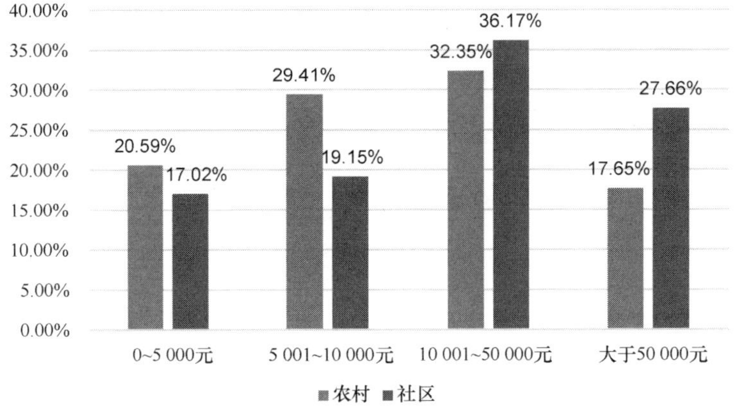

图 3-102　农村村民与社区居民信用卡额度对比

数据来源：互联网普惠金融研究院问卷调研。

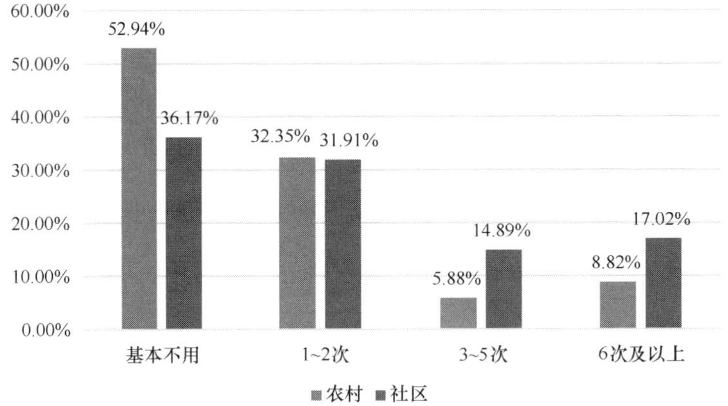

图 3-103　农村村民与社区居民信用卡每周使用次数

数据来源：互联网普惠金融研究院问卷调研。

（二）投资理财

按照第二章构建的普惠金融体系，其服务重心包括三个层次：最核心的是满足消费者尤其是弱势群体的融资需求；第二层次是满足消费者理财、支付和保险等基本金融需求；第三层次是建立良好的金融服务环境。前面的分析主要集中于融资需求，本部分将讨论普惠金融服务重心的第二层次——基本金融需求，重点是投资理财性金融产品。

1. 北京地区投资理财整体现状

（1）北京地区个人投资理财方式结构单一，资金主要集中在银行储蓄存款和银行个人理财产品。我们对北京地区居民主要的理财投资方式进行了整理和研究，发现投资理财方式包括银行方面的储蓄存款、个人理财产品、储蓄国债，信托公司的相关信托产品，保险公司推出的万能险、投连险，证券相关的集合资管计划、股票投资，基金领域的公募基金产品、专户产品、私募基金产品，互联网渠道的P2P 网贷以及余额宝为代表的宝宝类产品。根据我们测算，北京地区上述理财投资方式的总资金规模在 12 万亿左右。2015 年，北京城乡储蓄存款余额达到 26 750 亿①，同比增长 10.68%，北京地区银行理财产品存续余额达到 26 659 亿②。2014 年，北京地区储蓄国债发行量为 541 亿③，在投资理财产品中的占比分别为 22.93%、22.86% 和 0.47%。规模庞大的储蓄存款余额和银行理财产品存续余额反映出北京居民雄厚的资金实力和投资需求的同时，也折射出北京居民投资理财方式的单一性。北京地区主动型信托产品资产规模和证券公司的集合资管计划规模分别为 1 885 亿元和 1 891 亿元④，占比均为 1.62%，与储蓄存款差距明显；以万能险、投连险为代表的保险理财发展迅猛，根据我们的估算，北京地区保户储金及投资款规模在 1 488 亿元左右，占比为 1.28%；P2P 网贷发展迅速，成为居民理财投资的新渠道，2015 年余额为 1 872 亿⑤，占比为 1.61%。

（2）北京地区公募基金、专户投资、私募基金发展领先，投资占比高于全国平均水平。根据测算，2015 年北京地区个人投资者持有流通 A 股市值和公募基金

① 数据来源：中国人民银行。
② 数据来源：中国人民银行北京营业管理部。
③ 数据来源：2015 北京金融统计年鉴。
④ 数据来源：2015 北京国际信托年报、2015 国投泰康信托年报、2015 国民信托年报。
⑤ 数据来源：网贷之家。

资产规模分别为7 715亿元和13 643亿元，是居民投资理财的主要方式之一，占比分别达到6.62%和11.70%；北京地区私募性质的专户投资和私募基金发展迅速，资产规模分别达到了23 384亿元和10 810亿元，占比分别为20.05%和9.27%。由于北京地区公募基金、专户投资以及私募基金资金来源并非仅限于北京地区，北京地区个人投资与基金、专户和私募基金可能低于统计规模，但总体而言，发展水平显著领先全国其他地区（见表3－20、图3－104和图3－105）。

表3－20　北京地区及全国居民投资理财规模或余额概况

渠道	理财产品或投资方式	北京地区规模（单位：亿元）	占比	全国规模（单位：万亿元）	占比
银行	住户存款余额	26 740.58	22.93%	55.19	47.09%
	北京银行理财产品存续余额	26 659.8	22.86%	11.64	9.93%
	储蓄国债发行量	542.53	0.47%	0.99	0.84%
信托公司	信托产品资产规模（主动型）	1 885.81	1.62%	6.87	5.86%
证券公司	资管集合计划规模	1 891.30①	1.62%	1.56	1.33%
	个人投资者持有流通A股市值	7 715.54②	6.62%	10.27	8.76%
保险	保户储金及投资款（万能险、投连险等）	1487.53③	1.28%	2.49	2.12%
基金	公募基金规模	13 643.23④	11.70%	8.4	7.17%
	专户资产规模	23 384.52⑤	20.05%	15.29	13.05%
	私募基金规模	10 810.49⑥	9.27%	2.21	1.89%
互联网	P2P网贷余额	1 872.54	1.61%	0.44	0.38%
	余额宝等宝宝类产品	—	—	1.84	1.57%
合计		120 874.73	100%		100%

数据来源：项目组根据已有数据填列，部分根据公开数据估算所得。

① 数据来源：北京地区资管集合计划规模是根据2014年北京金融年鉴数据和2015年全国资管集合计划同比增速估算所得。

② 数据来源：北京地区个人投资持有流通A股市值是根据2015年年末A股总市值、2015年深交所年报、2015年上交所年报数据估算所得。

③ 数据来源：北京地区保户储金及投资款余额是根据2015年保险年鉴公司资产负债表及北京地区公司保费规模占比、北京保监局保险市场运行数据估算得到。

④ 数据来源：北京地区公募基金规模是根据2014年北京金融年鉴和全国公募基金规模增速估算得到。

⑤ 数据来源：北京地区专户资产规模是根据2014年北京地区金融年鉴和全国专户资产规模增速估算得到。

⑥ 数据来源：北京地区私募基金规模是根据2014年北京地区金融年鉴和全国私募基金规模增速估算得到。

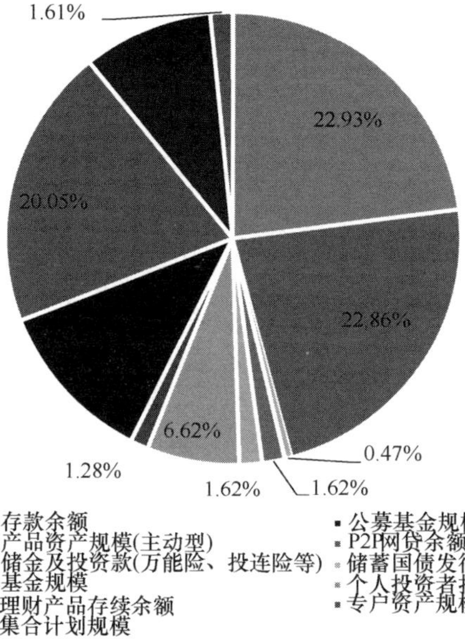

图 3－104　北京地区各主要投资理财方式资金占比情况

数据来源：项目组根据已有数据填列，部分根据公开数据估算所得。

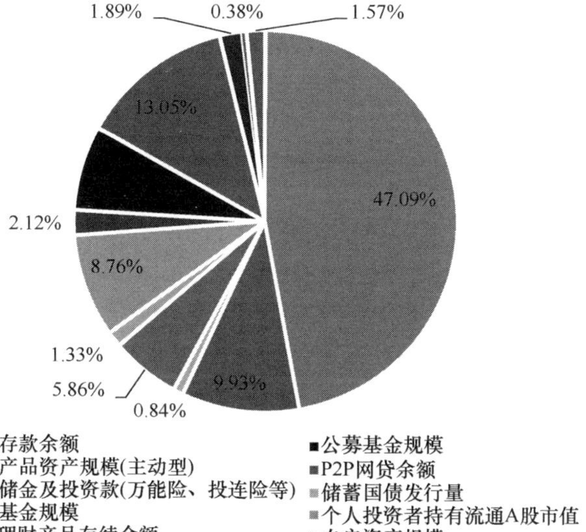

图 3－105　全国各主要投资理财方式资金占比情况

数据来源：项目组根据已有数据填列，部分根据公开数据估算所得。

（3）项目组抽样调查显示，北京地区储蓄存款、银行理财等银行渠道的产品仍是主流。样本群体中，有储蓄存款的人数达到了227人，投资银行和保险理财的人数有75人，投资余额宝等宝宝类理财产品的人数达到了82人，有基金和股票投资的人数为72人，只有6人投资高门槛的信托产品和集合计划（见图3－106）。

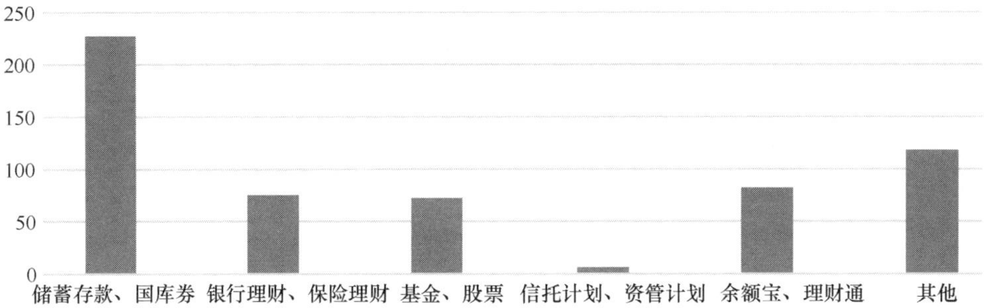

图3－106　北京地区抽样群体投资情况分布（单位：人）

数据来源：根据项目组抽样调查结果整理所得。

（4）投资门槛一定程度上制约了北京地区居民投资理财可选择的范围。传统理财投资方式中，银行渠道的储蓄存款、储蓄国债、普通银行理财产品，证券公司的股票投资，基金公司的公募基金产品和保险公司的万能险，投资门槛相对较低，是大众主要的理财方式。而信托公司提供的集合资金信托、单一资产信托，证券公司提供的集合计划等资管计划，基金公司提供的专户投资、私募基金产品等投资方式，对投资最低限额、个人家庭资产状况、个人家庭收入状况等做出了严格限定。从项目组对北京地区抽样调查的结果来看，超过69%的样本资金规模在10万元以下，超过91%的样本资金规模在50万元以下，而资金规模超过100万元的样本占比仅为4%。信托、集合计划、高净值银行理财等产品的投资门槛普遍超过100万元，将九成以上的投资者排除在外（见图3－107和表3－21）。

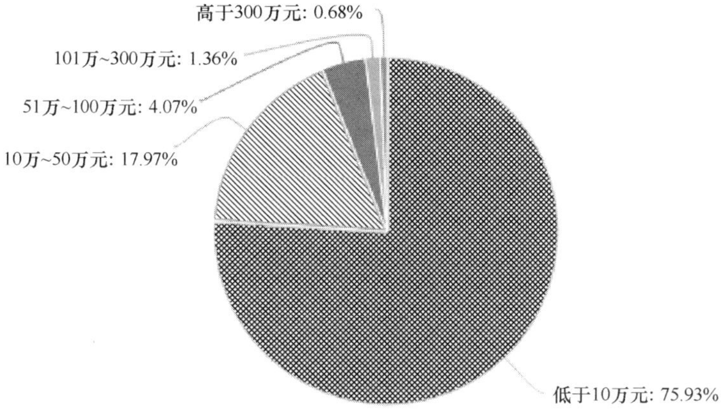

图 3－107　北京地区抽样群体资金规模情况

数据来源：项目组整理计算所得。

表 3－21　居民投资方式投资门槛、期限以及收益率情况汇总

公司	投资方式	投资门槛	期限	年收益率或利率
银行	储蓄存款	无门槛。	活期以及 3 月、6 月、1 年、2 年、3 年、5 年。	活期：0.35%；3 月：1.1%；6 月：1.3%；1 年：1.5%；2 年：2.1%；3 年：2.7%
银行	储蓄国债	最低认购金额为 1 000 元。	一般为 1 年、3 年、5 年。	3 年期利率 4.25%；5 年期利率为 4.67%（2015 年第四期凭证式储蓄国债）
银行	普通理财产品	最低认购金额 5 万元。	1 月、3 月、6 月、1 年等。	2016 年 6 月理财产品平均理财收益率为 4%
银行	针对高资产净值客户和私人银行客户的理财产品	私人银行客户是指金融资产达到 600 万元人民币及以上的商业银行客户； 高资产净值客户满足下列条件之一： （1）单笔认购不少于 100 万元理财产品；	根据合同约定，时间不定。	2016 年 6 月理财产品平均理财收益率为 4%

续表

公司	投资方式	投资门槛	期限	年收益率或利率
银行	针对高资产净值客户和私人银行客户的理财产品	（2）认购理财产品时，个人或家庭金融净资产总计超过100万元人民币；（3）个人收入在最近三年每年超过20万元人民币或者家庭合计收入在最近三年内每年超过30万元人民币	根据合同约定，时间不定	2016年6月理财产品平均理财收益率为4%
信托公司	集合资金信托	（1）一个信托计划的最低金额不低于100万人民币；（2）个人或家庭金融资产总计在其认购时超过100万元人民币；（3）个人收入在最近三年内每年收入超过20万元人民币或者夫妻双方合计收入在最近三年内每年超过30万元人民币	集合类信托期限不得少于1年，目前市场上的信托产品期限一般在1～3年	2016年5月各类集合资金信托平均预期收益率为7.04%
	单一资产信托	普通类单一资金信托对合格投资者没有法规要求	单一资产信托没有限定	2016年5月平均为7%
证券公司	集合资产管理	（1）个人或者家庭金融资产合计不低于100万元人民币；（2）自然人不得用筹集的他人资金参与集合计划	集中于3年、5年和7年，少数在7年以上	2015年集合资管计划年均加权收益率为26.36%
	专项资产管理	合同约定，一般起点较高，大额认购	不固定，常见于2～5年	—
	定向资产管理	证券公司办理定向资产管理业务，接受单个客户的资产净值不得低于人民币100万元；各证券公司可在该最低限额基础上，提高本公司客户委托资产净值的最低限额	一般短于集合资产管理计划和专项资产管理计划	—
	股票投资	无门槛	无期限制	受股票市场影响，波动性较大

续表

公司	投资方式	投资门槛	期限	年收益率或利率
证券公司	收益凭证	单个投资者参与收益凭证的金额不得低于5万元	30天、90天、180天	4%
保险	万能险	无门槛，一般1 000元起购	10年以上，期限很长	2016年5月利率为4.5%
	资管定向产品	向单一投资人发行的定向产品，投资人初始认购资金不得低于3000万元人民币。	—	—
	资管集合产品	向多个投资人发行的集合产品，投资人总数不得超过200人，单一投资人初始认购资金不得低于100万	—	—
基金公司	公募基金产品	无门槛	开放式基金随时申购赎回；封闭式基金定期申购赎回，一般封闭期为1年	波动较大，2015年公募基金平均收益率为14%
	私募基金产品	个人投资者投资门槛为100万元	一般期限较长	受资本市场行情影响，波动性较强
	一对一基金专户	为单一客户办理特定资产管理业务的，客户委托的初始资产不得低于3 000万元人民币，中国证监会另有规定的除外	具体合同约定，一般随时追加与提取	受资本市场行情影响，波动性较强
	一对多基金专户	（1）委托投资单个资产管理计划初始金额不低于100万元人民币，且能够识别、判断和承担相应投资风险的自然人、法人、依法成立的组织或中国证监会认可的其他特定客户； （2）客户委托的初始资产合计不得低于3 000万元人民币，但不得超过50亿元人民币；中国证监会另有规定的除外	具体合同约定参与或退出，一般每季度最多开放一次	受资本市场行情影响，波动性较强

续表

公司	投资方式	投资门槛	期限	年收益率或利率
互联网渠道	P2P 网贷	无门槛	平均期限 8.2 月	11.67%（2016 一季度）
	余额宝等宝宝类	无门槛	随时存取	七日年化收益率约为 2.4%

数据来源：项目组整理。

(5) 传统个人投资理财方式回报普遍偏低，不能很好地满足北京地区居民对投资理财收益的需求。从收益角度来看，相同期限的万能险、银行理财、储蓄国债等产品，收益水平高于储蓄存款，但与信托、资管集合计划等高门槛产品收益差距明显。公募基金和股票投资虽然投资门槛较低，但其投资专业性、收益易受市场波动影响等特征限制了居民的参与。总体上看，居民可选择的理财投资方式依旧相对单一，存在收益率低、期限风险与收益不匹配以及投资者对产品风险认识度低等情况，因此，从投资理财的角度发展普惠金融，需要拓宽投资者可选投资理财产品的范围，提高投资者的风险认识水平，同时为投资者提供期限、风险和收益更加合理的投资理财产品，通过各种创新降低投资理财风险和投资理财门槛。

P2P 网贷以及余额宝等宝宝类产品期限灵活、收益高，成为北京地区居民理财投资新选择。与传统理财投资产品相比，P2P 网贷投资期限一般较短，选择较多，且收益率远高于同期限的银行理财产品、权益凭证。2016 年 7 月，北京地区 P2P 网贷综合投资收益率为 10.2%，投资人数为 132.92 万人，而其他地区 P2P 总的投资人数为 215.27 万人，可以看出北京地区投资者对 P2P 投资认可度和热情较高。余额宝等宝宝类产品通常直接对接货币基金，通过网络渠道销售，并实现随时存取，与一般定期存款相比，拥有极高的流动性，与活期储蓄存款相比，宝宝类产品的年化收益率远高于活期储蓄存款。2016 年 7 月，宝宝类产品 7 日年化收益率在 2.4% 左右。①

接下来，我们详细分析北京地区各类个人投资理财方式的发展状况。

2. 银行——储蓄存款、储蓄国债、银行理财产品

银行提供的投资理财产品是北京地区居民个人投资理财的主要渠道，产

① 数据来源：网贷之家。

品包括储蓄存款、国债和银行理财产品等。

（1）储蓄存款。具体表现如下：

①北京地区城镇和农户的储蓄余额稳步提升，资金缺乏其他有效投资理财出口。2015 年，北京地区住户存款余额达到了 26 740.58 亿元；城镇储蓄存款余额显著高于上海、河北、重庆地区，2014 年年底，城镇储蓄存款余额达到 21 968.86亿元，同比增长 3.91%，而上海、河北、重庆地区分别为19 480.25亿元、18 205.18 亿元、7 783.51 亿元。北京地区农户储蓄余额呈现出较快上升的趋势。项目组对比了北京、上海、重庆三个地区的农户储蓄数据，上海、重庆、北京地区农户储蓄存款近4 年年均复合增速分别为15.73%、15.31%、12.57%；从总量上看，重庆、北京、上海地区 2014 年农户储蓄存款余额分别达到了 2 990.61亿元、2 189.56 亿元、1 789.08 亿元（见图 3－108 和图 3－109）。

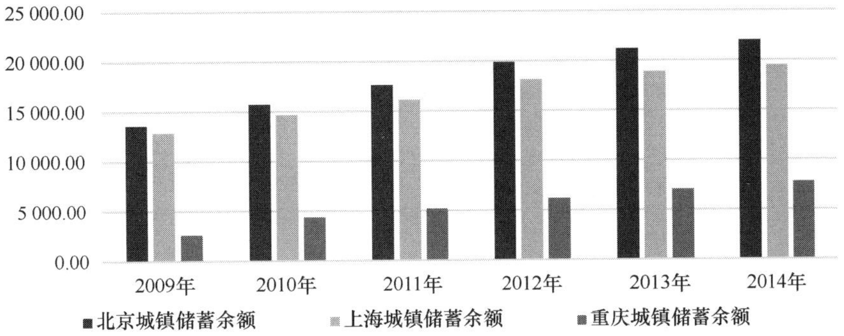

图 3－108　北京及其他地区城镇储蓄余额情况（单位：亿元）

数据来源：中国人民银行。

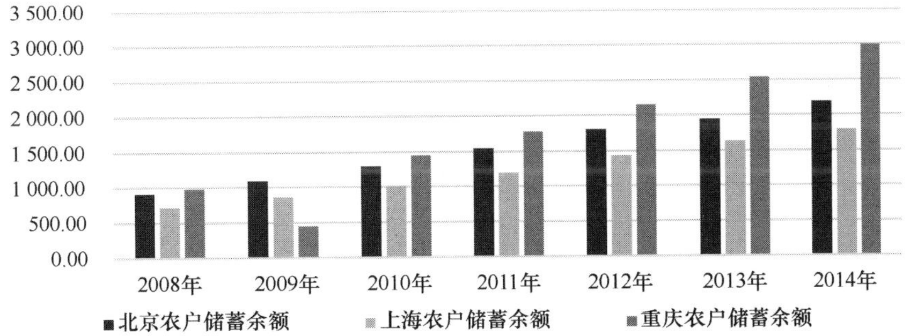

图 3－109　北京及其他地区农户储蓄余额情况（单位：亿元）

数据来源：中国人民银行。

②北京地区人均储蓄存款余额远高于全国平均水平，存款占比较高，存在巨大的投资理财需求。2014 年的数据显示，北京城镇人均储蓄存款余额接近 12 万元，全国平均水平约为 7.5 万元；北京农户人均储蓄存款余额接近 5 万元，而全国平均水平约 2 万元。北京地区抽样调查结果显示，个人资金中，存款比例超过 20% 的人占比达到了 50%，其中，存款比例为 21% ~40% 的占比 13%，41% ~60% 的占比为 13%，61% ~80% 的占比为 9%，而 81% ~100% 的占比达到了 15%（见图 3 –110 和图 3 –111）。

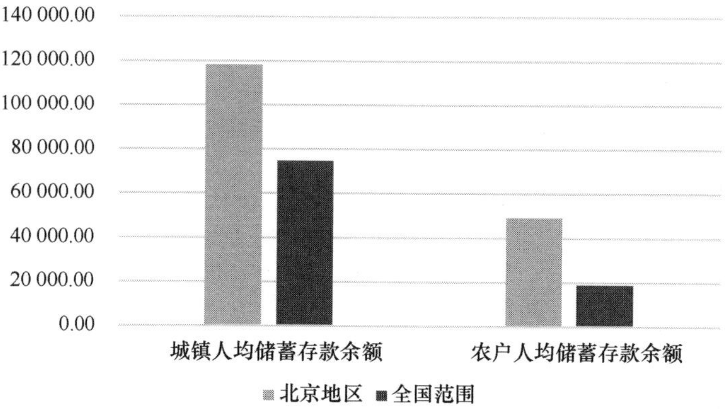

图 3 –110　2014 年全国及北京地区人均储蓄存款余额（单位：元）

数据来源：项目组整理计算所得。

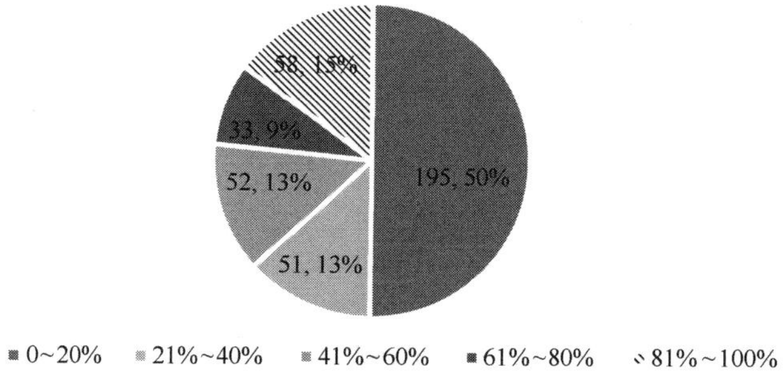

图 3 –111　北京地区抽样调查的居民储蓄存款占比分布（单位：人）

数据来源：项目组问卷调研。

（2）银行理财产品。具体表现如下：

①北京地区银行理财产品需求强劲，理财资金余额保持较快增长。2015年，北京地区银行理财产品存续1.6万只，资金余额达到26 549.8亿元，同比增长51.8%，占全国银行理财资金余额的约11%；北京地区理财产品募集资金达15万亿元，占全国银行理财产品募集资金的比重为9.8%，资金余额和募集金额均全国领先。横向对比来看，北京市银行理财产品认购金额仅次于上海地区，位居全国第二位（见图3－112）[①]。

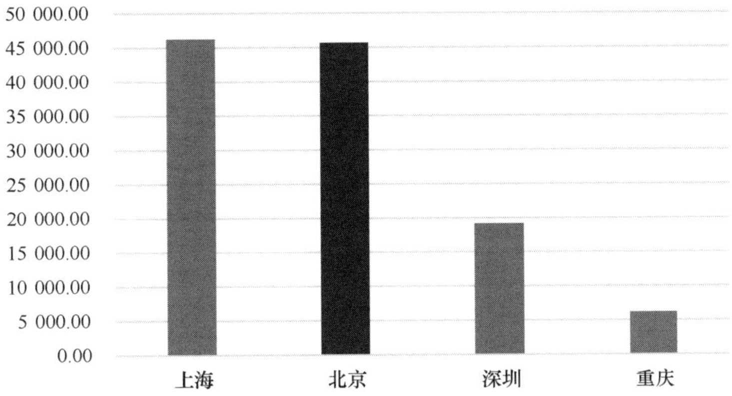

图3－112　2013年部分地区理财产品购买金额（单位：亿元）

数据来源：中国理财网。

②开放式理财产品因流动性优势受到青睐，发展迅速。开放式理财产品在流动性、收益性、安全性方面具有显著优势，受到投资者的追捧。虽然2015年新发行的开放式理财产品只有4 162只，同比减少21.28%，但是全年累计募集资金达到了115.55万亿元，同比增加59.03%；封闭式产品累计募集资金42.86万亿元，比2014年增加3.75%[②]。

③从收益率来看，银行理财产品收益率较高，2015年年化收益率较2014年有所上升。数据显示，2015年封闭式非净值型理财产品平均年化收益率为5.06%，封闭式净值型产品年化收益率为5.07%，开放式非净值产品年化收

---

① 数据来源：2015年北京市金融运行报告。

② 数据来源：中国银行业理财市场年度报告（2015年）。

益率为3.89%（见表3－22）。

表3－22　银行理财产品年化客户收益率

理财产品类型	加权平均兑付客户年化收益率	
	2014年	2015年
封闭式非净值型	4.68%	5.06%
封闭式净值型	4.97%	5.07%
开放式非净值型	3.72%	3.89%
开放式净值型	—	—

数据来源：中国银行业理财市场年度报告（2015年）。

④一年内短期理财投资需求最旺盛。2015年，银行理财产品加权平均期限为113天，产品期限较短。封闭式银行理财产品募集的资金中，有60.64%投向3个月内的理财产品，3～6个月产品占比达到了23.50%，一年内理财产品募集资金占比达到了97.66%，而一年以上的理财产品募集资金仅占2.33%（见表3－23）。

表3－23　封闭式理财产品的期限情况　（单位：万亿元）

		3个月内（含）	3—6个月（含）	6—12个月（含）	1年以上	合计	加权期限
2015年	募集金额	25.99	10.07	5.08	1.00	42.86	113天
	占比	60.64%	23.50%	13.53%	2.33%	100%	
2014年	募集金额	28.78	7.72	4.3	0.51	41.31	96天
	占比	69.67%	18.68%	10.42%	1.23%	100%	

数据来源：中国银行业理财市场年度报告（2015年）。

⑤理财产品整体风险较低，资金安全性较高。从产品风险等级来看，2015年，风险等级为“二级（中低）”及以下的理财产品募集金额达到136.79万亿元，占总募集资金的86.35%，比2014年提高了2.36个百分点；风险等级为“四级”和“五级”的理财产品，募集资金占比为0.55%。2015年终止到期的理财产品中，出现亏损的理财产品有44只，占终止到期产品的0.03%，亏损理财产品平均偿还率达到89.24%（见表3－24）。

表 3-24 理财产品的风险情况 （单位：万亿元）

	风险等级	一级（低）	二级（中低）	三级（中）	四级（中高）	五级（高）	合计
2015 年	募集金额	42.37	94.42	20.75	0.75	0.12	158.41
	占比	26.75%	59.60%	13.10%	0.47%	0.08%	100%
2014 年	募集金额	28.78	7.72	4.3	0.51	41.31	113.97
	占比	27.63%	56.36%	15.43%	0.42%	0.16%	100%

数据来源：中国银行业理财市场年度报告（2015 年）。

（3）储蓄国债。具体表现如下：

①北京地区储蓄国债认购量居全国首位，需求持续高企。2013 年，北京地区发售 4 期凭证式国债、10 期电子式国债，金额分别为 212.73 亿元、350.59 亿元，共计 563.32 亿元；2014 年全年发售四期凭证式国债、五期电子式国债，金额分别为 221.47 亿元、331.06 亿元，共计 542.53 亿元，占全国总发行量的 19.11%①。

②储蓄国债利率下行仍供不应求。受央行降息影响，近年来储蓄国债利率呈现下滑趋势，3 年期、5 年期储蓄国债利差缩小。2012 年第一期凭证式储蓄国债发行时，3 年期利率为 5.58%，5 年期为 6.15%。2015 年第四期凭证式储蓄国债，3 年期利率为 4.25%，5 年期利率为 4.67%。2012—2015 年，全国储蓄国债发行平稳，2015 年发行 3 年期储蓄国债共计 1 693 亿元，其中凭证式 660 亿元，电子式 1 033 亿元；5 年期储蓄国债共计 1 366 亿元，其中凭证式 540 亿元，电子式 826 亿元，所有储蓄国债一经发行即被投资者认购一空，一方面是因为储蓄国债有政府信用背书，安全性高，收益稳定，同时也反映出国内当前收益和风险相匹配且门槛相对合理的理财投资产品供给不足，与居民强烈的投资理财需求之间存在缺口（见图 3-113）。

3. 信托公司——信托产品

在信托产品投资方面，统计数据只有在北京注册的信托公司产品情况，但实践中存在北京当地居民购买在外地注册的信托公司的信托产品和外地居民购买北京注册信托公司的信托产品两种情况。囿于数据获取的难度，我们

① 数据来源：2013 年、2014 年北京金融统计年鉴。

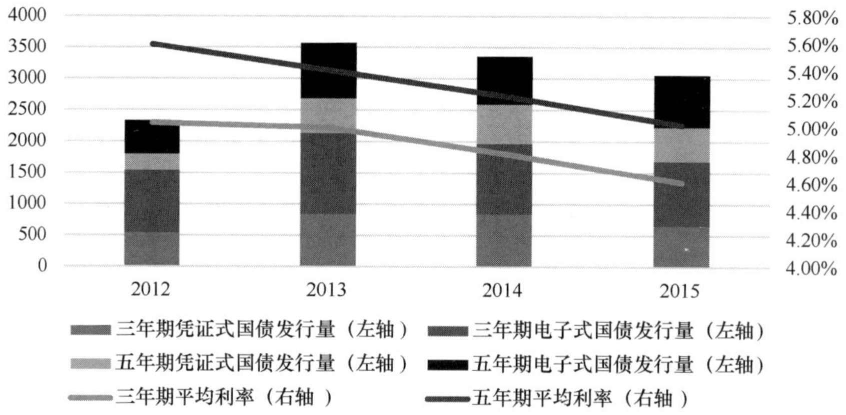

图3－113　储蓄国债认购及利率情况（单位：亿元）

数据来源：中国债券信息网。

仅统计了在北京注册的信托公司产品资产规模数据，粗略反映了北京地区的信托投资情况。

（1）主动管理型信托规模萎缩，通道业务持续增长，北京地区个体居民投资信托出现下滑。2015年，北京三家信托公司存续管理信托资产规模达到4 547.75亿元，其中，主动管理型信托的资产规模出现下滑，从2014年的2 331.39亿元下滑至1 884.01亿元，同比下降19.19%；通道性质的被动管理型信托资产规模增长迅速，达到2 663.74亿元（见表3－25）。

表3－25　北京辖区信托公司信托资产规模　（单位：亿元）

	2014年	2015年
主动管理型信托	2 331.39	1 884.01
被动管理型信托	1 464.7	2 663.74
信托产品资产规模	3 795.09	4 547.75

数据来源：2015北京国际信托年报、2015国投泰康信托年报、2015国民信托年报。

（2）受降息及资金流动性影响，信托产品收益率出现下滑，但仍显著高于银行理财等其他产品。截至2016年6月，集合信托产品平均预期收益率为6.97%，低于2014年的8.93%。不同类型集合信托产品预期收益率差异不大，均呈下降趋势，截至2016年6月，股权类集合信托产品预期收益率最高，为7.80%，预期收益率最低的为权益类信托产品，预期收益率为6.60%

（见图3－114）。

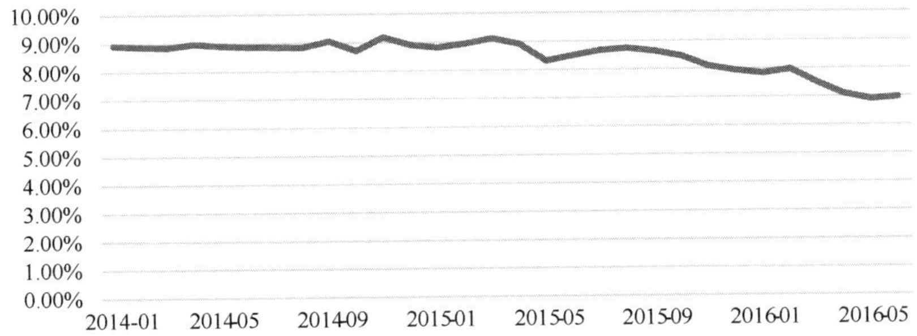

图3－114　信托集合计划平均预期收益率情况①

数据来源：项目组整理测算得到。

（3）信托产品安全性整体较高，潜在风险仍须充分认识。从信托产品的运行情况来看，目前仅发生吉林信托一起无法兑付的事件，与其他投资理财方式相比，整体风险较低，资金安全有保障。随着经济增速放缓、结构调整持续，投向实体经济的信托类产品收益走低，风险正在逐步增大，同时在资本市场去杠杆的背景下，投向证券的信托产品风险也急剧增大。随着前几年发行的信托产品进入兑付集中期，未来信托兑付存在风险。项目组整理的公开数据显示，2015年出现违约的信托计划达15个，投资者可能存在风险认知不充分的情况（见表3－26）。

表3－26　2015年存在兑付困难信托计划

	发行单位	涉及资金（单位：亿元）
黄氏装饰城二期	光大信托	3.29
郑州熹曼股权收益权1号	民族证券	20.5
镇江冠城计划二期	新华信托	0.74
奈伦农业示范园区项目		2.66
汇源6号		6
宁波新金和	长城信托	2

① 信托集合计划平均预期收益率为期限1～2年各类信托集合计划预期收益率加权。

续表

	发行单位	涉及资金（单位：亿元）
大雄特定资产收益权项目	渤海信托	1.5
中杭股份流动资产贷款项目		2
汇聚2号	中泰信托	10
华宸未来淮南志高资管项目	湖南信托	1
长城新盛—3号	长城信托	2
长城新盛—股权收益		
古冶产业链信托	中信信托	5
中元宝胜依林山庄 FD	中元宝胜	1
华澳·长昊27号	华澳信托	6

数据来源：项目组根据公开信息整理。

4. 证券公司——股票投资、资管计划

证券公司提供的个人投资理财产品主要是股票投资和资管计划两种，因投资门槛不同，这两类产品的发展状况存在较大差距。

（1）股票投资。北京地区股票投资稳步提升，初步估算，2015年北京个人投资A股市值达7 714亿元。2014年，北京地区营业部股票交易额达9.95万亿元，同比增长7.1%（见表3－27）①。

表3－27　北京地区股票投资交易量

	2013年	2014年
股票交易量（万亿元）	6.53	9.95
同比增速	68.97%	52.37%

数据来源：北京市金融年鉴。

北京地区股票投资者规模庞大，位居全国前列。数据显示，2015年6月，北京地区上交所开户人数达到750.25万人，较2014年12月增长了21.20%，占全国总开户人数的6.21%；深交所开户总数达到了616.83万人，占比为5.36%，总开户人数仅次于上海地区和深圳地区，位居全国第三（见图3－115）。

① 数据来源：2015年北京金融统计年鉴；2015年北京个人投资A股市值估算在北京地区投资理财整体现状部分已经标明。

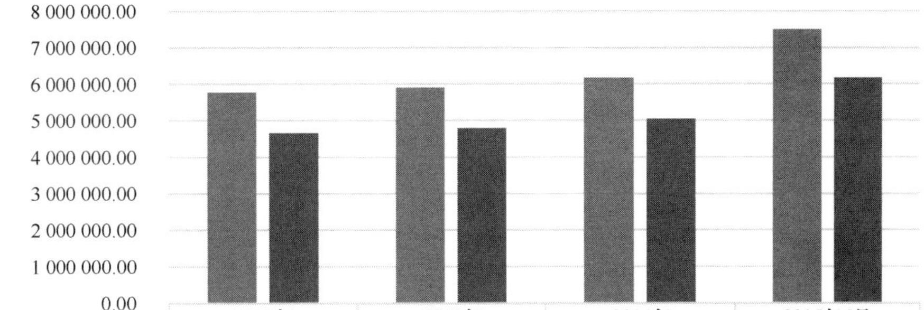

	2012年	2013年	2014年	2015年6月
■上交所开户总数	5,771,312.00	5,908,116.00	6,164,230.00	7,502,512.00
■深交所开户总数	4,658,779.00	4,794,091.00	5,040,970.00	6,168,379.00

图 3－115　北京地区证券开户情况（单位：户）

数据来源：中国证券登记结算公司。

（2）证券公司资管集合计划。产品发行和资产规模持续快速增长，凸显高净值客户投资理财需求。2012 年，证监会出台“放松管制、放宽限制”的新管理办法，集合资产管理计划由审批制变为备案制，加之 2014 年年底开始股市上涨，助推集合资管计划规模的增长。2014 年年底，北京地区资产管理业务受托资产 8 448.45 亿元，同比增长 54.01%，其中，集合和专项管理计划规模为 796.42 亿元，同比增长 62.11%，定向资管计划规模为 7 652.03 亿元，同比增长 53.21%。2015 年北京地区资管集合计划规模达到 1 892 亿元左右（见图 3－116）[①]。

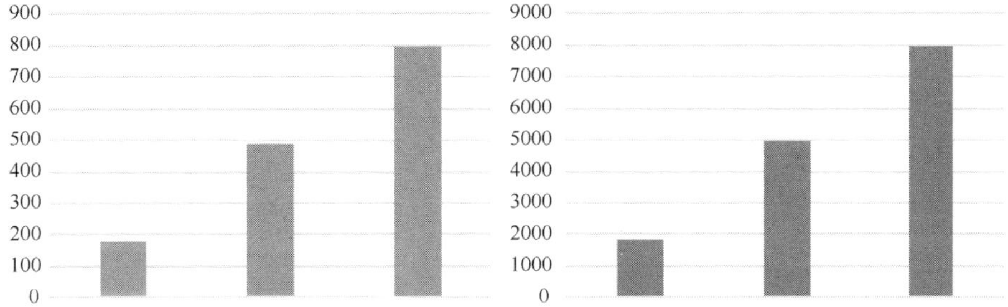

图 3－116　北京地区证券资产管理业务规模（单位：亿元）

数据来源：2014 年、2015 年北京市金融年鉴。

① 数据来源：北京地区资管集合计划规模估算在北京地区投资理财整体现状部分已经标明。

受益于股债行情，各类型集合计划收益率走高，是投资者购买的主要考量因素。2014 年和 2015 年，股市和债市行情走高，受益于此，混合型集合计划收益率分别达到了 21.53% 和 33.42%，股票型集合计划收益率分别为 25.76% 和 38.15%。2015 年债券型集合计划和货币市场型集合计划收益率分别达到 11.66% 和 6.64%；货币市场型资管集合计划收益率达到 2.87%，显著高于活期和一年期储蓄存款收益（见表 3－28）。

表 3－28　各类证券公司集合计划投资收益率情况

集合计划类型	投资收益率	
	2015 年	2014 年
混合型	33.42%	21.53%
股票型	38.15%	25.76%
债券型	6.64%	11.66%
货币市场型	2.87%	3.21%
另类投资型	9.62%	11.87%

数据来源：中国证券投资基金业协会。

5. 保险公司——万能险、投连险

北京地区万能险、投连险投资发展迅速，全国投连险独立账户新增交费中，北京地区占八成。截至 2016 年 6 月，北京地区新增保户投资交费额（主要是万能险）686.8 亿元（见表 3－29），投连险独立账户新增交费 444.3 亿元，分别占全国新增规模的 8.48% 和 81.50%。根据我们的估算，2015 年全国保险行业保户储金及投资款规模达到 24 900 亿元，其中，北京地区为 1 487 亿元①。

表 3－29　2016 年 1—6 月保户新增投资交费以及投连险独立账户新增交费情况

（单位：亿元）

	北京地区	全国	占比
新增保户投资交费额	686.81	810.32	8.48%
投连险独立账户新增交费额	444.32	545.22	81.50%

数据来源：保监会、北京市保监局。

① 数据来源：保监会、北京市保监局；全国和北京地区保险行业保户储金及投资款规模估算在北京地区投资理财整体现状部分已经标明。

万能险兼顾保险和理财双重属性，收益率高于储蓄存款等传统理财方式，受到北京地区投资者的认可。2015 年 12 月，平安、中国人寿、中国太平洋人寿三款典型万能险利率分别达到了 5.05%、4.50% 和 4.00%，在其他投资理财收益率下降的背景下，万能险利率走高，保户投资款新增交费快速增长（见图 3－117）。

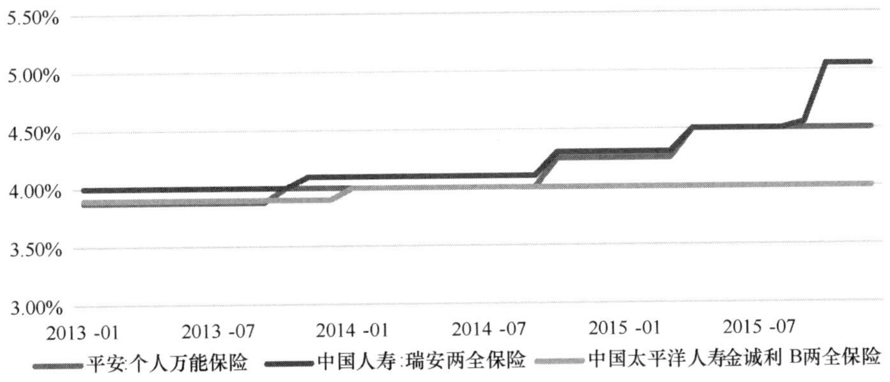

图 3－117　典型万能险利率情况

数据来源：项目组整理公司公告得到。

6. 基金公司——公募基金产品、专户产品、私募基金产品

基金公司是北京地区居民在银行以外重要的投资理财渠道，其产品主要包括公募基金产品、专户产品和私募基金产品。

（1）公募基金产品。机构集聚效应明显，北京地区基金产品和规模在全国占比高。数据显示，2014 年年末，北京地区公募基金产品数量达到了 411 只，占全国的 21.61%，基金资产规模达 12 903.84 亿元，资产规模占比 28%，位列全国第二（见表 3－30）。据我们估算，2015 年北京地区公募基金资产规模将达到 13 643 亿元左右。北京地区基金产品是面向全国销售，北京地区居民也能购买其他地区公募基金产品，同时北京机构集聚效应明显，因此，实际北京地区居民购买公募基金产品的规模应该小于统计数据，但总体而言，北京地区公募基金销售额高于全国其他地区。①

① 数据来源：2015 年北京地区公募基金资产规模在北京地区投资理财整体现状部分已经标明。

表3-30　2014年北京地区公募基金产品产品数量及规模

	北京地区	全国	占比
产品数量（单位：只）	411	1 902	21.61%
资产规模（单位：亿元）	12 903.84	46 085.14	28%

数据来源：2015北京市金融年鉴。

（2）专户产品及私募基金产品。北京地区高净值人群投资理财需求巨大，基金专户和私募基金成为重要的资金出口，规模增长显著。2014年，北京地区基金管理公司的专户管理规模合计7 309.97亿元，专户子公司管理资产规模达7 886.25亿元，合计15 196.22亿元；同期北京地区私募基金管理规模达2 901亿元。专户产品和私募基金的井喷，一方面是由资本市场行情和政策驱动，更深层次的原因是北京地区居民投资理财存在巨大需求，特别是高净值人群，资金体量大（见表3-31）。①

表3-31　北京地区专户投资以及私募基金资产规模

（单位：亿元）

	2014年	2015年（估计值）
基金管理公司专户资产规模	7 309.97	11 248.86
子公司专户资产规模	7 886.25	12 135.66
私募基金资产规模	2 901	10 810

数据来源：北京市金融年鉴。

7. 互联网渠道——余额宝等宝宝类产品、P2P网贷

近年来，随着互联网技术的发展，P2P网贷发展迅速，在余额宝的推动下，各商业银行、电商购物平台等纷纷推出宝宝类产品，成为居民投资理财的新方式。

（1）余额宝等宝宝类产品。优点如下：

①余额宝存取灵活、收益高、操作灵活，在北京地区投资者群体中迅速普及。余额宝通过淘宝、支付宝创新渠道，期限灵活、操作简便，且门槛低、

① 数据来源：2015年北京地区专户产品及私募基金产品资产规模在北京地区投资理财整体现状部分已经标明。

零手续费、可随取随用，还可直接用于购物、转账、缴费还款等消费支付，受到居民的欢迎。截至2016年6月，余额宝规模达到了8 163亿元，其对接的天弘基金资产规模居公募基金首位；从收益率来看，余额宝对接的是天弘基金旗下的增利宝货币基金，节省了中间环节费用，初期收益率高于传统理财产品，随着货币市场利率降低、运营成本上升以及竞争对手的介入，余额宝收益率持续下降，但仍远高于活期存款利率。2013年6月，余额宝七日年化收益率一度达到6.00%以上，2016年8月降为2.37%。项目组在北京地区的抽样结果显示，使用余额宝和理财通等互联网宝宝类产品的比例占到14.58%。考虑到项目组抽样在北京较为落后的地区进行，北京其他地区的宝宝类理财的普及程度可能更高（见图3－118）。

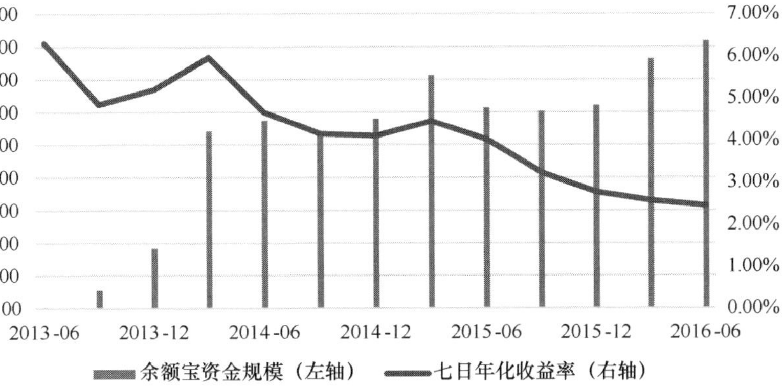

图3－118　余额宝资金规模及收益率情况（左轴单位：亿元）

数据来源：天弘基金管理有限公司。

②宝宝类产品数量和资金规模持续扩大，银行系、基金系产品发展迅速。宝宝类产品的突出特点是存取灵活、收益率显著高于同期活期存款、资金安全性高，受到投资者青睐。各大银行、基金纷纷推出宝宝类产品，产品数量不断增多，资金规模不断扩大。数据显示，2015年7月，市场上共有68款宝宝类产品，资金规模达到1.84万亿元，其中，互联网系宝宝理财产品资金规模最大，达到9 597亿元，占比为52.2%；银行系和基金系的宝宝类理财产品发展快速，资金规模分别达到2 638亿元和4 753亿元，环比增长4.76%和20.91%，占比为14.4%和21.3%；最后是代销类宝宝产品，资金规模在1 391亿元。2016年8月，各宝宝类产品的七日年化收益率约为2.40%，而储

蓄活期存款收益率为0.35%（见图3－119和表3－32）。

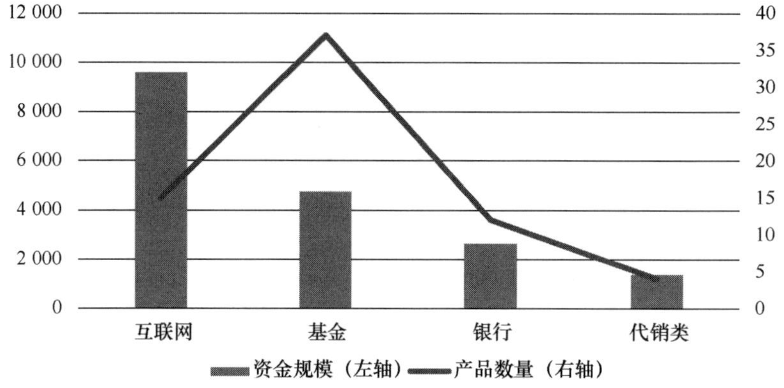

图3－119　2015年7月宝宝类产品资金规模与产品数量（左轴单位：亿元）

数据来源：2015年宝宝理财产品市场研究报告。

表3－32　市场上主要的宝宝类产品

公司类型	公司	产品名	七日（2016年8月4日）年化收益率
互联网公司	支付宝	余额宝	2.3750%
	腾讯	微信理财通	2.5550%
	百度	百度百赚	2.4790%
银行	平安银行	平安盈	2.5760%
	工商银行	工银快线	2.5360%
	民生银行	如意宝	2.4820%
	招商银行	朝朝盈	2.6045%
	兴业银行	掌柜钱包	2.7070%
	中国银行	活期宝	2.4790%
基金公司	汇添富基金	现金宝	2.5580%
	华夏基金	华夏活期通	2.4790%
储蓄活期存款			0.3500%

数据来源：项目小组整理所得。

③宝宝类产品主要对接货币基金，资金安全度高。余额宝等宝宝类产品资金端对接的一般是货币基金，虽然货币基金同样存在利率风险、基金管理者操作风险等，但风险相对较小，资金安全性较高。

（2）P2P 网贷。优点如下：

①北京地区居民 P2P 网贷投资意愿持续高企，成交量和余额均位居全国第一。数据显示，虽然受 P2P 跑路事件频发影响，2016 年以来，北京地区 P2P 月投资人数增长趋缓，但仍处于高位，2016 年 7 月，投资人数 132.92 万人，而其他地区 P2P 7 月总的投资人数为 215.27 万人，北京地区投资者对 P2P 投资认可度更高（见图 3－120）[①]。

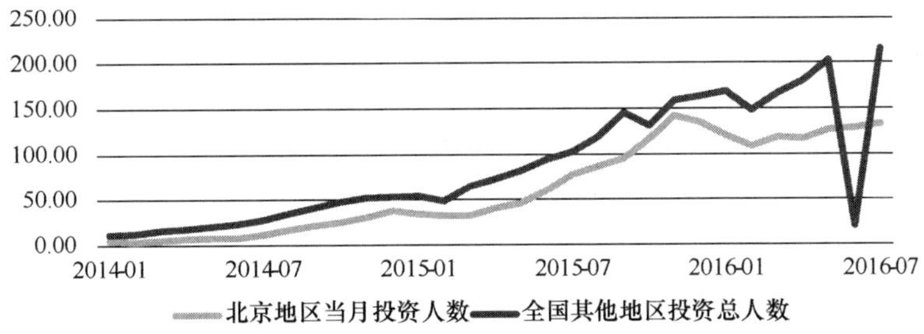

图 3－120　北京地区与全国其他地区 P2P 月投资人数（单位：万人）

数据来源：网贷之家。

北京地区 P2P 网贷投资余额持续高速增长，2016 年 7 月达到 2 616.44 亿元，同比增长 181.34%；7 月当月成交量达到 470.88 亿元，同比增长 93.21%（见图 3－121）。

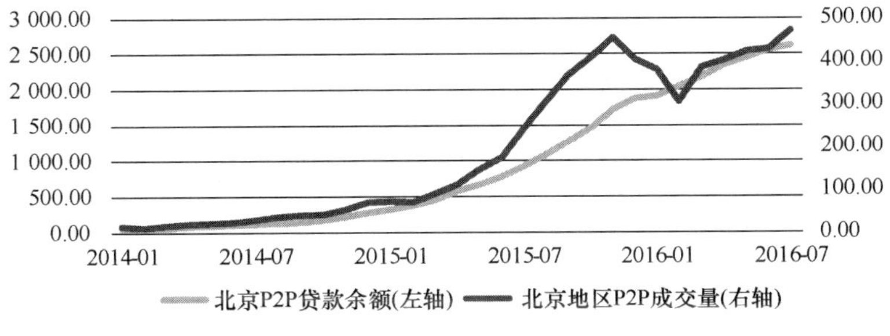

图 3－121　北京地区 P2P 网贷余额及成交量（单位：亿元）

数据来源：网贷之家。

---

① 数据来源：P2P 全国其他地区投资总人数根据全国 P2P 投资总人数、北京地区投资人数计算得到。

从地区横向对比来看，北京地区P2P投资余额规模最大，增长也最快，上海、广东、浙江等P2P相对较发达地区与北京地区P2P投资余额的差距不断拉大，北京P2P网贷投资余额已经大幅领先上海、广东、浙江地区。截至2016年7月，北京地区网贷投资余额已经是第二名上海投资余额的两倍以上（见图3－122）。

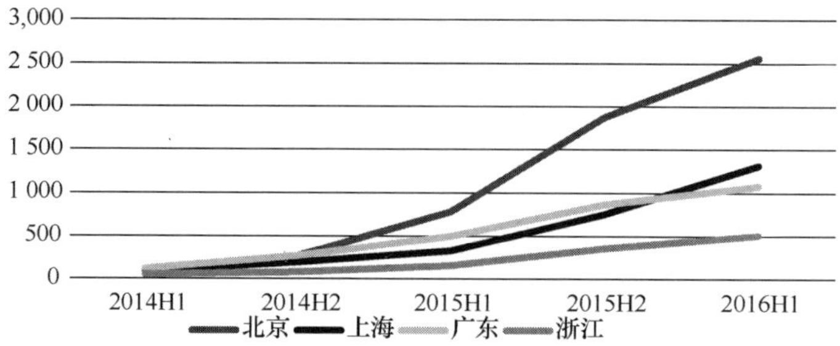

图3－122　各地区P2P网贷投资余额（单位：亿元）

数据来源：网贷之家。

②项目组抽样调查中P2P投资人数低，投资者获取投资的渠道和对P2P投资的认知是制约因素。抽样调查数据显示，受访群体中有368人（超过95%的比例）没有投资过P2P，而投资过的人数仅为19人，其中，15人投资额度在10万元以下，3人投资额度为11万～20万元，而超过21万元投资的只有一人，这反映了北京郊区居民可能缺乏相关渠道或者有效途径了解、认知P2P投资，也不了解如何进行P2P投资。对P2P网贷等新型投资理财方式缺乏认知，以及投资的快捷性、方便性可能是制约其发展的主要因素（见图3－123）。

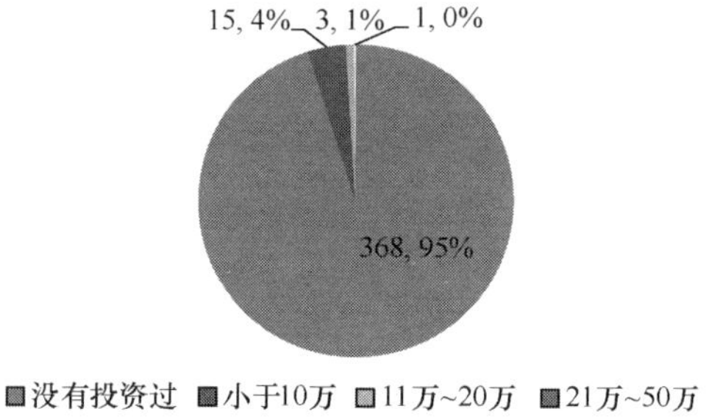

图3－123　抽样居民储蓄存款比例分布（单位：元）

数据来源：互联网普惠金融研究院问卷调研。

③P2P投资收益率高、期限短，受到北京地区广大投资者的追捧。2016年7月，北京地区P2P投资综合收益率为10.2%，

高于银行存款、储蓄国债、银行理财、信托等其他理财产品，也高于余额宝等互联网货币基金产品。期限方面，P2P 网贷投资期限较短，2016 年 7 月，北京地区 P2P 投资平均期限为 9.60 个月，全国投资平均期限是 8.18 个月，与储蓄存款、储蓄国债等相比，在流动性方面具有一定的优势（见图 3－124）。

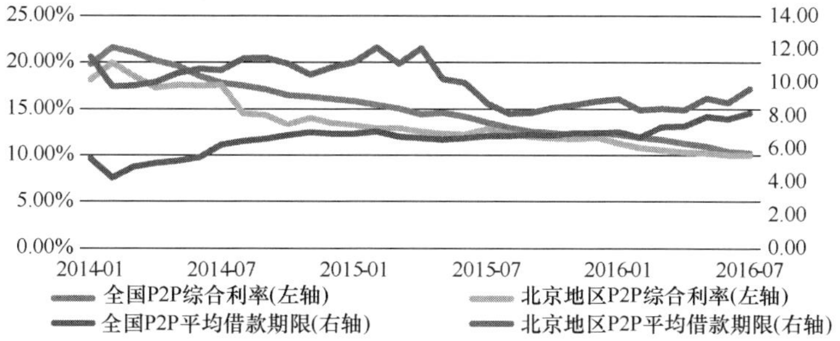

图 3－124　北京地区及全国 P2P 收益率及期限情况（右轴单位：年月）

数据来源：网贷之家。

④ P2P 网贷投资高收益的背后是投资风险上升，问题 P2P 平台在北京地区尤为突出。P2P 平台在高速发展的同时，风控能力、操作规范性以及相关监管却没有及时跟上，导致问题 P2P 平台数和 P2P 投资违约数剧增。而投资者在投资 P2P 时，往往只关注其较高的收益率，而忽视了它背后隐藏的风险，这可能给投资者带来极大损失。随着行业监管顶层设计的出台，为了规避政策、法律风险，P2P 网贷平台利率将下滑至合理区间。截至 2016 年 6 月，北京地区累计问题 P2P 平台达 120 家；从全国范围来看，2015 年新增 P2P 平台 1 054 家，全国累计问题平台数达 1 439 家，占总平台数的 33%（见图 3－125）。

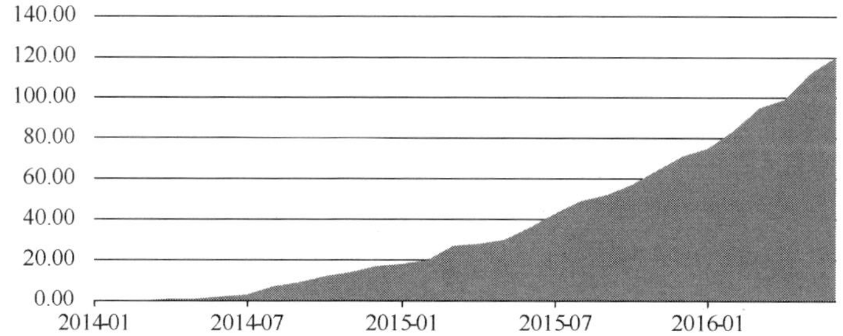

图 3－125　北京地区问题 P2P 累计数量

数据来源：网贷之家。

（三）普惠金融保险

前面我们主要分析了北京地区投资理财型金融产品的发展现状，在普惠金融需要解决的基本金融需求中，保险也是重要内容。

1. 总体情况

普惠金融涉及的保险分为人身保险和财产保险两个方面。人身保险主要是为普惠金融所关注的弱势人群提供医疗健康保障；财产保险则主要是为农民及小微企业提供生产保障，例如，为农民提供农产品价格变动的风险保障、自然灾害的风险保障，为小微企业及个体工商户提供贷款信用保障等（见表3－33）。

表3－33　普惠金融保险对象及典型产品

险种	对象	典型产品模式
人身保险	农村居民	共保联办
	社会弱势群体 （老人、贫困、大学生等）	暖心计划 老年人意外伤害保险 老年人住房反向抵押养老保险 居家养老服务综合保障保险 大学生村干部保险
财产保险	农业生产	生猪价格指数保险 政策性渔业养殖保险 果树树体保险
	企业信用	中小企业贷款履约保证保险 融资租赁履约保险 中小企业知识产权质押贷款保证保险

（1）北京市保费收入稳定上升，人身保险占比较高。2015年，北京市财产保险保费收入344.7亿元，占总收入的25%；人身保险保费收入1 059.2亿元，其中意外险收入37.7亿元，占总收入的3%；寿险收入778.2亿元，占总收入的55%；健康险收入243.3亿元，占总收入的17%。[①]（见表3－34和

① 数据来源：北京市保监局。

图3－126）。

表3－34　2013—2015年北京市保费收入　（单位：亿元）

	2013年	2014年	2015年
财产险保费收入	288	315	344.7
人身险保费收入	706.4	893	1 059.2

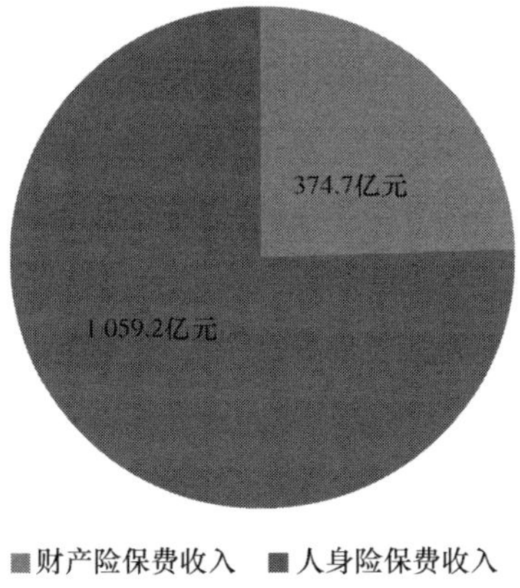

图3－126　2015年北京市保费收入情况

（2）人均保险费额、保险密度和保险深度均高于全国。从险种来看，相比其他地区，北京地区投保人更倾向于购买寿险与健康险。2015年，北京市保险密度达6 466.56元/人[①]，远远高于全国平均的1 766.49元/人，也大幅高于上海的4 659.07元/人。北京市在寿险及健康险上的保费收入明显高于其他地区；财产险、意外险则与其他地区相近。

2015年，北京市保险深度为6.11%[②]，高于全国平均的3.54%和上海的4.51%。北京市寿险、健康险的保险深度相对较高，财产险的保险深度与其他地区基本相近，意外险的保险深度低于上海（见图3－127和图3－128）[③]。

（3）保险覆盖率较高，农民主动购买保险产品的比例更少。调查显示，北京仅有19%的人没有买过保险产品，其中1/4的职业为农民，其他职业人数分布较均匀（见图3－129）。

---

① 保险密度是指按当地常住人口计算的人均保险费额。

② 保险深度是指该地区保费收入占地区GDP的比值，该指标反映了保险业在国民经济中的地位。

③ 数据来源：国家统计局、保监局。

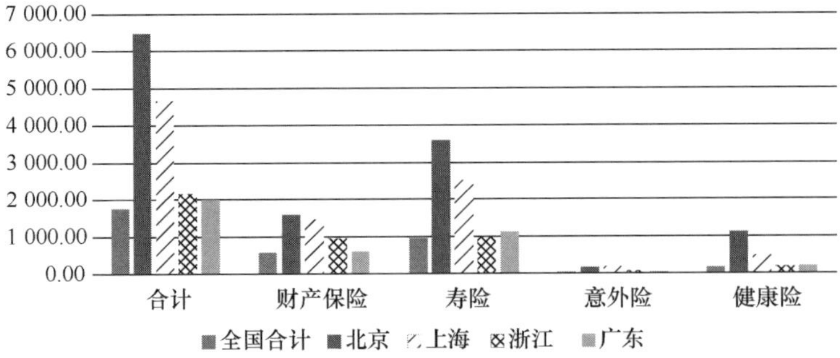

图 3-127　2015 年全国及部分地区保险密度（元/人）

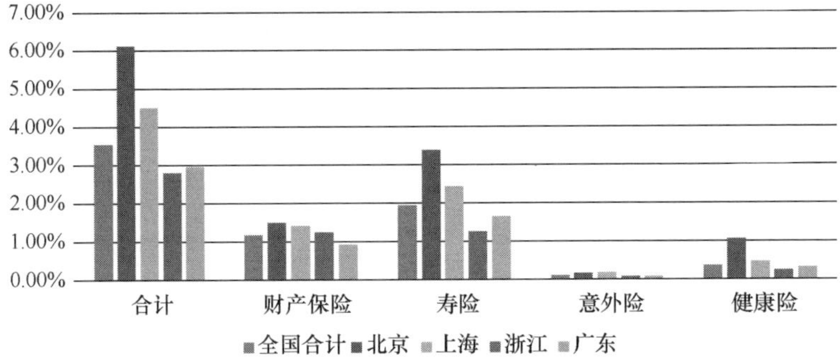

图 3-128　2015 全国及部分地区保险深度

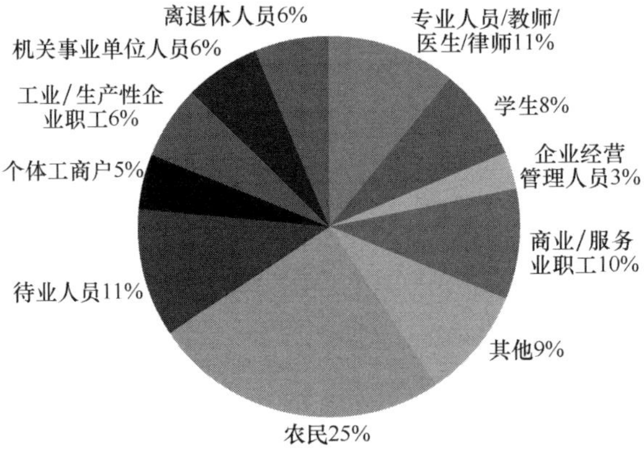

图 3-129　没有购买过保险的受访者职业分布

数据来源：项目组问卷调研。

2. 人身保险

人身保险是北京地区居民保险消费的主要内容，在保险消费中的占比在3/4左右。人身保险的种类主要有：寿险、健康险和人身意外伤害险。

（1）保费及赔付情况。人身保险保费收入、赔付支出额稳定增长。2015年，北京地区寿险保费收入778.2亿，健康险保费收入243.3亿元，人身意外伤害险37.7亿元，均保持稳定增长，其中，健康险增速最快。与保费收入情况相对应，2013—2015年，北京市人身保险赔付支出稳定增加。2015年，寿险赔付支出231.7亿元，健康险赔付支出56.8亿元，人身意外伤害险赔付支出11.5亿元（见图3－130）[①]。

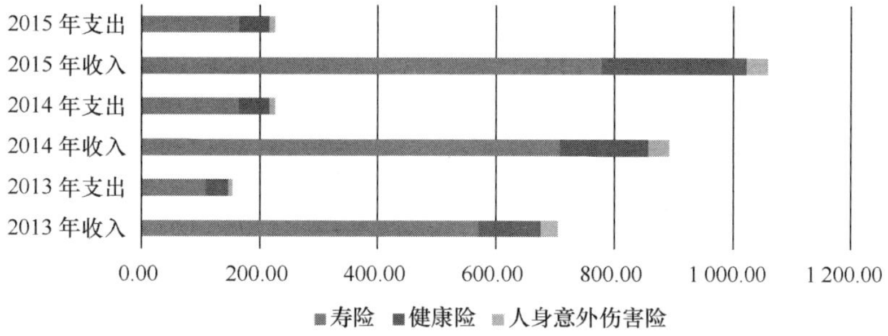

图3－130　2013—2015年北京市人身保险保费收入情况（单位：亿元）

（2）参保情况。人身保险覆盖率高，新农合覆盖率仍然有待提高，与城镇居民相比，农村居民购买的保险种类较为单一。据调查，438张有效问卷中，有313位受访者投保了人身相关保险（包括人身保险、社会保险、新农合、医疗保险等），占总人数的71.5%，占参加保险人数的83.7%（见图3－131）。

项目组在尤家坟及其周边地区调查的199位农村居民中，有76%的人参加了农村合作医疗保险，24%的人未投保该保险。未参加新农合的47人中，有23人未购买任何保险，其余24人购买了社会保险、医疗保险等保险产品。受访的239位城镇居民中，有41位居民未购买过任何保险，占总数的17%；127名受访者购买了社会保险或医疗保险，占总数的53%；其余71人购买了社会保险和医疗保险之外的其他商业保险，占总数的30%（见图3－132）。

① 数据来源：北京市保监局。

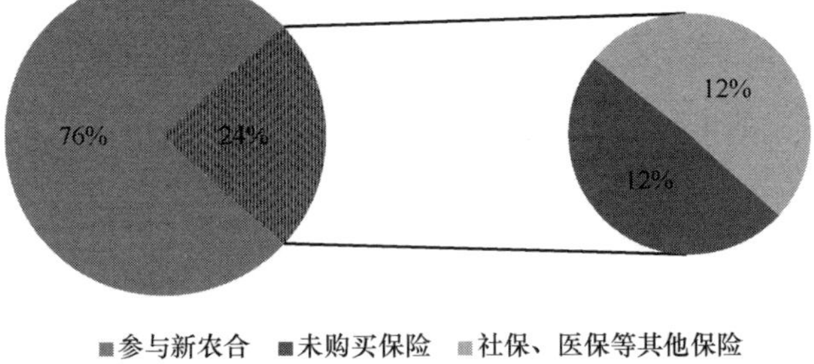

图 3－131　受访农村居民中参与新农合的比例

数据来源：项目组问卷调研。

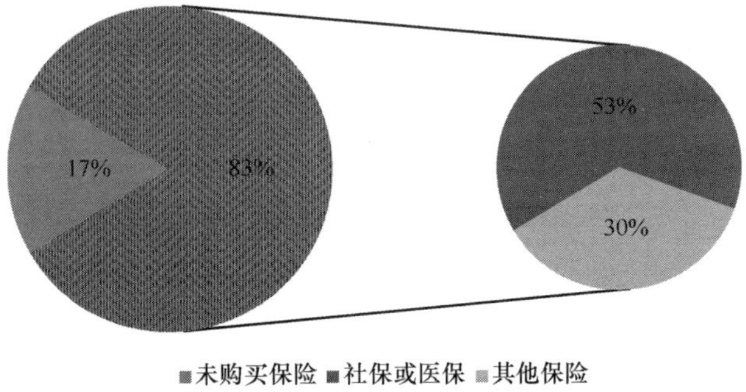

图 3－132　受访城镇居民购买保险情况

数据来源：项目组问卷调研。

（3）相关产品现状。商业保险公司与政府合作推行保障型保险产品，覆盖农村、医疗、失独家庭、老年人及贫困人口等多个维度。

①针对农民群体，“共保联办”逐步覆盖，商业保险公司与政府部门合作加深。2013 年，保险公司推行商业健康险，积极服务“新医改”，扩大新农合“共保联办”试点范围。其中，中国人民财产保险股份有限公司北京市分公司与人保健康险北京市分公司联手推出密云“新农合”项目。

2014 年，《北京市城乡居民大病保险试行办法》正式实施，“共保联办”模式复制到怀柔、大兴、顺义、门头沟、平谷、密云等区，覆盖北京市新农合参保人群的 51%。

②针对失独家庭群体，财政出资提供全覆盖的“暖心计划”。中国人寿保

险公司北京市分公司与北京市计生协合作开展“暖心计划”，为北京市失独家庭父母提供养老、疾病身故、意外伤残、意外身故、意外医疗伤害和女性重疾等多重保障。2014 年，北京市级财政出资 2 757 万元，为全市所有失独家庭投保“暖心计划”，涉及 5 200 户失独家庭，总人数 9 888 人，风险保额累计超过 9 亿元。2015 年 7 月 1 日开始，“暖心计划”进入第一轮养老金给付高峰，据估算，此轮给付中，约有 7 100 位符合条件的失独老人，每人可一次性领取三年合计养老金 8 700 元，全市领取资金总额约 6 177 万元。[①]

③针对老年人群体，推出多项保险产品，提供以下多种形式的支持保障：

一是老年人意外伤害保险。2013 年，中国人寿北京分公司与北京市民政局、财政局、老龄委合作，推出老年人意外伤害保险项目，为在京生活或工作的 50 ~ 60 周岁退休人员和 60 周岁以上的老年人提供意外伤害保险。仅 2013 年，中国人寿保险公司北京市分公司就受理这一项目理赔申请 1 583 件，给赔付款 382. 99 万元，其中，意外身故和残疾理赔 4 件，赔付金额 30 万元；意外伤害医疗理赔 1 579 件，赔付金额 352. 99 万元。

二是老年人住房反向抵押养老保险。2014 年，保监会发布《关于开展老年人住房反向抵押养老保险试点的指导意见》，北京为试点城市之一。截至 2015 年年底，参与试点的幸福人寿保险股份有限公司在各试点城市已与共 45 户家庭 62 位老人签订了投保意向书。完成承保手续的达 29 户 38 位老人，已开始领取养老金的老人 29 位；参保老人平均年龄 70. 5 岁，平均每户月领养老金8 465元。

三是居家养老服务综合保障保险。2014 年，中国太平洋财产保险股份有限公司北京分公司创新设计了居家养老服务综合保障保险，解决了老年人在享受惠老企业提供服务时发生的人身意外、财产损失、食品安全等风险。目前，投保单位涉及北京市 13 个区的 5 000 余家优秀养老服务商户，涵盖养老餐桌、托老所、社区居委会、社区医院、卫生所、餐饮企业、家政服务企业、维修行业及老年人心理健康咨询等行业。

四是居家养老失能护理互助保险。2016 年 7 月，北京市海淀区政府正式通过了《海淀区居家养老失能护理互助保险试点办法》，与人保寿险合作推出海淀区居家养老失能护理互助保险试点项目，一定程度上确保参保人可以得

① 数据来源：北京市卫生计生委。

到有效的养老保障。

④针对贫困人群，财政出资提供团体意外伤害保险保障。2013 年，中国人寿保险公司北京分公司在房山区成功签下北京市低保、低收入人群《国寿小额团体意外伤害保险》第一单。该保险是由财政全额出资，为低保及低收入人群投保的小额人身意外伤害保险，每人最高可得到 8 万元保险金补助。2014 年，共有 6. 8 万低保低收入人群的人身意外得到保障。

⑤针对大学生村干部群体，提供多方位的保险保障。2013 年，中国人寿保险股份有限公司北京分公司与北京市委组织部合作推进大学生村干部保险，为 4 000 余名大学生村干部提供了重大疾病和人生意外伤害综合保险。

3. 财产保险

相对而言，北京地区财产保险的占比不高，在 25% 左右，主要险种有农业保险、企业信用保险等。

（1）总体情况。目前，农业保险险种较多，基本覆盖可保的各类自然风险，市场秩序得到进一步规范；小微企业贷款风险保障能力提高，创新产品不断助力小微企业发展。

①政策性农业保险保费收入及赔付支出变化较大。2015 年上半年，北京市农业保险实现保费收入 4. 3 亿元，同比增长 44. 5%，参保农户 7. 4 万户次，提供风险保障 220. 4 亿元；赔款支出 2. 8 亿元，受益农户 4. 5 万户次。[①]

2014 年，农业保险保费收入 45 160. 11 万元，同比增加 29. 18%；赔款支出 42 901. 02 万元，同比增加 112. 55%（见图 3 – 133）。

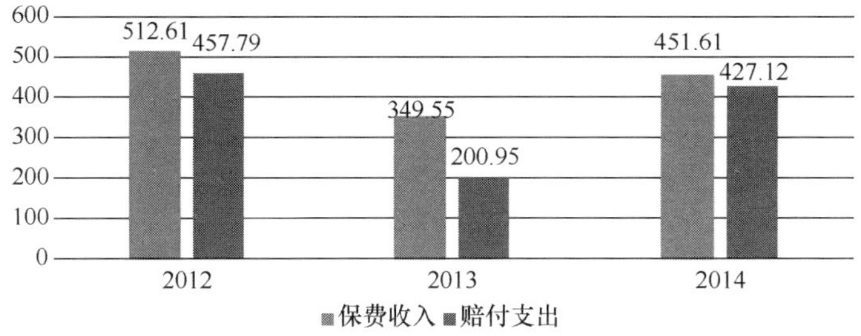

图 3 – 133　2012—2014 年北京市农业保险保费收入、赔款支出情况

① 数据来源：北京市保监局。

②农业保障能力提高。2014 年，北京市政策性农业保险公司数由 5 家增加到 7 家，保费收入 4.5 亿元，赔付支出 4.9 亿元，统颁险种类由 12 种增加到 23 种，保险标的范围不断扩大，保险责任逐步扩展，基本实现了可保自然风险全覆盖。2015 年，农业保险为农业的生产和发展提供保险保障 261.5 亿元，同比增长 10.6%。

（2）参保情况。政策性农业保险的参保数量有待提高。接受调查的 438 位有效受访者中，有 140 位农民，其中仅 12 人自己购买了农业保险，占受访者总人数的 3%，占农民人数的 8.6%（见图 3－134）。

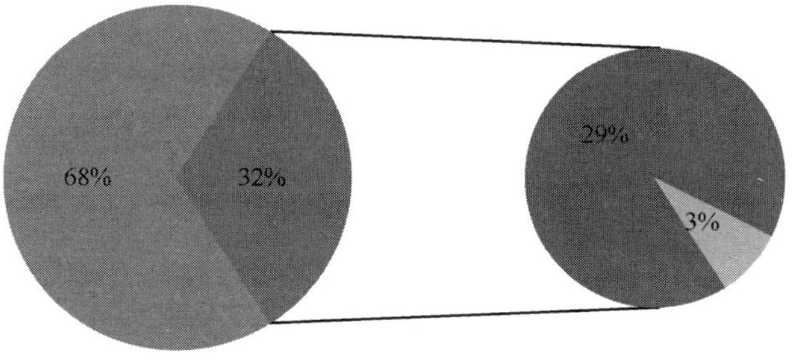

图 3－134　北京市农民购买农业保险占比

数据来源：项目组问卷调研。

（3）相关产品现状。具体表现如下：

①农业生产保障。农业生产保障保险已覆盖北京市各区和国有涉农企业，保险产品不断增多，险种标的基本覆盖各种农业产品及其衍生品，农业保险制度逐步健全（见表 3－35）。

目前，北京市开展政策性农业保险业务的保险公司有 7 家，分别是中国人民保险、太平洋保险、中华联合保险、中国太平、中国人寿财险、华农保险以及安华保险。

2013 年，中国人民财产险保险公司北京分公司在通州区永乐镇小务村签署了北京市首单政策性渔业养殖保险。

2014 年，中华联合财产保险股份有限公司北京分公司签订了北京市首单果树树体保险，月计划种植保险、平原造林树体保险被市农委确定为独家试点。通过引入卫星遥感、无人机勘察和 GPS 等技术，研发集 3S \ 3G、视频等技术于一体的“农险图”系统，产品实现了精确定位、信息采集和调度、移动端和中心端实时交互、快速勘察、在线定损，解决农险经营难题。截至 2015 年 7 月 31 日，开展果树树体保险的华农保险和中华保险共实现保费收入 696.64 万元，为农户提供了 19 396 万元的保险保障；赔款支出 615.24 万元，有效减轻了农户的经济损失。

2015 年，北京市保监局、北京市农委、北京市金融局联合下发的《关于在大兴区建立创新型“三农”保险示范区的试点意见》，以大兴为示范，建立健全涉农保险体制，提高保险能力及服务质量。

表 3-35　2016 年北京市政策性农业保险统颁险种

行业	标的	险种
种植业	粮食	1. 小麦种植保险　2. 玉米种植保险　3. 水稻种植保险 4. 豆类作物种植保险
	水果	5. 苹果种植保　6. 桃种植保险　7. 梨种植保险 8. 柿子种植保险　9. 樱桃种植保险　10. 枣种植保险 11. 葡萄种植保险　12. 杏种植保险　13. 西瓜种植保险
	其他	14. 露地蔬菜种植保险　15. 温室、大棚保险 16. 果树树体保险　17. 农机综合保险
养殖业	猪	18. 奶牛养殖保险条款　19. 能繁母猪养殖保险条款 20. 生猪养殖保险条款　21. 种猪养殖保险条款
	家禽	22. 肉鸡养殖保险　23. 肉鸭养殖保险
	渔业	24. 渔业养殖保险
价格保险	生猪价格指数保险	25. 人保生猪价格指数保险、太保生猪价格指数保险、安华生猪价格指数保险、中华生猪价格指数保险、华农生猪价格指数保险

②信用保障型保险。信用保障保险品种增多，质押物种类创新，各类保险平稳实施，缓解了小微企业融资难、融资贵问题。

2011 年，北京市海淀区政府与建行北京分行、浦发银行北京分行、华泰财产保险有限公司、中金保险经纪公司签署了海淀区科技中小企业履约保证保险贷款规模为 1 亿元授信的协议，服务小微企业发展。

2014 年，北京市各类保险公司创新推出中小企业知识产权质押贷款保证保险，首次引入保险机制，由保险公司接受无形资产作为质押物，以保证保险的形式承担商业银行的还款风险，保险公司承担有限保证责任，有效盘活中小企业自主知识产权。中国人民财产保险公司北京分公司等 3 家保险公司成为首批试点机构。支持融资保险 1 950 万元，承保客户数 5 898 个，累计为 28. 5 亿元消费贷款信用风险提供保险保障。

2015 年 1 月，保监会等五部委发布《关于大力发展信用保证保险服务和支持小微企业的指导意见》，要求充分运用中央和地方对小微企业信用保证保险支持政策，扩大保险覆盖面，发挥信用保证保险的融资增信功能，缓解小微企业融资难、融资贵问题。截至 2015 年年底，全国贷款保证保险支持小微企业及个人获得融资金额 1 015. 6 亿元，其中，有 25 个省区市开展小额贷款保证保险试点，共支持 12. 3 万家小微企业获得银行融资贷款 188. 6 亿元。[①]

（四）金融支付

1. 银行卡情况

在金融业务电子化普及的今天，借记卡和个人银行账户之间具有相当程度的近似性，借记卡完全可以替代银行账户。随着中国经济和金融市场化的发展以及社会保障体系的完善，特别是针对老年人和农村人口，养老保险、公积金、医疗保险、农村养老保险等的推进，普惠金融中的账户开立得到较好普及。鉴于数据收集方面的原因，银行卡使用全国数据。

截至 2015 年年末，全国银行卡在用发卡数为 54. 42 亿张，其中，借记卡在用发卡数 50. 10 亿张，信用卡在用发卡数 4. 32 亿张，全国人均持有银行卡 3. 99 张，其中，人均持有信用卡 0. 29 张。北京、上海的信用卡人均拥有量远高于全国平均水平，分别达到 1. 34 张和 1. 01 张（见图 3－135）。

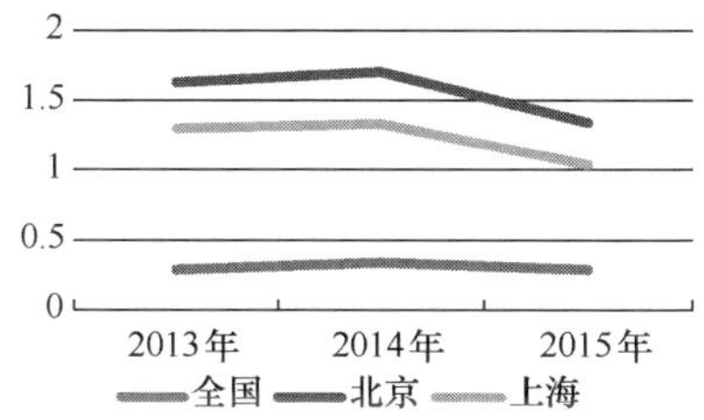

图 3－135　信用卡人均持卡量变化趋势（单位：张）

数据来源：支付清算报告。

从银行卡交易业务规模来看，2015 年，全国共发生银行卡交易 852. 29 亿笔，金额达 669. 82 万亿元。在银行卡

①　数据来源：中国经济网。

消费业务方面，2015 年，全国银行卡卡均消费金额 10 106 元，笔均消费金额 1 894 元，银行卡渗透率为 47.96%（见图 3－136）。

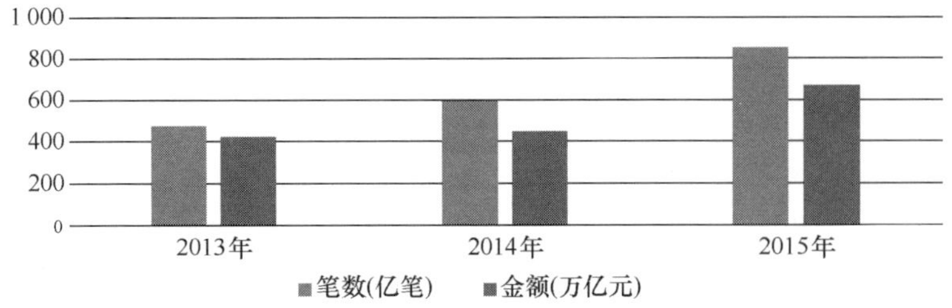

图 3－136　全国银行卡交易笔数及金额变化趋势

2. 支付受理环境

北京地区银行卡联网商户数量保持快速增长，且增速加快。2014 年年末，北京累计发展银行卡联网商户 49.52 万户，同比增长 31.39%（见图 3－137）。

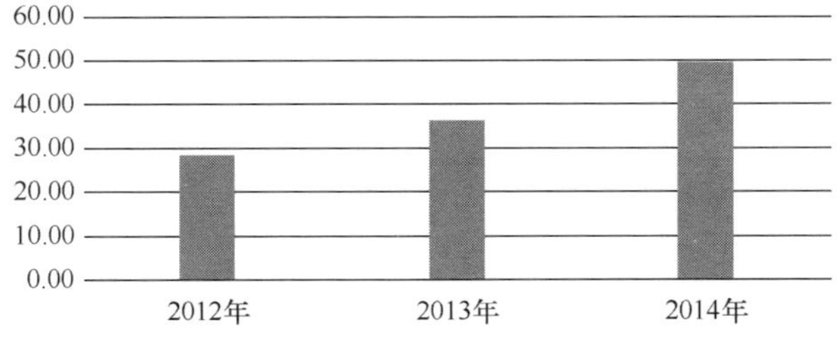

图 3－137　北京地区联网商户数量变化（2012—2014 年）（单位：万户）

数据来源：北京金融年鉴。

POS 机具成为重要的支付渠道，机具数量和增速都保持快速增长。2014 年，累计安装 POS 机具 51.17 万台，同比增长 20.83%；2014 年，累计安装 ATM 机具 46.90 万台，同比增长 10.77%。按照北京常住人口计算，2014 年年底，每百人拥有 POS 机具达到 2.3 个（见图 3－138）。

同期全国累计安装 POS 机具 1 593.5 万台，百人拥有量为 1.16 个。

ATM 机具持续增长，但增速明显变缓。2014 年，北京地区累计安装 ATM 机具 2.19 万台，同比增长 4.29%，万人拥有量为 10 台。同期全国累计安装 ATM 机具 61.49 万台，万人拥有量为 4.5 台（见图 3－139）。

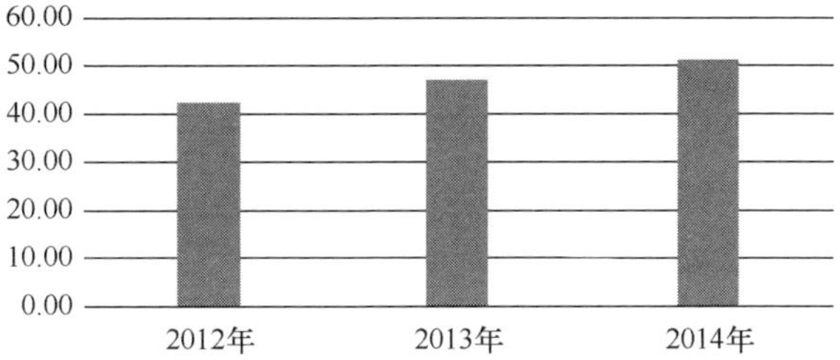

图3－138　北京地区POS机具数量变化（单位：万台）

数据来源：北京金融年鉴。

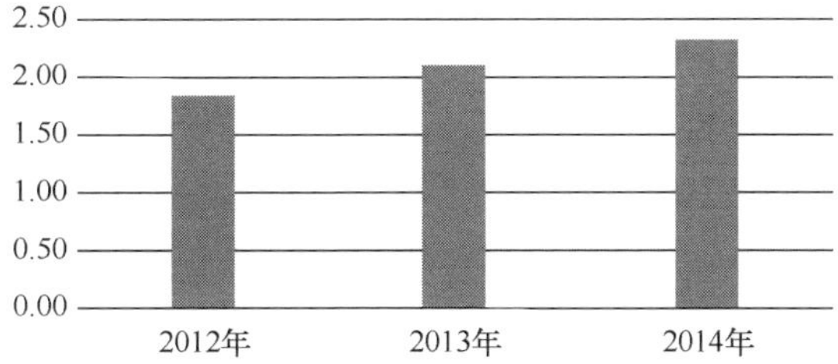

图3－139　北京地区ATM机具数量变化（单位：万台）

数据来源：北京金融年鉴。

3. 跨行支付清算

支付结算规模快速增长，超级网银业务进入高速增长期，而小额支付系统交易呈现小型化特征。

根据中国人民银行的数据①，2015年，北京地区人行清算笔数达10.69亿笔，支付结算规模达520万亿元，同比增长56%。大额支付系统占比达到98%，从交易笔数上看，超级网银占绝对份额，达到93%。

从与普惠金融关系密切的小额交易来看，2015年，北京地区小额支付系统发生业务0.46亿笔，同比增长20%，支付结算规模0.92万亿元，同比下降6%，平均每笔交易2万元；超级网银业务笔数9.99亿笔，同比增长68%，支付结算规模9.04万亿元，同比增长40%，平均每笔交易0.91万元（见图3－140）。

从地区数据来看，北京远高于天津、河北，首都中心优势明显。根据中

① 数据来源：中国人民银行北京管理部，涵盖大额支付、小额支付、超级网银和支付影响交易数据，且收付款双方都是北京。

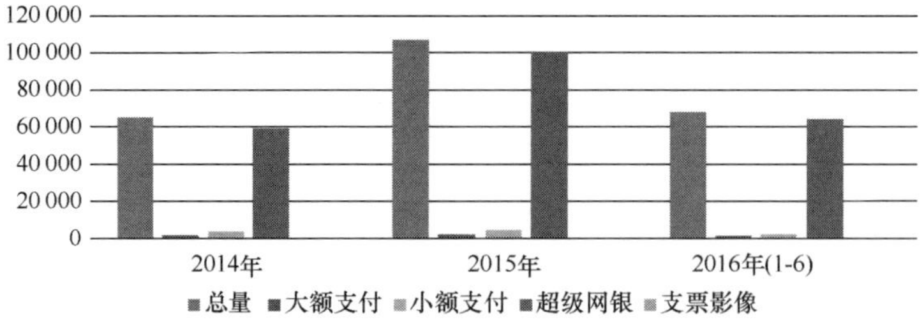

图 3－140 跨行支付清算笔数（单位：万笔）

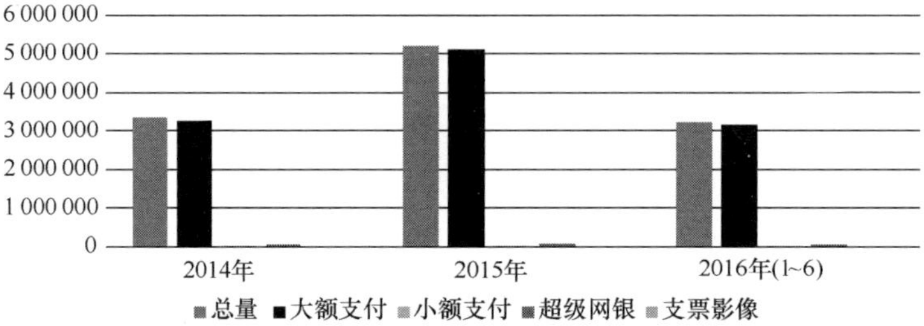

图 3－141 跨行支付清算金额（单位：亿元）

国人民银行统计的银行间跨行支付数据①，2015 年，北京地区支付交易笔数 16.58 亿笔，是天津的 15.31 倍，河北的 7.66 倍；2015 年交易金额 753.71 万亿元，是天津的 9.71 倍，河北的 7.44 倍，虽然有各商业银行总行交易因素的影响，但北京的优势依然明显（见图 3－142 和图 3－143）。

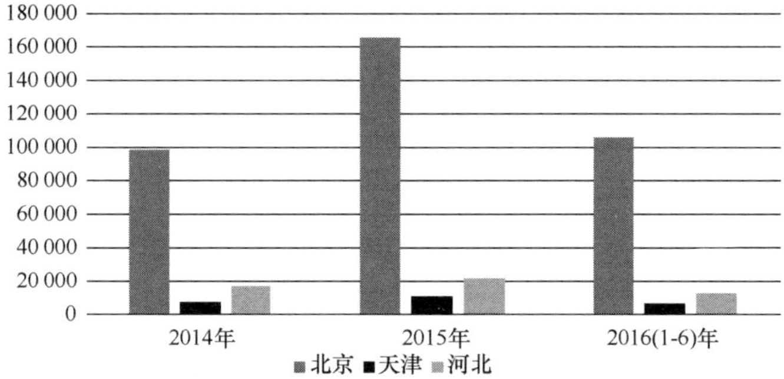

图 3－142 部分地区人行跨行支付业务笔数对比（单位：万笔）

① 数据来源：中国人民银行北京管理部，包括涵盖大额支付、小额支付、超级网银和支付影像交易数据，且收付款一方或双方都是北京。

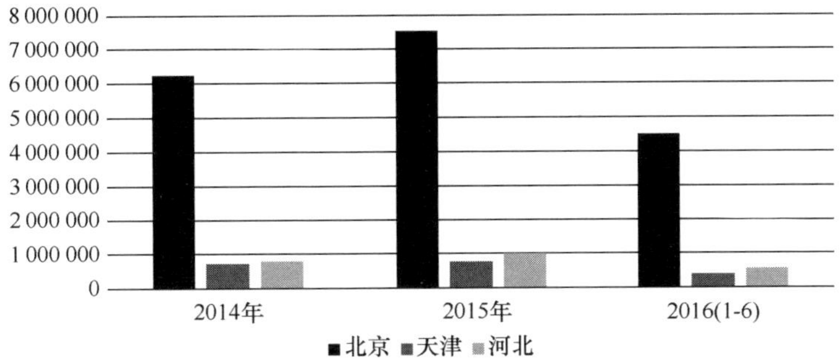

图 3－143　部分地区人行跨行支付交易金额对比（单位：亿元）

4. 非银行支付情况

根据《北京金融年鉴 2015》，2014 年，北京市发生电子支付交易 19.03 亿笔，同比增长 19.13%，回落 27.79 个百分点；交易金额 240.88 万亿元，同比增长 64.27%，比上年提高 42.32 个百分点。

根据中国人民银行数据，2016 年一季度，北京有 30 家公司提供第三方互联网支付服务，交易笔数共计 51 486.54 万笔，其中，市场份额排名前五的公司是天翼电子商务、易宝支付、百付宝、网银在线（北京）、汇元银通（北京）。在移动支付方面，北京有 12 家公司提供服务，交易笔数共计 31 441.08 万笔，其中，市场份额排名前五的公司是天翼电子商务、网银在线（北京）、易智付（北京）、易宝支付、联动优势。在预付卡发行方面，北京有 25 家公司提供服务，交易笔数共计 3 988.05 万笔，其中，市场份额排名前四的公司是天翼电子商务、汇元银通（北京）、市政交通一卡通、联通支付。在银行卡收单方面，北京有 15 家银行提供发单服务，交易笔数共计 25 847.64 万笔，其中，市场份额排名前五的公司是拉卡拉、随行付、银联、和融通、海科融通（见图 3－144）。

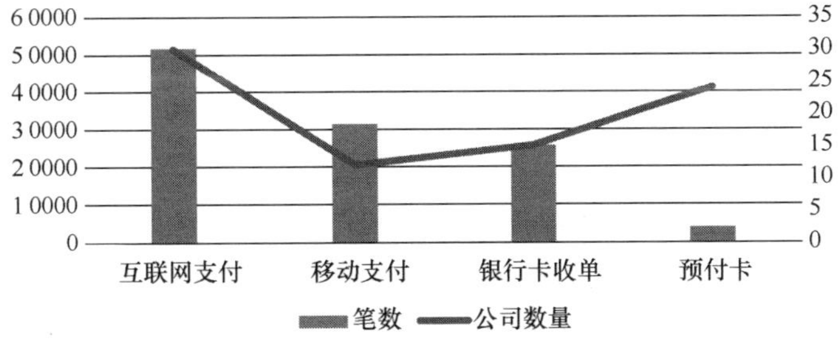

图 3－144　2016 年一季度非银行支付交易笔数

5. 调研情况

项目组在北京各区和商业中心发放500份调研问卷，了解北京市居民各种支付渠道的使用情况。

（1）调查结果显示，农村居民各种支付渠道的使用频率远低于城镇居民，物理设施仍是农村居民的主要渠道，电子银行、第三方支付已经成为城镇社区居民的重要支付选择。

（2）便利程度是居民使用物理渠道的重要约束。农村居民中，有55%每月使用物理网点的频率小于1次，近1/3的农村居民每月去1~2次银行，只有12%的农村居民每月使用3次以上。社区居民中，每月使用物理网点频率小于一次的比例只有21%，43%的居民每月使用物理网点超过3次（见图3-145）。

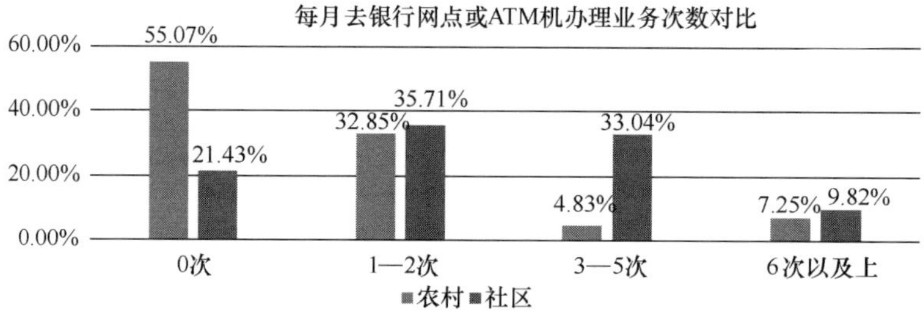

图3-145　物理渠道使用频率对比

数据来源：项目组问卷调研。

（3）熟知程度是电子银行渠道使用的重要约束。作为能够提供7×24小时服务的电子银行支付业务，高达85.51%的村民和44.64%的社区居民每周使用频率小于一次或根本没有使用过网上银行或手机银行。25%的社区居民每周至少使用一次，而有30%的社区居民使用频率超过3次（见图3-146）。

（4）第三方支付的使用情况略好于电子银行。农村居民第三方支付每月使用频率超过1次的人数达到22%，高于电子银行的14%，每月使用次数超过3次的达到15%；社区居民每月使用次数少于1次的只有24%，和使用物理设施的情况相当，每月使用10次以上的则占到了30%。第三方支付已经成为社区居民的主要支付通道（见图3-147）。

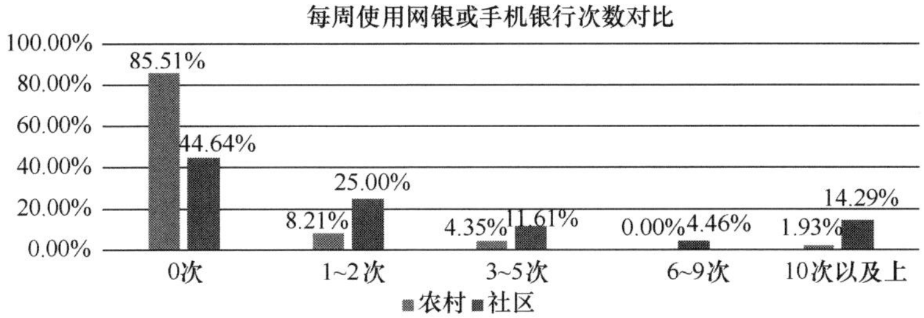

图3－146　电子银行渠道使用频率对比

数据来源：项目组问卷调研。

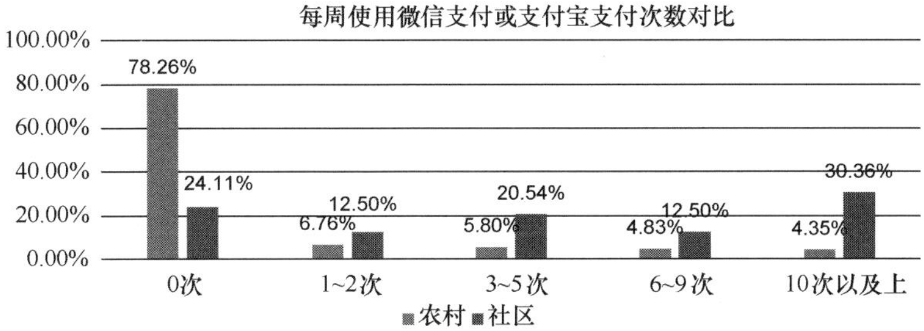

图3－147　第三方支付使用频率对比

数据来源：项目组问卷调研。

（五）普惠金融产品及创新

广义上讲，普惠金融应该包括所有金融产品，但由于其更强调公平性和服务弱势群体，普惠金融产品应更侧重那些对普通大众具有适用性、门槛低的金融产品。

与所有金融产品一样，普惠金融产品可以分为理财类产品、融资类产品、保险类产品和支付类产品。

1. 理财类产品

理财类产品逐渐形成多层次、多维度的产品框架，但在满足投资者不同风险偏好、不同投资金额的需求满足方面仍显不足。

理财类产品是金融机构从满足投资者保值增值的角度设计的金融产品。经过多年的发展，理财类产品逐步形成了多层次、多维度的产品框架，如表3－32所示。表中列出的各类投资类产品，按照自上而下的顺序，风险逐渐增大，对投资者识别风险能力的要求越来越高，对投资者资金要求的门槛也越来越高，与普惠金融的相关性也越来越弱。理财类产品特征见表 3－36。

表 3－36 理财类产品特征表

投资类产品	二级分类	特点
国债	—	信用度最高，收益低，投资风险 最小期限：1～15 年；门槛：一般最低 1 000 元
银行储蓄	活期	收益最低，风险低，流动性高 门槛：1 元起存
	定期	收益：略低于国债；风险：50 万以内全额赔付 期限：3 个月～5 年；门槛：50 元起存
	大额存单	收益：略高于定存低于国债；风险：50 万以内全额赔付 期限：1 个月～5 年；门槛：30 万元
银行理财	债券型理财产品	收益低，风险低 期限：从几天到一年不等；门槛：最低 5 万元
	信托型理财产品	收益中，风险中等 期限：从几天到一年不等；门槛：最低 5 万元
	结构性产品	收益中，一般能保本，风险中等 期限：从几天到一年不等；门槛：最低 5 万元
	QDⅡ型理财产品	收益差别大，风险高 期限：从几天到一年不等；门槛：最低 5 万元
其他投资类产品	保险理财	收益低，风险低，一般十年以后回本 门槛：最低几百
	基金	收益较高（一般低于股票），风险较高（一般低于股票） 期限：赎回后 3～11 天；门槛：一般大于 100
	信托	收益高于理财产品，有一定风险 期限：一般 1～2 年；门槛：一般 100 万人民币起
	资管	收益略高于信托，有一定风险 期限：一般 1～2 年；门槛：100 万元
	私募	收益高，风险高 期限：封闭期一般半年到一年；门槛：最低 100 万元
	股票	高收益，高风险，非跌停板情况下 T＋1 门槛：最低 100 股

随着金融市场化改革的进程推进，金融机构的类型越来越多，金融体系也越来越完善，相应的产品种类和数量也逐渐丰富。从2013年开始，信托业务开始迅猛发展，近几年万能险也大量发售。金融机构还努力寻求互联网和金融业务的结合，在余额宝的刺激下，类货币市场基金业务迅猛发展，金融机构以直销银行模式，通过开发APP，纷纷推出T+0型的“XX宝”产品。同时，利用直销银行，提供收益率更高的专门在网上销售和购买的理财产品。信托、资管、证券、基金和保险等金融机构也纷纷通过APP和网络平台模式，弥补渠道不足的缺陷。通过和互联网技术的结合，理财类产品的可获得性大幅增加，网点渠道等物理因素已经不是障碍。

从目前状况看，理财类产品的供给和创新问题，主要表现为不同风险程度、不同利率水平以及不同准入门槛的产品提供不足，消费者选择空间有限。

2. 融资类产品

融资类产品不断创新一直在推进，但提供小额融资产品的金额在下降，在向中小企业和弱势群体居民下沉方面，产品类型和产品数量的供给和需求之间的缺口仍然很大，许多金融机构银行都没有针对特定弱势群体的融资类金融产品。

融资类产品是普惠金融发展的核心。近些年来，随着互联网金融的发展与我国对普惠金融的重视程度不断提高，普惠金融的产品创新主要表现为针对小微企业、高校毕业生、农户、特殊群体以及精准扶贫对象的融资。

（1）政策性银行的产品业务。我国设立政策性银行的目的是为了配合我国政府社会经济政策或意图，在特定的业务领域内，直接或间接地从事政策性融资活动。所以，在普惠金融相关领域，政策性银行主要表现为对中小微企业的扶持，配合国家执行“三农”、扶贫等相关政策。三大政策性银行针对个人的业务很少，仅有的个人业务是助学贷款。而在与普惠金融相关的对公产品业务方面，政策性银行主要表现在“三农”、棚改与扶贫等领域，主要是通过银行与政府机构、大型国有企业与社会组织合作来实现。政策性银行近年来的产品创新如表3-37所示。

表 3－37　政策性银行的典型产品

银行名称	个人产品	企业产品	“三农”、扶贫及其他
国家开发银行	助学贷款：生源地助学贷款、高校助学贷款	中小企业贷款：重点支持扶贫、养老、创新创业和“三农”等领域。 典型产品：小贷信用星，仓储辣椒抵押贷款，IPC 微贷	棚改贷款，扶贫贷款 典型业务：菜篮子三保障
中国农业发展银行	—	涉农企业贷款	易地扶贫搬迁项目贷款、棚户区改造贷款 涉农企业贷款：农业综合开发贷款业务，农民集中住房建设贷款业务，农业科技贷款业务，农村土地流转及规模经营贷款业务，产业化龙头企业贷款业务和其他涉农企业相关贷款业务。
中国进出口银行	—	—	农产品出口卖方信贷

①国家开发银行。国开行的产品主要集中在保障性安居工程、中小企业以及助学贷款等方面。助学贷款方面，推出生源地助学贷款、高校助学贷款两种产品；中小企业贷款方面，重点支持扶贫开发、养老服务、创新创业和“三农”等领域。典型创新案例是四川郫县豆瓣企业贷款项目，创新了以企业储椒池内的辣椒作为抵押物的模式，支持四川郫县豆瓣产业发展；2012 年推出首个银政保合作机制“小贷信用星”无抵押贷款行动计划；2005 年，国开行推动包商银行引入了德国 IPC 微贷技术。“三农”方面，国开行重点推动与首农集团的“菜篮子三保障”合作协议。棚改贷款和扶贫贷款产品，则按照央行货币政策，提供成本低廉的信贷支持。

• 典型产品：仓储辣椒抵押贷款、小贷信用星、菜篮子三保障、IPC 技术。

• 创新点：拓宽抵押物类型、银企合作、技术引入。

②中国农业发展银行。农发行的产品主要是涉农信贷业务，覆盖农村路

网、住房、人居环境建设、农业科技企业贷款、土地流转、生产与加工等方面，支持众多农民合作社，也对国家的种业、农机、灌溉等领域科技成果进行了有力的推广。此外，还包括易地扶贫搬迁项目贷款业务、棚户区改造贷款业务等。

• 典型产品：易地扶贫搬迁项目贷款、棚户区改造贷款、农业综合开发贷款、农民集中住房建设贷款、农业科技贷款、农村土地流转及规模经营贷款、产业化龙头企业贷款。

• 创新点：细化农贷产品、丰富抵押物类型、支持特定服务。

③中国进出口银行。支持小微企业方面，中国进出口银行在信贷模式、合作主体、金融服务与信贷制度上做出创新：模式上，在小微企业统借统还贷款模式的基础上增加“自借统保”“统保代管”等模式，支持小微企业“走出去”；合作主体上，坚持政府引导原则，充分借助政府组织、担保公司、银行、担保基金增信和信息聚集的功能，帮助小微企业发展；金融服务上，对贷款业务品种进行整合，提供“全方位、全产品、全流程”金融服务；在信贷制度上，建立小微企业信贷审批“绿色通道”，提高工作效率。

• 典型产品：农产品出口卖方信贷。

• 创新点：融资方式创新、多方合作创新。

（2）商业银行的个人融资产品。商业银行的个人信贷业务包括个人住房贷款、个人汽车贷款、个人消费信贷、个人经营贷款、个人助学贷款以及文化、教育等其他个人贷款。

一般来说，银行会在传统业务基础上，打造特色的创新产品，并给产品起一个新名字，既与传统业务作区分，也便于更好地推广营销。

项目组选择了 9 家商业银行的 47 款产品进行分析，其中个人消费信贷有 24 款产品，多为信用担保方式，产品改进或创新的地方主要表现在贷款申请、放款、还款的流程优化上；个人经营性贷款有 12 款，多为抵质押贷款，产品改进或创新除了优化流程，还体现在抵质押方式上。

表 3 - 38 是商业银行的个人特色贷款产品，一般每个银行都有 1 ~ 5 个有特色的主打产品。

表 3-38 部分商业银行与普惠金融相关个人特色贷款产品

银行名称	个人消费信贷	个人经营性贷款	其他个人信贷产品
中国工商银行	逸贷	—	卡贷通、网贷通
中国农业银行	随薪贷、消费保捷贷、留学贷	旺铺贷	置换式住房贷款、卡捷贷、存贷通、气球贷
中国银行	中银 E 贷、工薪贷、随借随还自助通、留学贷、惠教育	益农贷	双享贷
中国建设银行	家装贷、下岗失业人员小额担保贷款、学易贷	财富贷、和兴贷	快贷、组合贷、合力贷
交通银行	e 贷通、e 贷通 2.0	POS 贷、沃易贷、快捷抵押贷、个人经营性物业抵押贷款、下岗失业小额担保贷款、个人小型设备贷款	—
中国民生银行	公喜贷、薪喜贷、房喜贷、社保贷、税喜贷、月供贷、配套车位贷款	(归属小微金融产品)	—
北京银行	金贷宝、及时贷	短贷宝	循环金库
北京农商银行	—	快捷贷	—
中国邮政储蓄银行	个人留学贷款与个人旅游贷款	—	—

①中国工商银行。工行在个人信贷领域推出幸福贷款品牌，涵盖个人住房贷款、个人消费贷款、个人经营贷款三大类 20 多款产品。其中最有特色的产品是“逸贷”消费信贷产品和通过网上银行或手机银行拓宽服务渠道的“卡贷通”“网贷通”。

- 典型产品：幸福贷款品牌、逸贷、卡贷通、网贷通。
- 创新点：服务渠道。

②中国农业银行。农行的个人贷款产品包括安居好时贷系列、消费好时

贷系列、创业好时贷系列与特色贷款业务，即住房贷款、消费贷款、创业贷款与其他贷款四个部分，其中有特色的产品有10余款。农行在消费贷款方面重点推出“随薪贷”产品；创业贷款方面推出“旺铺贷”产品；在“三农”业务部分，推出面向农户个人的贷款产品，这些将在商业银行的“三农”产品部分具体阐述。

• 典型产品：置换式住房贷款、随薪贷、消费保捷贷、留学贷、旺铺贷、卡捷贷、存贷通、气球贷。

• 创新点：抵押模式、还款模式、服务对象。

③中国银行。中行在个人金融贷款方面根据对象、贷款目的的不同，提供20多款产品，主打产品有“中银E贷”（即个人网络消费贷款）、理想之家系列的双享贷和留学贷和惠民系列的“惠教育”系列产品。其中，“惠教育”系列产品包括“国家助学贷款”“校园卡”“普通高中学生资助卡”“中职学生资助卡”“出国留学金融”等。根据还款方式，中行推出“随借随还自助通”；根据贷款对象不同，推出“工薪贷”与“益农贷”两款产品。

• 典型产品：中银E贷、理想之家系列（双享贷、留学贷）、惠民金融系列（惠教育）、随借随还自助通、工薪贷、益农贷。

• 创新点：服务内容、服务对象。

④中国建设银行。建行的个人贷款产品包括快速贷款、住房贷款、消费类贷款与经营类贷款四个系列。“快贷”是建行的主打产品，主要特点是通过网上渠道进行审批，其他特色产品包括住房贷款的组合贷和合力贷，消费类贷款的下岗失业人员小额担保贷款、学易贷、家装贷，以及个人助业贷款的财富贷、和兴贷等。

• 典型产品：快贷、组合贷、合力贷、下岗失业人员小额担保贷款、学易贷、家装贷、财富贷、和兴贷。

• 创新点：服务渠道、借款对象、借款目的、借款对象。

⑤交通银行。交行的个人贷款产品包括消费贷款、住房贷款、质押贷款、商业用房贷款与经营性贷款五个系列。消费贷款的主打产品是“e贷通”与“e贷通2.0”，经营性贷款部分提供的特色产品是快捷抵押贷、POS贷、沃易贷、个人经营性物业抵押贷款、下岗失业小额担保贷款、个人小型设备贷款等。

• 典型产品：e 贷通、e 贷通 2.0、快捷抵押贷、POS 贷、沃易贷、个人经营性物业抵押贷款、下岗失业小额担保贷款、个人小型设备贷款。

• 创新点：抵押物、贷款目的、服务对象。

⑥中国民生银行。民生银行的个人贷款产品包括房屋按揭贷款、汽车消费贷款、家庭综合消费贷款与消费微贷四个系列。消费微贷系列产品有 7 种，颇具特色，民生银行在 2014 年对消费微贷产品重启创新，银行可以基于个人所得税、社保缴费、公积金缴存、电话费、银联交易数据、日常水电缴费等大数据来审批个人消费信贷申请，产品包括“公喜贷”“薪喜贷”“房喜贷”“月供贷”“社保贷”与“税喜贷”等；房屋按揭贷款系列推出“配套车位贷款”。

• 典型产品：公喜贷、薪喜贷、房喜贷、月供贷、社保贷、税喜贷、配套车位贷款。

• 创新点：服务对象、还款方式、借款用途。

⑦北京银行。北京银行的个人贷款产品分为住房贷款和消费贷款两个系列，并在此基础上，推出针对个体工商户和中小企业的个人经营性贷款主打产品“短贷宝”；期限创新方面，推出个人循环贷款“循环金库”；针对优质客户的随借随还产品“及时贷”；与北京市住房贷款担保中心合作，针对公积金缴存人群，推出借款用途广泛的“金贷宝”。

• 典型产品：短贷宝、循环金库、及时贷、金贷宝。

• 创新点：服务对象、借款期限、合作方式。

⑧北京农商银行。在个人贷款方面，北京农商行的产品包括经营贷款、综合消费贷款、住房贷款、质押贷款等四个系列，其中经营贷款“快捷贷”是主打产品。此外，还有一些面向农户的个人贷款产品，这些将在商业银行的“三农”产品部分具体阐述。

• 典型产品：快捷贷。

• 创新点：服务农户。

⑨邮储银行。邮储个人贷款业务包括个人经营性贷款、个人消费贷款两个系列产品。个人消费贷款特色产品有个人留学贷款与个人旅游贷款。

• 典型产品：个人留学贷款、个人旅游贷款。

• 创新点：借款用途。

（3）商业银行的企业融资产品。商业银行的中小微企业融资业务的创新之处，表现在针对企业的特定类型如科技创投企业、电商平台企业、代理门店的联通签约代理企业等，推出特定产品；同时在抵质押物上的创新担保方式，比如以与政府合作产生的风险补偿资金共同作为增信手段、根据税务机关记录的企业真实涉税数据作为风控手段、以小微企业提供的应收账款为抵质押物等。根据创新方式，融资产品主要以按照发放对象与按照担保方式来命名，其他融资产品的命名方式还包括以发放目的、发放途径等。

项目组对 9 家商业银行 73 款产品的分析发现，针对特定对象的产品有 33 款，抵质押方式创新的产品有 18 款。商业银行会根据企业的类型与发展周期的不同，为企业多样化的融资与相关需求提供有针对性的金融产品，一般每个银行都有 3 ~ 10 个有特色的主打产品。见表 3 – 39。

表 3 – 39　部分银行典型企业融资产品

银行名称	主打（按特定对象）	按担保方式	其他融资产品
中国工商银行	小微商户逸贷公司卡	银政通（互助保证金）	易融通、网贷通
中国农业银行	科创贷，瞪羚贷，政采贷、银票通	账盈通	简式贷，智动贷，连贷通
中国银行（中小企业）	中银创业通宝，中银助业通宝，中银展业通宝	—	快易贷、中银网络通宝
中国建设银行	资贷通，小额贷，税易贷，POS 贷，善融贷，创业贷	助保贷，供应贷，商盟贷，租贷通，诚贷通，速贷通，快捷贷	置业贷、政府采购贷、影视贷、结算透
交通银行	税融通，沃易贷，优贷通、科贷通、惠农通	—	投融通、供应链金融、政府采购一站通、文化创意企业贷款
中国民生银行	小微贷款	网乐贷	商链通（代表是 E 押贷），云快贷
北京银行	助业贷、富业贷、创业贷、转业贷、订单贷款、商圈贷款，瞪羚计划贷款、文创普惠贷，成长贷	知识产权质押贷款、供应链融资产品、股权质押贷款	集成电路设计贷款、文艺演出贷款、广告会展贷款、普惠宝，创业宝

续表

银行名称	主打（按特定对象）	按担保方式	其他融资产品
北京农商银行	医药通	中关村科信通，中关村科保通，中关村科抵通，租金贷	—
中国邮政储蓄银行	税贷通，转期贷，科技贷	增信贷	—

①中国工商银行。工行小企业贷款产品包括小企业周转贷款、小企业循环贷款、小企业网络融资、小企业贸易融资、经营型物业贷款、标准厂房按揭贷款、小微企业财智账户卡透支贷款、小微企业“银政通”等，额度最高可达3 000万元。基于网络渠道创新的小微网络融资产品有网贷通、易融通。小微商户逸贷公司卡是一款以商户稳定的POS刷卡收单收入为还款保障的无担保无抵押小额信用贷款产品。

• 典型产品：银证通、网贷通、易融通、小微商户逸贷公司卡。

• 创新点：服务渠道、增信方式、担保方式。

②中国农业银行。农行小微产品分为两类：面向全国的和面向北京的。全国性产品包括简式贷、工商物业贷、县域中小企业动产质押融资业务和中小企业产业集群多户联保信贷业务等。根据特定小微企业对象与相应需求，农行还推出了“账盈通”“智动贷”“连贷通”“科创贷”“银票通”等产品，最高额度可达3 000万元。农行面向北京的特色产品中，政采贷与瞪羚贷两款产品最有特色，其中政采贷是面向有政府采购合同企业的贷款；瞪羚贷是面向中关村瞪羚计划名单企业的贷款。

• 典型产品：简式贷、账盈通、智动贷、连贷通、科创贷、银票通、政采贷、瞪羚贷。

• 创新点：客户细分、服务对象。

③中国银行。中行根据中小企业的特点与融资需求，推出“中银信贷工厂模式”。中小企业信贷产品分总行、地方分行两种。北京分行最有特色的是“中关村模式”，主要为科技型中小企业提供全方位的融资服务；借助互联网、大数据、云计算技术，中行针对小微企业创新开发出“短、平、快”的在线融资产品，最有创新性的是2014年推出的“中银网络通宝”，为在第三方电

子商务平台上的中小企业提供一揽子金融服务，实现线上、线下服务有机融合。总行最有代表性的产品是“快易贷”，还推出针对中小企业不同成长阶段的通宝系列产品，包括“中银创业通宝”“中银助业通宝”和“中银展业通宝”等。

• 典型产品：快易贷、中银网络通宝、中银助业通宝、中银展业通宝、中银创业通宝、信贷工厂模式、中关村模式。

• 创新点：模式创新、科技创业支持。

④中国建设银行。建行为小微企业提供了成长之路、速贷通、小额贷、信用贷四个系列产品。成长之路系列包括一般授信业务、外保内贷、政府采购贷、助保贷、供应贷、置业贷、保贷通、商盟贷、额度抵押贷款、租贷通、诚贷通小额无抵押贷款、法人账户透支、资贷通、影视贷等产品，特点是增信方式和抵押方式灵活、产品细化程度高；速贷通业务包括速贷通、快捷贷，特点是手续简单，强调足值抵质押物；小额贷业务是针对授信 500 万元以下客户的业务；信用贷产品包括税易贷、POS 贷、信用贷一般业务、善融贷、结算透、创业贷、善融贷等。建行小微业务贷款额度最高可达 3 000 万元，也有一些针对微型企业的几百万限额贷款。

• 典型产品：政府采购贷、助保贷、供应贷、置业贷、商盟贷、租贷通、诚贷通、资贷通、影视贷、速贷通、快捷贷、小额贷、税易贷、POS 贷、善融贷、结算透、创业贷、善融贷。

• 创新点：产品细分、增信方式、担保方式、业务类型。

⑤交通银行。交通银行的小企业金融产品包括基础融资和国际贸易融资，其中基础融资有 10 款产品，国际贸易融资有 9 款产品。特色产品包括供应链金融、商业汇票快捷贴现、快捷保理融资、税融通、快捷抵押贷、沃易贷、优贷通、政府采购一站通、科贷通、惠农通、投融通、文化创意企业贷款、商标权与专利权担保贷款。沃易贷是交通银行与中国联通公司合作产品，能够自动辨识与中国联通签约的代理商，为其提供在线小额贷款服务。投融通则针对初创企业与创投公司推出的产品。

• 典型产品：供应链金融、税融通、沃易贷、优贷通、政府采购一站通、科贷通、惠农通、投融通、文化创意企业贷款、商标权与专利权担保贷款。

• 创新点：合作对象、服务对象、抵质押物。

⑥中国民生银行。小微金融是民生银行战略转型的重要支点，设计了小微之家一系列产品，包括网乐贷、微贷与商链通等核心产品。商链通是民生银行针对上游供应商、下游经销商中的小微客户群体，创新设计的个性化供应链产品，与传统授信业务不同的是，商链通不仅包括信用授信等传统产品，还有一系列基于互联网技术的新型产品，如 E 押贷等。民生银行还创新性地开发出了基于云计算的产品云快贷，可以在线实时评估房产价值。其他小微业务方面，民生银行还在 2013 年创新推出“风险补偿基金”产品，在小微授信上做出创新，运用“大数法则，小数定律”，推出小微风险补偿基金业务。

• 典型产品：网乐贷、微贷、商链通、E 押贷、云快贷。

• 创新点：商圈模式、供应链模式、技术创新。

⑦北京银行。北京银行的中小企业贷款业务包括创融通、及时予与腾飞宝三个系列，其中前两者主要是融资产品。创融通系列的助业贷、富业贷、创业贷、转业贷，及时予系列的订单贷款、商圈贷款、知识产权质押贷款、供应链融资产品和腾飞宝系列的股权质押贷款，都是特色产品。行业特色产品包括高科技、文化创意、节能减排等三类产品，其中高科技产品包括集成电路设计贷款、瞪羚计划贷款等；文化创意产品有文艺演出贷款、广告会展贷款等 9 款产品。2015 年，北京银行针对高成长性小微企业，创新推出“成长贷”“文创普惠贷”等产品；在镇域金融方面，推出“普惠保”“创业保”等创新产品。

• 典型产品：助业贷、富业贷、创业贷、转业贷、订单贷款、商圈贷款、知识产权质押贷款、供应链融资产品、股权质押贷款、集成电路设计贷款、瞪羚计划贷款、文艺演出贷款、广告会展贷款、成长贷、文创普惠贷、普惠保、创业保。

• 创新点：根据企业成长期细分产品、针对特定领域细分产品。

⑧北京农商银行。北京农商行针对小微客户提供“市商保”授信业务，针对中关村国家自主创新示范区内高科技企业，根据不同的担保方式，推出了中关村科信通、中关村科保通贷款、中关村科抵通贷款系列产品。这一系列产品专为中关村示范区内高科技企业量身打造，具有较强的实用性。针对经营状况较好的北京医药企业，推动了对应的国内保理业务产品药商通。租

金贷业务由出租人向银行推荐优质客户，并承担连带保证责任，贷款专项用于借款人向出租人支付租金。

• 典型产品：中关村科信通、中关村科保通贷款、中关村科抵通贷款、药商通、租金贷。

• 创新点：针对性强。

⑨中国邮政储蓄银行。邮储小微企业（小微 E 创富）业务根据产品的目标客户与主要产品因素总共设计了 60 款小微信贷专属产品，其中，税贷通、增信贷和转期贷是三个比较有特色的产品。北京分行推出的科技贷解决了很多科技型企业无法提供符合银行要求的抵押物的问题。

• 典型产品：税贷通、增信贷、转期贷、科技贷。

• 创新点：增信方式、服务对象。

（4）商业银行的“三农”产品业务。“三农”融资产品分为面向农户的产品与面向农业企业的产品。面向农户的产品主要是小额贷款与信用卡，面向农业企业的产品主要是融资产品。在 9 家商业银行中，中国农业银行、北京农商银行与中国邮政储蓄银行有专门针对“三农”的业务，并且设计了一系列产品。中国银行、中国建设银行、交通银行则在个人业务或公司业务中有提供与“三农”有关的产品。见表 3－40。

表 3－40 部分商业银行“三农”产品

	个人“三农”产品	企业“三农”产品
中国工商银行	—	—
中国农业银行	金穗惠农卡，惠农信用卡，农户小额贷款，农村个人生产经营贷款、农村新民居农民购建房贷款	县域商品流通市场商户抵（质）押贷款
中国银行	益农贷（个人贷款部分），惠助农	中银农社通宝（中小企业服务部分）
中国建设银行	个人支农贷款（个人贷款部分）	—
交通银行	惠农贷	—
中国民生银行	—	—
北京银行	—	—

续表

	个人“三农”产品	企业“三农”产品
北京农商银行	便利农贷，创业农贷，暖心农贷，特色农贷	集体产业建设贷款、资产量化贷款、“重点村”改造贷款、旧村改造贷款和保障性农民回迁安置房建设贷款
中国邮政储蓄银行	烟草贷，传统农户小额贷款，传统商户小额贷款，农民专业合作社贷款，家庭农场（专业大户）贷款，土地经营承包权贷款，再就业小额担保贷款	农业产业链贷款

①中国农业银行。农行在“三农”方面的产品除了面向特定农户的金穗惠农卡、惠农信用卡等产品，还有一系列贷款产品，最主要的是农户小额贷款，每户农户只能由一名家庭成员申请，贷款方式和用款方式十分灵活，利息优惠。根据贷款用途不同，推出农村个人生产经营贷款产品。在县域特色产品方面，2015 年推出县域商品流通市场商户抵（质）押贷款、农村新民居农民购建房贷款等全行性县域特色产品。

• 典型产品：金穗惠农卡、惠农信用卡、农户小额贷款、农村个人生产经营贷款、县域商品流通市场商户抵（质）押贷款、农村新民居农民购建房贷款。

• 创新点：针对性强、产品细化。

②北京农商银行。北京农商行的个人“三农”产品包括便利农贷、创业农贷、暖心农贷和特色农贷四大系列。便利农贷主要为农户从事生产经营活动提供支持；创业农贷旨在帮助农村家庭走向创业致富之路；暖心农贷为特定群体提供贴息优惠；特色农贷则旨在支持现代农业，带动北京郊区农业相关产业的发展。2015 年，根据新农村建设的需求，北京农商行针对性地推出集体产业建设贷款、资产量化贷款、重点村改造贷款、旧村改造贷款和保障性农民回迁安置房建设贷款等 5 款特色产品。

• 典型产品：便利农贷、创业农贷、暖心农贷、特色农贷、集体产业建设贷款、资产量化贷款、重点村改造贷款、旧村改造贷款和保障性农民回迁安置房建设贷款。

- 创新点：便捷性、抵质押物、借款用途。

③邮政储蓄银行。邮储推出的“三农”产品全部面向农户个人，主打产品是传统农户小额贷款与传统商户小额贷款。传统农户小额贷款根据地点和贷款方式的不同，额度在8万~30万元，传统商户小额贷款额度在15万~50万元。根据目标客户以及贷款目的的不同，还有农民专业合作社贷款、家庭农场（专业大户）贷款、农业产业链贷款、土地经营承包权贷款、再就业小额担保贷款和烟草贷等。

- 典型产品：农户小额贷款、传统商户小额贷款、农民专业合作社贷款、家庭农场（专业大户）贷款、农业产业链贷款、土地经营承包权贷款、再就业小额担保贷款和烟草贷。
- 创新点：业务模式、服务对象、抵质押物。

3. 保险类产品

保险产品从广义上分为社会保险与商业保险。社会保险是由政府举办的，强制社会多数成员参加的，具有二次收入分配功能的非营利性社会安全制度。而商业保险是由专门的保险企业经营，订立保险合同，以营利为目的的保险形式。商业保险按照面向对象的不同，分为人寿险与财产险。普惠金融面对的对象主要是小微企业、农户以及高校毕业生等特殊群体，普惠金融中涉及的保险产品主要是财产保险中的农业保险与信用保证保险，前者主要面向农民，对解决“三农”问题非常重要；后者主要面向小微企业，致力于解决小微企业“融资贵、融资难”的问题。此外，近些年人寿险、健康险出现的一些创新，也与普惠金融有关。

项目组梳理了6家保险公司的21款保险产品，来研究普惠金融保险产品现状。见表3-41。

表3-41　保险公司典型产品

	农业保险	信用保证保险	其他
中国人民财产保险公司	收获期农作物火灾保险，北京市森林保险	人保助贷险，短期出口贸易信用保险、贷款保证保险	—

续表

	农业保险	信用保证保险	其他
中华联合财产保险公司	果树树体保险，露地花卉保险	“保险 + 小贷” 业务模式	—
华安财产保险公司	助农贷款信用保险条款，助农贷款履约保证保险条款	华安国家助学贷款信用保险条款，商业助学贷款保证保险条款，企业短期抵押贷款履约保证保险条款，小微企业短期贷款履约保证保险条款	—
中国太平洋财产保险公司	—	小微企业出口信用	安全生产责任保险，关爱母婴保险
泰康人寿保险公司	—	—	微互助、飞常保、铁定保
中国平安财产保险公司	—	—	E 服务 APP

（1）中国人民保险公司。人保 2014 年在北京试点政策性森林保险，经过两年探索，确定了保险机制与相关细则；收获期农作物火灾保险是针对农作物成熟后从收割采集到初级加工期间的保险，保险期限为一个月或 40 天。人保还针对个人与企业推出 18 款信用保证保险产品，其中针对个人推出人保助贷险，产品保障全面，只要投保成功，投保人即可获得小额贷款，无抵押、无担保、手续简、速度快；针对小微企业推出短期出口贸易信用保险；针对中关村科技型企业推出贷款保证保险项目，有利于科技创投企业的生存与发展。

（2）中华联合财产保险公司。农险方面，2014 年在北京市农委、北京保监局以及平谷区农委的支持下，中华保险推出政策性果树树体保险，对果树因灾造成树体死亡或主枝折断给予损失补偿，并承保了首单果树树体保险；露地花卉保险是北京地区首创的政策性保险，保险范围包括暴雨、冰雹、风灾、干旱等造成的损失；小微企业方面，中华保险与北京邦信小额贷款公司合作，开启“保险+小贷”一站式综合金融业务模式，互相取长补短，帮助小微企业解决融资难题。

（3）华安财产保险公司。针对“三农”问题，华安保险设计了助农贷款信用保险条款与助农贷款履约保证保险，这两款产品同时也是信用保证保险产品；针对大学生，设计了华安国家助学贷款信用保险条款、商业助学贷款保证保险条款两款产品；针对企业客户的产品有企业短期抵押贷款履约保证保险条款、小微企业短期贷款履约保证保险条款。此外，华安保险还在2014年与新东网科技有限公司就手机租机业务展开合作，针对其个人用户设计了保险产品。

（4）太平洋财产保险公司。2014年太平洋保险在北京市启动安全生产保险试点，保障对象包括企业雇员和社会公众，对人员伤亡的基本保险责任限额也更高，有助于建立起政府、保险机构、企业从业者多方安全生产激励约束机制。同年，太平洋保险与中国医院协会妇产医院管理分会合作，首席承保全国关爱母婴安全项目，主要是针对孕产妇在孕产过程中可能出现的各种事故提供风险保障，有助于调解医患纠纷。针对小微企业，太平洋保险也设计了小微企业出口信用保险，降低小微企业所面临的各种信用风险。

（5）泰康人寿保险公司。在健康险方面，泰康人寿推出“微互助”，与另一款防癌疾病保险对接，在营销模式上加入社交属性，用户将支付成功后的保单页面分享到微信群或朋友圈，可以让朋友一起参与，为投保人提升保额。泰康人寿还创新性地与互联网公司的跨界合作，与奇虎360合作推出飞常保与铁定保两款产品，分别是全民免费航意险和铁路意外险产品，覆盖人数高达600万人。

（6）平安人寿保险公司。平安人寿在2013年成立大数据团队，通过大数据分析用户的交易与行为数据，深入挖掘用户需求，代表性的产品是E服务APP。这一基于移动端的O2O平台，可以让用户手机自主办理平安保险业务，也可以为用户提供随时随地选购和管理保险业务。

4。支付类产品

支付业务是目前受互联网技术冲击最大的金融产品领域，也是普惠金融领域中进步最快、覆盖面最广的产品。支付产品的创新基本沿着互联网金融和金融互联网两条路径发展。见表3－42。

表 3 –42　支付类产品分类

支付类产品	二级分类
互联网金融	网点
	自助银行
	网上银行
	手机银行
	电话银行
	POS
金融互联网	网上支付
	线下收单
	预付卡
	二维码支付
	POS

金融互联网的支付产品创新。迄今为止，网络技术与商业银行的结合，推动支付经历了三次突破：第一次突破发生在 20 世纪 90 年代，支付逐步实现了从单点手工服务向全国通存通兑的过渡，存取款、支付结算、汇款业务可以在商业银行的任何网点进行；第二次突破是互联网与金融的结合，网上银行实现了支付业务的线上化，有一台电脑就可以进行支付操作，支付业务脱离了物理网点的约束；第三次突破是手机和金融的结合，这是金融互联网革命的延续，只要有网络信号，就可以进行支付操作，支付实现了随时随地的汇款操作。在技术革命的推动下，普惠金融中关于账户和支付的部分，已经不存在任何问题，唯一剩下的就是金融教育，让更多的人熟悉、了解网上银行、手机银行的操作方法和存在的风险点，避免金融欺诈。

互联网金融的支付产品创新。互联网金融即互联网和金融在传统金融机构之外的创新，在支付领域的体现是第三方支付，也称非银行机构支付。第三方支付同样实现了三个突破：第一个突破是实现了支付活动与支付机构的物理摆脱，商家、买家、支付提供公司无须再见面；第二个突破是支付活动和购买活动融合在一起，客户逐步淡化了支付这个金融环节，整个过程仿佛就是商品交易；第三个突破是第三方支付延伸到二维码支付，通过支付宝和微信两大平台，实现了没有任何限制的随时随地交易支付。

支付范围的创新突破。随着互联网金融和金融互联网在传统金融机构内外的创新，支付的便利性得到淋漓尽致的体现，燃气费、电费、水费、电话费、手机费、有线电视费、宽带费、供暖费等各种交易都可以在商业银行的电子银行体系和第三方支付体系下实现随时随地完成。

（六）股权投资

《推进普惠金融发展规划（2016—2020年）》指出，要“积极发挥全国中小企业股份转让系统、区域性股权市场、债券市场和期货市场的作用，引导证券投资基金、私募股权投资基金、创业投资基金增加有效供给，进一步丰富中小企业和‘三农’的融资方”。

股权投资作为金融市场服务于实体经济的一种形式，已经成为机构投资者和大众投资者资产配置的重要选择。股权投资由于其收益的分享性能带来较高回报，同时伴随着信息不对称带来的较高风险，建立和发展健全的股权投资市场能够引导资金有效服务于普惠金融，为中小企业和“三农”提供社会资金和资源，形成商业化驱动的良性循环。

中国私募股权投资研究机构发布的《2016年中国股权投资回报专题研究报告》显示，截至2016年上半年，中国股权投资市场活跃的VC/PE机构超过10 000家，管理资本量约6万亿人民币，募资总额约4 000亿元，中国已成为全球第二大私募股权投资市场。随着中国经济结构性改革逐渐深入，预计私募股权投资类产品在未来五年仍将保持较高复合增长率和利润率，私募股权领域是值得重点关注的优质投资类别。

1. 区域股权市场

股权投资市场的良性发展需要发挥区域股权投资市场的作用，也是多层次资本市场建设的关键。证监会2015年下发了《区域性股权市场监督管理试行办法（征求意见稿）》，各省政府纷纷出台多层次资本市场建设的意见。在防控风险的前提下，盘活地方资源，发挥政策优势，建设为小微企业和创新创业服务的区域性资本市场，是地方金融主管部门的重要任务。

区域股权市场，又称“四板”市场，是地方政府主导的，主要为地方性企业提供私募证券业务的场所，是多层次资本市场建设的基础。区域股权市场发展呈现以下特征：一是发起主体以省级政府金控平台为主，当地券商出资，公司制运行。二是业务模式趋同，设置股权、债权两大类产品，按企业不同规模、资质设置板块标准。三是大多都涉足互联网金融，包括P2P和众筹两类，P2P一般是将市场内的私募债或收益权网上销售，而众筹结合地方双创工作推进。

北京区域性股权交易市场平台——北京股权交易中心（即北京四板市场）成立于2013年12月，是北京地区挂牌交易、登记托管、投资融资等平台，重点开展非上市企业股权、债权（私募债）和其他私募金融产品的登记、托管、展示、挂牌、交易、结算等业务，服务于广大中小微企业。截至2016年10月，北京股权交易中心（北京四板市场）累计服务中小微企业超过4 000家，合格投资者达460户，帮助企业实现各类融资超过110亿元，且至今未出现一例非法集资或金融产品违约。

北京四板市场内部板块分为四类，其中标准板的服务对象为以股份交易为目的的企业，基本符合新三板挂牌标准；科技创业板服务对象为高新企业（取得高新企业认证）；大学生创业板服务对象为北京地区高校在校生、在岗大学生村干部、流动发展后未满五年的大学生村干部等；孵化板的服务对象则为无法进入其他板块的初创企业。在业内看来，北京四板市场是众多中小微企业进入多层次资本市场的第一步，四板市场通过资本平台对企业进行规范、指导及培育，让企业更具成长能力和融资能力，实现进阶新三板、创业板等更高层资本市场的目标。

2. 北京地区股权投资现状

北京地区股权投资市场发展活跃，股权投资机构数量众多，区域股权交易市场建设推进迅速。《2016年北京市政府工作报告》指出，要落实加速建设国家科技金融创新中心的意见，构建科技金融一条龙服务体系。推动出台中关村互联网金融综合试点方案，开展股权众筹融资试点，促进“新三板”“四板”的发展，在未来发展股权投资市场方面仍是金融工作的重点。

（1）股权投资机构数量较多，位居全国前三位。根据中国证券投资基金协会数据，截至2015年底，北京市股权投资管理机构数量增至2 154家，较2014年增加了1 197家，股权投资管理机构数量持续增长。仅次于广东股权投资机构数3 137家和上海股权投资机构数2 972家。机构总数排名全国第三，注册资本位居全国较高水平。见图3－148。

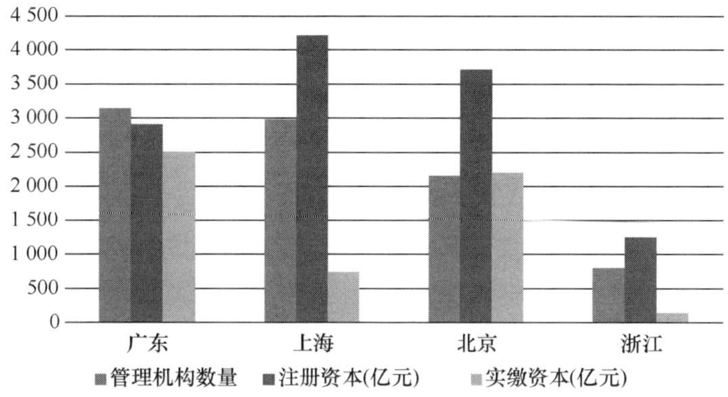

图 3－148　广东、上海、北京、浙江股权投资机构数量及注册资本对比

数据来源：私募通。

（2）新募集基金快速增加，募集金额同比微幅下降。2015 年北京地区股权投资市场新募集基金 644 支，较 2014 年同比上涨 200%，新募集基金快速增加。但募集资金总额与 2014 年基本持平微有下降，2015 年北京地区股权投资市场募资总额 1 919. 91 亿元，同比下降了 8%。见图 3－149。

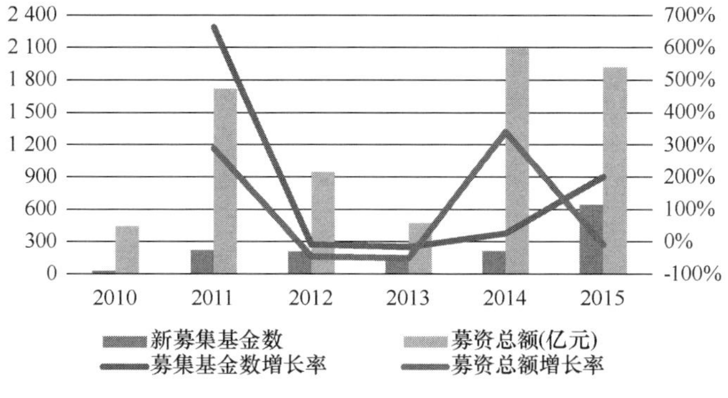

图 3－149　北京地区募资金额及基金数情况

数据来源：私募通。

（3）股权投资金额快速增长，投资案例数占比约三成居全国首位。截至 2015 年底，北京地区共发生创业投资和私募股权投资 2 596 起，投资金额 1 464. 97亿元，较 2014 年同比分别上升 198% 和下降 15%。从全国范围来看，2015 年北京地区投资案例数占比 31. 0%，投资金额占比 27. 9%，均位居全国首位。2016 年上半年北京地区私募股权投资市场共计完成 1 099 起投资案例，同比下降 22.8%；其中已披露金额的投资案例数为 969 起，投资交易涉及金额 1 376 亿元，同比增长 105.8%；平均单笔投资金额为 1.4 亿元。见图 3 - 150、图 3 - 151。

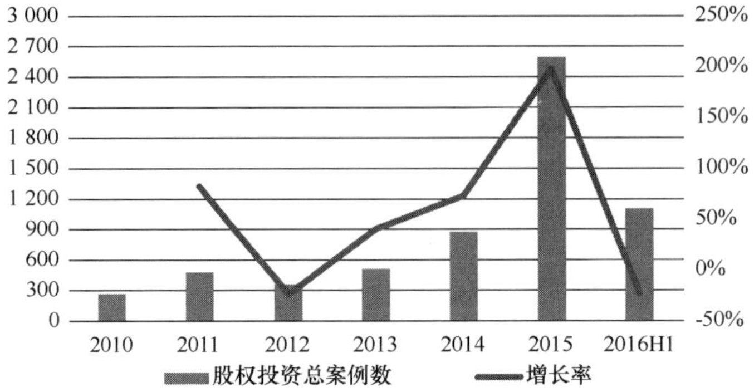

图 3 - 150　北京地区股权投资总案例数情况

数据来源：私募通、北京市金融工作局。

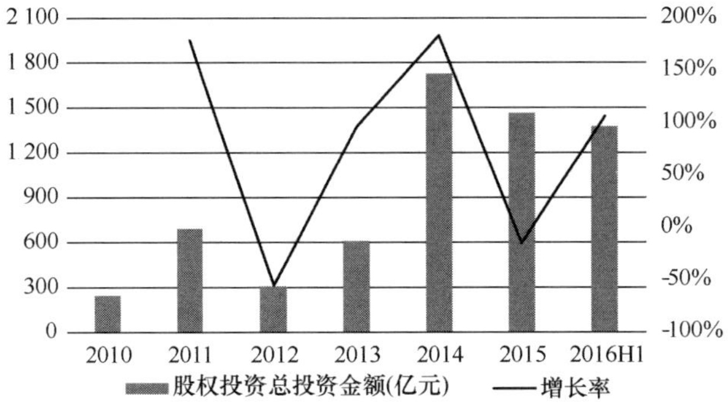

图 3 - 151　北京地区股权投资总金额情况

数据来源：私募通、北京市金融工作局。

（4）互联网及电信增值业务行业是北京地区股权投资的重点领域，投资金额累计接近 50%，战略新兴产业是投资重点。2015 年北京地区股权投资发生 968 起互联行业投资案例，涉及投资金额 375 亿元。其次是电信及增值行业，共发生投资案例 439 起，涉及金额 327 亿元。这两者合计投资额 700 亿元，约占 2015 年 1 465 亿元累计投资金额的 50%。战略性新兴产业共有 1 305 家企业获得股权投资基金支持，占北京市投资案例的 80.56%；投资金额 954 亿元，占北京市股权投资总金额的 73.12%。见图 3 – 152、图 3 – 153。

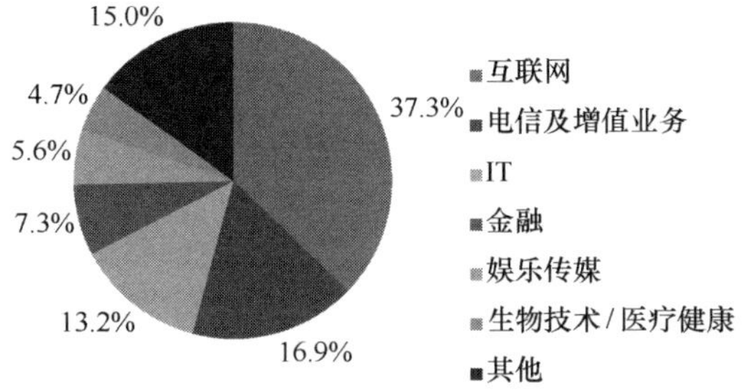

图 3 – 152　北京地区分行业前六大行业股权投资案例比例情况

数据来源：私募通。

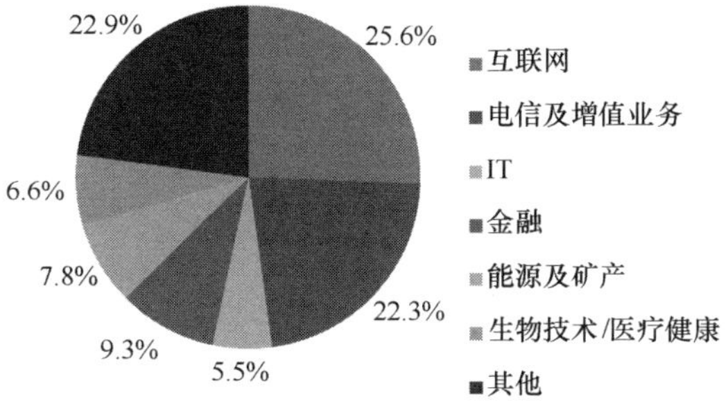

图 3 – 153　北京地区分行业前六大行业股权投资总金额比例情况

数据来源：私募通。

（5）股权投资退出引导良好，区域股权投资市场构建良好循环。2015 年，北京地区成功融资企业中，有 715 笔股权投资退出交易，退出方式包括新三板退出、并购退出、IPO 退出、管理层收购退出、借壳上市、清算回购等。其中最主要的是通过新三板退出，包括 323 笔，占比约 45%。其次依次是并购、股权转让和 IPO 退出，占比依次是 18.9%、15.2%、14.1%。良好多样的退出机制依赖多层次的资本市场建设，北京地区在区域股权投资市场形成了资金投入与退出良性循环。见图 3 – 154。

总体而言，北京地区股权投资市场发展势头良好，产业基础好、市场活跃居于全国首位，重点投向互联网、通信等战略新兴产业，且进入和退出打造了较好的闭环，能够为广大有融资需求的中小微企业提供多样化的融资服务。未来，不断发展区域股权中心，建立多层次的资本市场仍是北京地区金融工作需要重点推进的一个方面，为股权投资服务普惠金融奠定更好的产业基础。

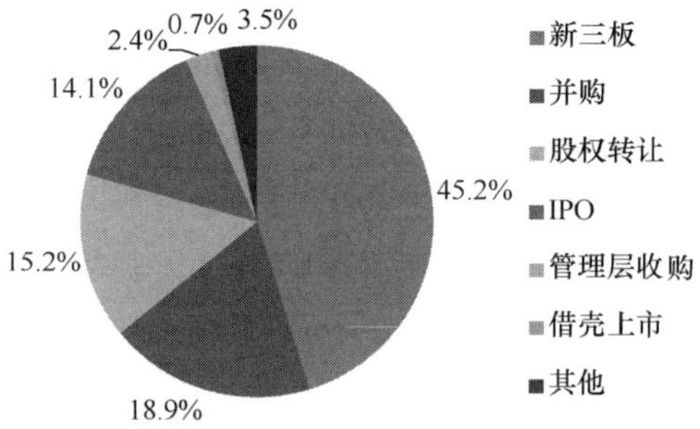

图 3-154 北京地区股权投资案例退出方式比例情况

数据来源：私募通。

四、普惠金融政策现状

按照项目组构建的普惠金融体系框架，普惠金融服务重心最外层是政策体系和普惠金融教育及投资者保护。接下来，我们来梳理一下最外层这两项的发展现状，本节先分析政策现状。

普惠金融政策是包含政策、管理制度和法律法规在内的相对宽泛的概念。其中，政策性文件通过对普惠金融对象的优惠、贴息，金融机构税收优惠、业务准入、分支机构设立、产品创新激励等方面政策倾斜和引导，达到增加、增强商业金融机构对普惠金融对象金融服务的供给；管理制度是对普惠金融政策在操作实施方面的落地；法律法规则侧重在法律效率方面讨论各种政府文件，解决普惠金融的行为基础。

过去十几年间，针对不同领域的普惠金融业务，政府出台了不同的政策。

在农村扶贫方面，两个全国家性的纲领文件是《中国农村扶贫开发纲要（2001—2010 年）》与《中国农村扶贫开发纲要（2011—2020 年）》。《中国农村扶贫开发纲要（2001—2010 年）》提出，继续把种养业作为扶贫开发的重点，推进农业产业化发展，科技扶贫，推进自愿移民搬迁，对应的政策有增加扶贫资金、扶贫贷款等。

在贷款贴息方面，2000 年的《扶贫贷款财政贴息管理办法》和 2008 年的《小额担保贷款财政贴息资金管理》是两个重要文件，为各省市根据当地情况制定相应的扶贫小额贷款提供了基本的框架和依据。

在中小企业融资方面，2009年出台的《关于进一步促进中小企业发展的若干意见》，是系统性解决中小企业融资问题的开端。

在支持创业和科技创新方面，2000年的《关于加快高新技术创业服务中心建设与发展的若干意见》、2001年的《中国科技企业孵化器“十五”期间发展纲要》、2003年的《关于做好2003年普通高等学校毕业生就业工作的通知》都有相关内容。

项目组从全国和北京两个维度收集了2000年以来涉及普惠金融发展的相关政府文件，共100多个，其中全国性文件51个。下面是项目组对文件的内容、涉及对象、文件类型等方面的梳理。

（一）全国性政策

从普惠金融内容上看，明确涉及贴息、保费补贴的文件有16个。贴息和保费补贴主要是针对普惠金融对象，参与金融机构也从原来的中国农业银行，扩展到了所有金融机构。优惠政策类文件有7个，包括对金融机构参与普惠金融业务给予营业税、所得税减免，金融机构分支机构设立，损失准备金税收减免，不良资产核销，风险权重计算等方面给予优惠。明确设立专项基金或专项资金的有5个，如设立中小企业发展基金、中小企业发展专项基金等。政策性指导文件有18个，主要是针对某项普惠金融业务，鼓励或推动建立多层级的金融机构服务；多类型的金融产品服务；鼓励和推动各类天使基金、风险基金的设立和参与等等。还有两个文件专门针对特定金融机构，比如农业部和邮储的合作、中国农业银行设立“三农”事业部。

从普惠金融对象角度看，涉及中小企业的文件有13个；涉及小微企业的有5个；涉及“三农”的文件15个；涉及扶贫的文件6个；涉及小额贷款的2个；涉及养老、残疾人、失业等问题的有4个。

从政府文件的类型看，中长期规划性文件5个，主要是针对扶贫、科技等领域的中长期规划，阐述金融体系的支持，如《中国科技企业孵化器“十五”期间发展纲要》等；政策性文件16个，主要是明确未来发展的政策方向，如每年的一号文件即属此类，都会涉及金融体系的支持政策；规范具体操作实施的制度办法有9个；另外，还有20个各类指导性文件，也都涉及金融体系的支持，如《关于做好2003年普通高等学校毕业生就业工作的通知》提出，“在现有渠道中为高校毕业生提供创业小额贷款和担保”。见表3-43。

表 3－43 全国性普惠金融政府文件

时间（年）	文件	发文文号	普惠金融对象	文件类型	相关内容
2000	关于加快高新技术创业服务中心建设与发展的若干意见	国科发火字（2000）157 号	创业	指导性文件	政策
2000	扶贫贷款财政贴息管理办法	—	扶贫	制度办法	贴息
2001	中国科技企业孵化器“十五”期间发展纲要	国科发火字（2001）237 号	创业	规划性文件	政策
2001	中国农村扶贫开发纲要（2001—2010 年）	国发〔2001〕23 号	扶贫	规划性文件	贴息
2001	扶贫贴息贷款管理实施办法	银发〔2001〕185 号	扶贫	制度办法	贴息
2002	下岗失业人员小额担保贷款管理办法	银发〔2002〕394 号	失业	制度办法	贴息
2002	中华人民共和国中小企业促进法	中华人民共和国主席令第 69 号	中小企业	制度办法	专项资金、中小企业发展基金
2003	下岗失业人员从事微利项目小额担保贷款财政贴息资金管理办法	财金〔2003〕70 号	失业	制度办法	贴息
2003	关于做好 2003 年普通高等学校毕业生就业工作的通知	国办发〔2003〕49 号	创业	指导性文件	贴息
2005	中共中央国务院关于进一步加强农村工作提高农业综合生产能力若干政策的意见（2005 中央一号文件）	国发〔2005〕1 号	“三农”	政策性文件	专项资金
2005	创业投资企业管理暂行办法	国家发展和改革委员会令第 39 号	创业	制度办法	税收优惠
2005	科技型中小企业技术创新基金项目管理暂行办法	国科发计字〔2005〕60 号	中小企业	制度办法	贴息
2005	关于引导和鼓励高校毕业生面向基层就业的意见	中办发〔2005〕18 号	创业	指导性文件	贴息

续表

时间（年）	文件	发文文号	普惠金融对象	文件类型	相关内容
2006	中国科技企业孵化器“十一五”发展规划纲要	国科发火字〔2006〕422 号	创业	规划性文件	科技型中小企业技术创新基金
2006	国务院关于实施《国家中长期科学和技术发展规划纲要（2006—2020 年）》若干配套政策的通知	国发〔2006〕6 号	创业、中小企业	规划性文件	创投企业税收优惠
2006	关于改进和完善小额担保贷款政策的通知	银发〔2006〕5 号	小额	政策性文件	贴息
2007	关于促进创业投资企业发展有关税收政策的通知	财税〔2007〕31 号	创业	政策性文件	创投企业税收优惠
2008	关于全面改革扶贫贴息贷款管理体制的通知	国开办发〔2008〕29 号	扶贫	政策性文件	贴息
2008	小额担保贷款财政贴息资金管理	财〔2008〕100 号	小额	制度管理办法	贴息
2009	中共中央 国务院关于 2009 年促进农业稳定发展农民持续增收的若干意见（2009 中央一号文件）	国发〔2009〕1 号	“三农”	政策性文件	农村金融政策
2009	国务院关于开展新型农村社会养老保险试点的指导意见	国发〔2009〕32 号	“三农”	指导性文件	完善社会保障体系
2009	关于做好集体林权制度改革与林业发展金融服务工作的指导意见	银发〔2009〕170 号	“三农”	指导性文件	贴息 保费补贴
2009	关于进一步促进中小企业发展的若干意见	国发〔2009〕36 号	中小企业	指导性文件	金融政策
2009	关于金融企业涉农贷款和中小企业贷款损失准备金税前扣除政策的通知	财税〔2009〕99 号	“三农”、中小企业	指导性文件	税收优惠

续表

时间（年）	文件	发文文号	普惠金融对象	文件类型	相关内容
2009	中国银监会关于印发中国农业银行“三农”金融事业部制改革与监管指引的通知	银监发〔2010〕113号	“三农”	制度办法	专营金融机构
2010	关于实施大学生创业引领计划的通知	人社部发〔2014〕38号	创业	指导性文件	贴息、中小企业发展专项基金
2010	关于大力推进高等学校创新创业教育和大学生自主创业工作的意见	教办〔2010〕3号	创业	指导性文件	贴息
2010	关于进一步做好中小企业金融服务工作的若干意见	银发〔2010〕193号	中小企业	指导性文件	金融政策
2010	关于农村金融有关税收政策的通知	财税〔2010〕4号	“三农”	政策性文件	税收优惠
2011	中共中央国务院关于加快水利改革发展的决定（2011中央一号文件）	国发〔2011〕1号	“三农”	政策性文件	金融政策
2011	中国银监会关于支持商业银行进一步改进小企业金融服务的通知	银监发〔2011〕59号	小企业	指导性文件	金融政策
2011	关于延长金融企业涉农贷款和中小企业贷款损失准备金税前扣除政策执行期限的通知	财税〔2011〕104号	“三农”、中小企业	政策性文件	税收优惠
2011	中国银监会关于支持商业银行进一步改进小型微型企业金融服务的补充通知	银监发〔2011〕94号	小微企业	指导性文件	优惠政策
2011	关于进一步做好普通高等学校毕业生就业工作的通知	国发〔2011〕16号	创业	指导性文件	贴息

续表

时间（年）	文件	发文文号	普惠金融对象	文件类型	相关内容
2012	中共中央 国务院关于加快推进农业科技创新持续增强农产品供给保障能力的若干意见	国发〔2012〕1号	“三农”	政策性文件	金融政策
2012	农村残疾人扶贫开发纲要（2011—2020年）	国办发〔2012〕1号	农村残疾人	规划性文件	贴息
2012	中小企业发展专项资金管理办法	财企〔2014〕38号	中小企业	制度办法	中小企业发展专项资金
2012	国务院关于进一步支持小型微型企业健康发展的意见	国发〔2012〕14号	小微企业	政策性文件	中小企业专项资金、国家中小企业发展基金
2012	关于中国扶贫基金会所属小额贷款公司享受有关税收优惠政策的通知	财税〔2010〕35号	扶贫	政策性文件	税收优惠
2012	关于加强小额担保贷款财政贴息资金管理的通知	财金〔2013〕84号	小额	政策性文件	贴息
2014	人力资源社会保障部等九部门关于实施大学生创业引领计划的通知	人社部发〔2014〕38号	创业	指导性文件	金融政策
2014	关于全面深化农村改革加快推进农业现代化的若干意见（2014中央一号文件）	国发〔2014〕1号	“三农”	政策性文件	金融政策
2014	《国务院关于进一步支持小型微型企业健康发展的意见》	国发〔2012〕14号	小微	政策性文件	金融政策
2014	关于金融服务“三农”的若干意见	国办发〔2014〕17号	“三农”	指导性文件	金融政策
2014	《关于完善和创新小微企业贷款服务提高小微企业金融服务水平的通知》	银监发〔2014〕36号	小微	指导性文件	金融政策

续表

时间（年）	文件	发文文号	普惠金融对象	文件类型	相关内容
2014	关于邮政储蓄资金支持现代化农业示范区建设的意见	农计发〔2014〕184号	“三农”	指导性文件	金融合作
2015	关于加大改革创新力度加快农业现代化建设的若干意见（2015中央一号文件）	国发〔2015〕1号	“三农”	政策性文件	金融政策
2015	关于支持农民工等人员返乡创业的意见	国办发〔2015〕47号	“三农”	指导性文件	金融政策
2016	《关于落实发展新理念加快农业现代化实现全面小康目标的若干意见》（2016中央一号文件）	国发〔2016〕1号	“三农”	政策性文件	金融政策
2016	《关于金融助推脱贫攻坚的实施意见》	—	扶贫	指导性文件	金融政策
2016	关于支持银行业金融机构加大创新力度开展科创企业投贷联动试点的指导意见	银监发〔2016〕14号	创业	指导性文件	专营金融机构

（二）北京地区政策

在全国性政策确定的框架下，北京结合本地实际，出台了一些地方性政策，主动创新，服务“三农”。2005年，中央一号文件要求加强农业开发性金融服务，北京市下发相关指导意见。此后，关于农业金融性服务的政策范围逐渐扩大，2007年重点关注农业政策保险；2011年重点是金融支持农民专业合作社；2012年推进种植业保险承保工作，并进一步做好农业政策性保险工作；2013年推进农业保险保单质押贷款工作；2015年引导农村产权交易流转市场健康发展；2016年将“三农”金融服务机制建设提到议事日程。

在“三农”政策中，北京政府非常重视政策性农业保险，多年都有相关文件涉及。最新关于“三农”的政策是2016年5月12日中国银行业监督委员会北京监管局发布的《北京银监局推动北京农商银行完善“三农”金融服务机制建设》，主要内容包括：在年度风险偏好策略中，设置涉农信用风险管理指标，涉农贷款的信用风险容忍度比一般贷款高 0.5 个百分点；通过增资扩股引入了本地优质涉农企业北京首都农业集团有限公司入股，发挥大股东资源协同优势，90%以上法人股东户数签署书面承诺，支持该行加强“三农”金融服务且资金主要用于当地经济发展；在总行设置“三农”金融业务部，在支行设立“三农”业务部。

除去相关金融性政策和农业各项补贴政策，“三农”领域另一比较重要的政策主要针对农业产业化。2006 年的《关于扶持北京市农业产业化重点龙头企业发展的意见》，第一次提出北京地区扶持农业产业化的发展；2007 年着眼农业产业布局。

支持中小企业，打造稳定经济基础。改革开放后，北京开始转向发展第三产业。政府从新技术产业开发试验区、留学人员、科技项目管理、科技企业发展四个方面着手。2012 年以前，北京地区关于中小微企业、创业的金融政策较少。2012 年，为贯彻落实《国务院关于进一步支持小型微型企业健康发展的意见》，北京市人民政府下发《关于进一步支持小型微型企业发展的意见》，并专门出台两个文件分别成立中小企业创业引导基金及小额担保贷款担保基金。文件主要内容有：将现有的北京市中小企业发展专项资金由每年 5 亿元增至 8 亿元，使用重点向小型微型企业倾斜；设立北京市中小企业发展基金，主要用于引导社会资本等各类资金支持初创期、成长期的小型微型企业，基金规模初期定为 20 亿元；商业银行应努力实现对小型微型企业贷款增速不低于全部贷款平均增速，增量高于上年同期水平，并重点加大对单户授信总额在 500 万元（含）以下小型微型企业的信贷支持。此外，加强对小型微型企业产品的市政府采购，完善小微企业的金融服务机制等。

此外，北京政府提倡多方支持中小企业的发展，辖内银行业等金融机构是重要的支持方。银行业科技金融创新对于中小企业发展的作用不容忽视，贴合的金融产品设计能够使得企业发展更加迅速。中关村国家自主创新示范区作为国家的政策试点，2013 年开展知识产权质押贷款以及信用贷款，2014 年开展小额贷款保证保险试点工作。除去上述支持中小微企业的金融政策，还有一些非金融政策，主要是对中小微企业、创业的扶持，鼓励人员来京就业工作的人才办法、中小微企业公共平台的建设、相关融资平台专项资金的管理细则等。

多管齐下，多渠道就业。普惠金融对象中涉及的各种类型弱势群体，在北京的政策文件中都有所体现。针对妇女群体，2010 年，根据《关于完善小额担保贷款财政贴息政策推动妇女创业就业工作的通知》（财金〔2009〕72 号），北京市财政局下发了《北京市妇女创业就业小额担保贷款财政贴息管理办法》，为妇女提供贴息贷款；针对失业人员就业，2008 年下发了《北京市失业人员从事微利项目小额担保贷款财政贴息管理办法》，2009 年下发了《北京市失业人员从事微利项目小额担保贷款财政贴息管理办法补充规定》，为失业人员提供小额担保贷款和贴息优惠；针对社区就业，2006 年下发了《北京市信用社区小额担保贷款工作办法》，拓宽社区人员贷款渠道；针对大学生，2006 年下发了《北京市关于进一步促进大学科技园发展的若干意见》，设立小额担保贷款担保基金。

项目组整理了北京地区 2000 年以来的政府文件，共 50 多份。

从普惠金融对象看，普惠金融制度文件兼顾各个方面，支持科技创业是亮点。北京地区支持创业文件占据主力，有 17 个；“三农”依然是普惠金融的核心，有 15 个；支持中小微企业的文件有 12 个，其中针对中小企业的有 5 个，针对小微企业和小额贷款的文件有 8 个；另外针对妇女文件 2 个，针对失业的文件有 3 个。

从文件类型看，制度办法和指导性文件占绝大多数。建章建制，为北京地区普惠金融的发展奠定基础，制度办法有 20 个；指导性文件占据 19 个；针对政策方向的文件有 10 个。

从文件内容看，内容相对分散，涉及范围相对广泛。内容相对宽泛的金融政策文件有 15 个，有关贴息或保费补贴的制度文件 12 个；有关设立各种专项资金或基金的有 10 个；其余文件则相对分散，1 个关于税收优惠的，2 个关于与国开行和邮储合作，2 个是具体业务规范，1 个关于互助合作社模式创新，1 个关于信用社区，2 个关于中国农业银行和北京农商行设立专营机构的。见表 3 - 44。

表 3 - 44　北京地区普惠金融政策文件

时间（年）	文件	发文文号	普惠金融对象	文件类型	相关内容
2001	北京市关于进一步促进高新技术产业发展的若干规定	京政发〔2001〕38 号	创业	政策性文件	税收优惠

续表

时间（年）	文件	发文文号	普惠金融对象	文件类型	相关内容
2005	北京市支持中小企业发展专项资金管理暂行办法	京财经一〔2005〕412 号	中小企业	制度办法	中小企业专项基金、贴息
2005	关于贯彻落实中央一号文件精神加强北京农业开发性金融服务的意见	京政农发〔2005〕12 号	“三农”	政策性文件	金融合作
2006	关于完善小额担保贷款促进创业工作的实施意见	京劳社服发〔2006〕54 号	创业	指导性文件	贷款担保基金
2006	北京市信用社区小额担保贷款工作办法	京劳社服发〔2006〕54 号	小额	制度办法	信用社区
2006	北京市关于进一步促进大学科技园发展的若干意见	京科文〔2006〕790 号	创业	指导性文件	金融政策
2006	北京市小额担保贷款管理实施暂行办法	京财经一〔2006〕534 号	小额	制度办法	市级担保基金
2006	关于扶持北京市农业产业化重点龙头企业发展的意见	—	“三农”	指导性文件	金融政策
2007	关于建立北京市政策性农业保险制度的方案（试行）	京政办发〔2007〕27 号	“三农”	制度办法	金融政策
2008	北京市失业人员从事微利项目小额担保贷款财政贴息管理办法	京财金融〔2009〕654 号	失业	制度办法	贴息
2008	北京市中小企业创业投资引导基金实施暂行办法	京发改〔2008〕1167 号	创业	制度办法	引导基金
2009	北京市失业人员从事微利项目小额担保贷款财政贴息管理办法补充规定	京财金融〔2008〕1987 号	失业	制度办法	贴息
2009	关于促进股权投资基金业发展的意见	京金融办〔2009〕5 号	创业	政策性文件	股权投资基金
2009	小额担保贷款担保基金管理实施办法	京财经一〔2009〕1011 号	小额	制度办法	贷款担保基金

续表

时间（年）	文件	发文文号	普惠金融对象	文件类型	相关内容
2009	关于扩大中关村信用贷款试点的意见	中示区组发〔2009〕4号	创业	指导性文件	金融政策
2009	北京市妇女创业就业小额担保贷款财政贴息管理办法	北京市财政局	妇女	制度办法	贴息
2009	北京市小额贷款公司试点实施办法	京政办发〔2009〕2号	小额	制度办法	金融政策
2009	关于促进银行业金融机构在中关村国家自主创新示范区核心区设立为科技企业 服务的专营机构的指导意见	中科园发〔2009〕51号	创业	政策性文件	专营机构
2010	北京市妇女创业小额担保贷款实施暂行办法	京财经一〔2010〕889号	妇女	制度办法	贴息
2010	北京市关于进一步加强科技孵化体系建设的若干意见	京科发〔2010〕721号	创业	指导性文件	金融政策
2010	关于印发加快推进中关村国家自主创新示范区知识产权质押贷款工作意见的通知	中示区组发〔2010〕19号	创业	政策性文件	金融政策
2011	关于贯彻国务院进一步促进中小企业发展若干意见的实施意见	京政发〔2011〕17号	中小企业	政策性文件	金融政策
2011	关于金融支持本市中小微企业发展的若干意见	京金融〔2011〕314号	中小微	指导性文件	金融政策
2011	北京市政策性农业保险补贴资金管理暂行办法	京财农〔2011〕19号	“三农”	制度办法	保险补贴
2011	关于金融支持农民专业合作社发展的意见	京政农函〔2011〕70号	“三农”	指导性文件	模式创新
2011	北京市“十二五”时期政策性农业保险发展规划	京政农发〔2011〕19号	“三农”	规划性文件	金融政策
2012	关于中关村国家自主创新示范区建设国家科技金融创新中心的意见	京政发〔2012〕23号	创业	政策性文件	金融政策

续表

时间（年）	文件	发文文号	普惠金融对象	文件类型	相关内容
2012	北京市人民政府关于进一步支持小型微型企业发展的意见	京政发〔2012〕40号	小微	指导性文件	中小企业发展专项基金
2012	北京市小额担保贷款担保基金管理实施办法	京财经一〔2012〕862号	小额	制度办法	贴息
2012	北京市支持中小企业创新融资资金管理实施细则	京财企〔2012〕2685号	创业	制度办法	贴息
2012	北京市关于进一步促进大学科技园发展的若干意见	京科文〔2006〕790号	创业	指导性文件	金融政策
2012	失业人员从事微利项目小额担保贷款财政贴息管理办法	京财金融〔2012〕1082号	失业	制度办法	贴息
2012	关于促进辖内银行业金融机构进一步改进小微企业金融服务的通知	京银监通〔2012〕10号	小微	指导性文件	金融政策
2012	北京市中小企业融资服务手册	—	中小企业	制度办法	金融实务
2012	北京市人民政府关于进一步促进科技成果转化和产业化的指导意见	京政发〔2011〕12号	创业	指导性文件	股权投资基金
2012	关于进一步做好政策性农业保险工作的意见	京政农发〔2012〕4号	“三农”	指导性文件	金融政策
2013	关于加快推进农业保险保单质押贷款工作的通知	京政农发〔2013〕24号	三农	指导性文件	金融实务
2013	北京市促进中小企业发展条例	北京市人大常委会	中小企业	制度办法	中小企业发展基金
2013	北京市政策性农业保险承保理赔业务规范	京保监发〔2013〕35号	“三农”	制度办法	金融实务
2014	关于进一步加大创业孵化基地扶持力度鼓励创新创业的意见	京人社服发〔2014〕83号	创业	指导性文件	贴息

续表

时间（年）	文件	发文文号	普惠金融对象	文件类型	相关内容
2014	中关村国家自主创新示范区小额贷款保证保险试点办法	中科园发〔2014〕17 号	小额	制度办法	金融创新
2014	关于进一步加强金融服务“三农”发展的若干措施	京政办发〔2014〕60 号	“三农”	政策性文件	金融政策
2015	北京地区大学生创业引领计划实施方案	京人社毕发〔2014〕215 号	创业	指导性文件	贴息
2015	北京市人民政府关于加快发展现代保险服务业实施意见	京政发〔2015〕44 号	“三农”	指导性文件	金融政策
2015	北京市人民政府办公厅关于引导农村产权流转交易市场健康发展的若干意见	京政办发〔2015〕40 号	“三农”	政策性文件	金融创新
2015	中国邮政储蓄银行北京分行关于支持首都现代化农业示范区建设的意见	京政农发〔2015〕13 号	“三农”	指导性文件	金融合作
2016	北京银监局关于北京银行业加强科技金融创新的意见	京银监发〔2015〕245 号	创业	政策性文件	金融政策
2016	银监局推动北京农商银行完善“三农”金融服务机制建设	—	“三农”	指导性文件	专营机构
	关于大力推进大众创业万众创新的实施意见	京政发〔2015〕49 号	创业	指导性文件	金融政策
2016	北京市农业担保资金管理办法	京财农〔2016〕505 号	“三农”	制度办法	农业担保资金

五、消费者保护现状

金融消费者保护是普惠金融服务重心最外层的另一内容，主要分为金融消费投诉维权和金融消费知识教育宣传两部分。近年来，国内在消费者保护、金融消费知识教育普及以及金融消费者保护活动宣传等方面积极开展工作，取得了一定成果和进展。

（一）消费者咨询与投诉

目前，各相关金融监管部门均开通了热线电话，既接受消费者投诉，也接受消费者的咨询、建议等。

1. 金融消费者权益

2013 年中国人民银行开通“12363”金融消费者权益保护咨询投诉电话，并于 2014 年在全国范围内开通。“12363”投诉电话为金融消费者投诉维权提供了新渠道。2014 年、2015 年“12363”投诉电话收集诉求量达 162 971 件、135 590 件，其中投诉量分别达到了 16 535 件、22 479 件。

中国人民银行 12363 收到的电话诉求中，金融消费者咨询是主要诉求，占比达到 80%；金融消费者投诉占比约 20%，投诉办结率保持在 90% 以上，为消费者金融消费权益保护提供有效保障。见图 3－155。

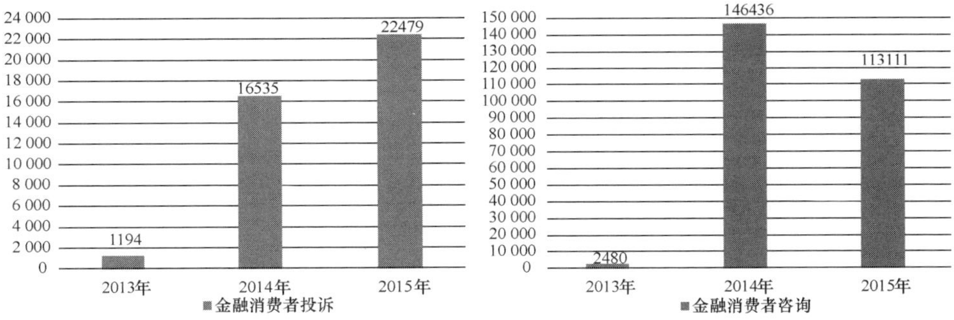

图 3－155　人民银行 12363 投诉电话诉求收集情况（单位：件）

数据来源：中国人民银行。

2. 证券投诉

2013 年 9 月，证监会开通“12386”中国证监会试运行热线，收集证券期货市场投资者投诉、咨询、建议等方面诉求。具体内容包括三方面：

一是投资者在购买产品、接受服务或投资活动中，与证券期货市场经营主体及其从业人员发生争议的，可以提起投诉。

二是对证券期货监管工作或者政策提出建议和意见。

三是对证券期货相关法律制度或者监管工作政策等提出咨询。证监会还会负责定期发布“12386”中国证监会热线试运行基本情况。

从证监会热线征集到的诉求情况来看，2014 年 11 月以前，收到的建议、咨询和投诉量较为平稳。随着股市开启牛市行情，自 2014 年 11 月开始，收到的诉求快速增加，其中以建议类增加速度最快，投诉类其次，咨询类热线相对增加较慢。从收到的诉求类型看，咨询类占比最大，建议类其次，投诉类占比最小。见图 3－156。

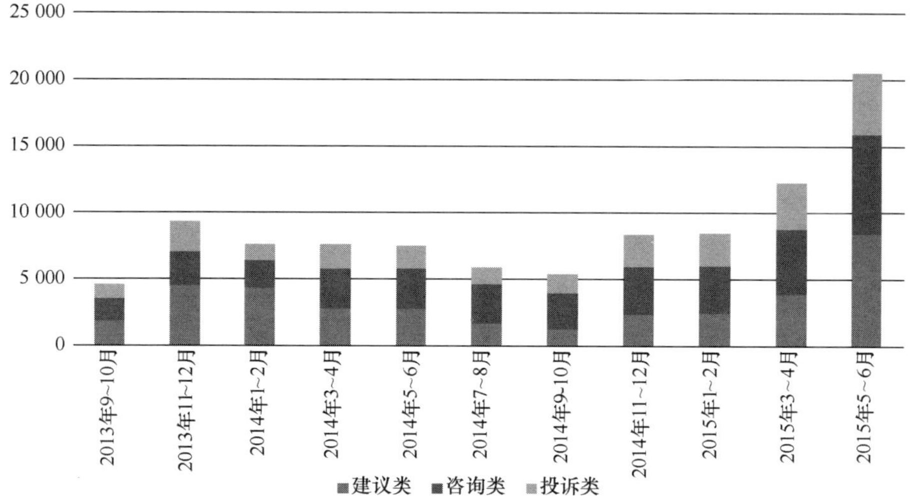

图 3－156　证监会 12386 热线诉求收集情况（单位：件）

数据来源：项目组根据证监会官网数据整理。

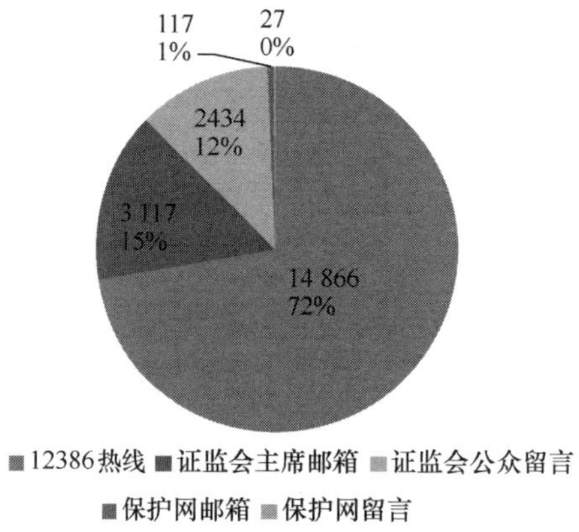

图 3－157　证监会各渠道诉求获取情况

数据来源：项目组根据证监会官网数据整理。

（1）12386 电话热线反馈互动及时性高，成为投资者表达诉求的主要渠道。从证监会获得消费者诉求的渠道来看，超过 70% 的诉求是通过 12386 热线获得的，其次是通过证监会主席邮箱和证监会公众留言，占比分别为 15% 和 12%，保护网邮箱和保护网留言占比较小，约为 1%。见图 3－157。

（2）北京地区投资者表达证券相关诉求的需求强烈，证券相关投诉量位居全国第一。从消费者诉求的地理分布来看，北京地区投资者诉求处在较高水平，略微低于广东，远高于上海、江苏、浙江等省市，体现了北京地区投资者参与金融服务的积极程度和水平；从消费者投诉的地理分布来看，各地区投诉的情况基本与总体诉求情况成正比。2015—2016 年，北京地区投诉者人数约为 460 人，在整体诉求中约占 20%，相对其他省市处于较高水平，体现了北京地区投资者消费者保护意识较高。见图 3－158、图 3－159。

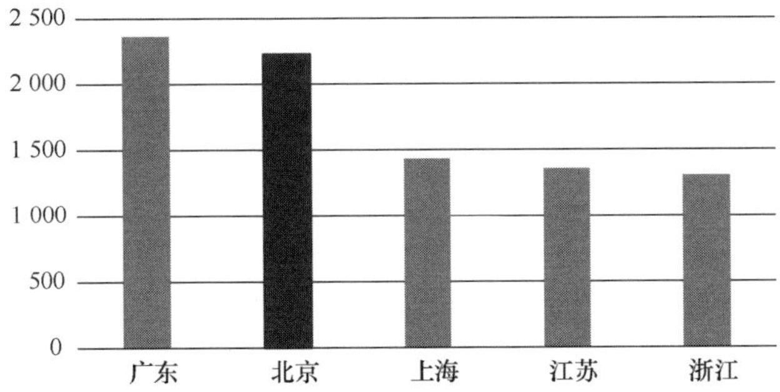

图 3－158　2015 年 5—6 月投资者诉求地理分布

数据来源：项目组根据证监会官网数据整理。

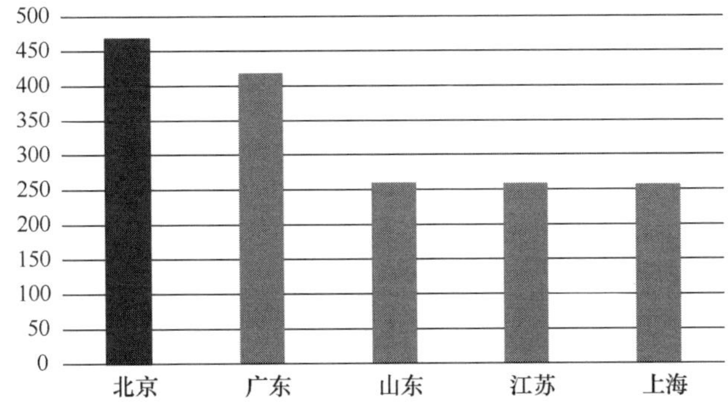

图 3－159　2015 年 5—6 月投资者投诉地理分布

数据来源：项目组根据证监会官网数据整理。

（3）证券公司及上市公司是主要投诉对象，规范经营问题是重点。从证监会收到的消费者投诉来看，80% 以上的投诉对象为证券公司和上市公司；对基金公司和非法证券、期货的投资行为投诉较少，约占 20%。针对证券公司的投诉中，规范经营问题和系统问题是主要的投诉内容；在上市公司的投诉中，上市公司的规范运作情况是最主要的问题。见表 3－45。

表 3－45　消费者投诉问题情况

投诉对象	问题方向	具体问题投诉量	大类投诉量
证券公司	规范经营问题	914	1 813
	系统问题	514	
	公司治理问题	198	
	开户、专户、销户问题	117	
	从业人员问题	70	
上市公司	规范运作	1100	1 451
	上市公司治理	158	
	信息披露	105	
	交易规范行为	72	
	重大资产重组问题	16	
基金公司	规范经营问题	177	373
	申购赎回问题	113	
	分红问题	38	
	公司治理问题	24	
	信息披露	21	
非法证券、期货活动	其他	155	264
	非法证券、期货经营	59	
	非法、证券投资咨询	40	
	非法委托理财	9	
	非法证券发行	1	

数据来源：证监会官方网站。

3. 保险投诉

（1）北京地区寿险和产险投诉量下降，保险消费者保护初具成效。2014年至 2015 年，北京地区寿险投诉总量从 2 611 件下降到 573 件，理赔纠纷件数从 741 件下降到 363 件，亿元保费投诉率从 63. 19 件/亿元下降为 0. 55 件/亿元。2016 年第一季度，寿险累计投诉量为 212 件，理赔纠纷件数为 153 件，亿元保费投诉率上维持在 0.55 件/亿元。财产险投诉总量从 2014 年的 1 938 件下降到 2015 年的 395 件，理赔纠纷件数从 1 414 件下降到 347 件，亿元保费投诉率从 6.56 件/亿元下降为 1.11 件/亿元。2016 年第一季度，财产险累计投诉量为 138 件，理赔纠纷件数为 199 件，亿元保费投诉率上升为 3.76 件/亿元。见图 3－160、图 3－161。

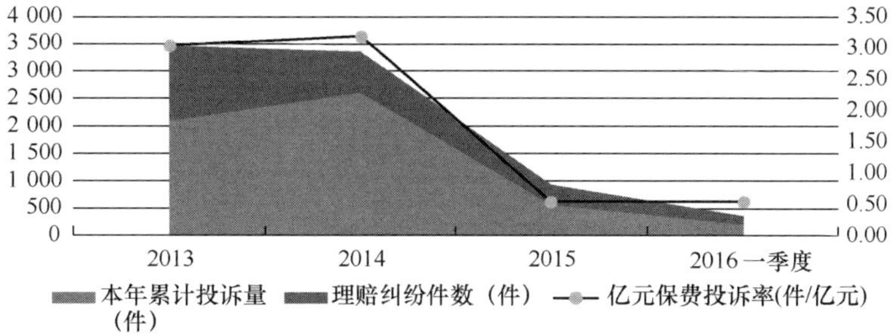

图 3－160　北京市保险公司寿险累计投诉量（左轴单位：件；右轴单位：件/亿元）

数据来源：北京市保监局。

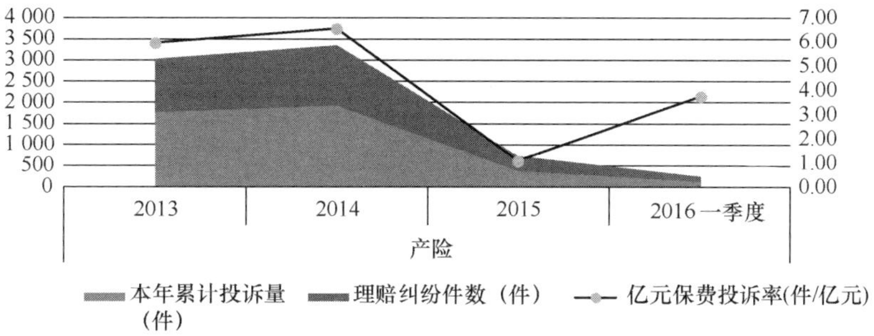

图 3－161　北京市保险公司财产险累计投诉量（左轴单位：件；右轴单位：件/亿元）

数据来源：北京市保监局。

说明：亿元保费投诉率＝本年累计保险公司投诉件数/本年累计保险公司保费收入（亿元）。

（2）销售误导投诉量下降，北京地区保险服务质量上升。2014 年到 2016 年一季度末，商业银行代理保险业务销售误导投诉量明显减少，2014 年为 1 060件，2015 年减少为 114 件。见图 3－162。

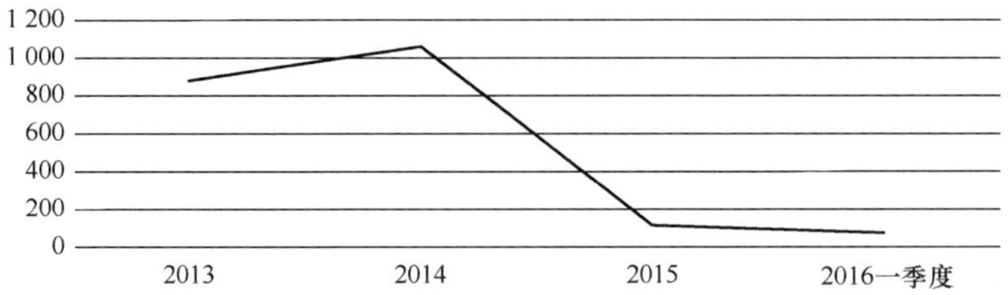

图 3－162　2013—2016 年第一季度商业银行代理保险业务销售误导投诉（单位：件）

数据来源：北京市保监局。

（3）投诉总量保持稳定，规模平均投诉持续下降，在保费规模快速扩张的同时，保险产品质量得到很好的控制。从全国范围内保监会收到的消费投诉情况来看，2015 年收到的人身保险投诉量为 15 385 件，同比增长 1.81%，财产险投诉量为 14 748 件，同比增长 16.6%；人身保险和财产保险亿元保费投诉量持续下降，2016 年一季度分别为 0.21 件/亿元和 0.04 件/亿元，下降明显，数据表明全国范围内保险消费者的保护方面工作取得了很大进展。见图 3－163。

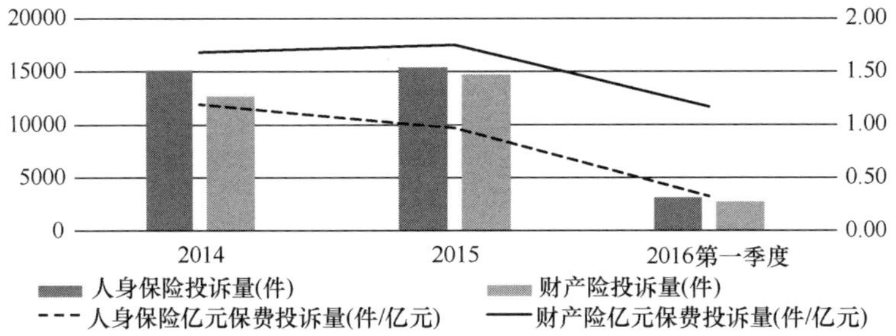

图 3－163　全国人身保险和财产保险投诉情况

数据来源：保监会。

（4）保险合同纠纷是主要问题，理赔和退保纠纷是重点。从 2016 年一季度全国保险消费投诉情况看，保险公司是最主要的投诉对象，保险中介接到的投诉较少。针对保险公司的投诉中，保险合同纠纷占 87.77%，违规投诉占 12.15%。理赔环节和退保纠纷涉及金钱，是被保险人重点关注的领域，理赔/给付纠纷和退保纠纷约占总投诉量的 68.05%。见表 3－46。

表 3 -46　2016 年一季度全国保险消费投诉情况统计表

被信访主体	投诉事项		投诉量（个）
	一级分类	二级分类	
保险公司	保险合同纠纷	保全纠纷	202
		承保纠纷	747
		理赔/给付纠纷	2 845
		退保纠纷	1 226
		保险合同纠纷其他	224
	违法违规	财务违规	4
		销售违规	707
		违法违规其他	16
保险中介	保险中介合同纠纷		9
	保险中介违法违规		2
合计			5 982

数据来源：保监会消保局。

财产险和人身保险投诉量持平，商业车险、分红保险与普通人寿保险成投诉重灾区。最主要的财产险是机动车辆保险，相关投诉约占总投诉量的40%，商业车险的赔付频率较高，投诉较多，占比达到了26.16%；人身险方面投诉较多的是健康保险、人寿保险、意外伤害险和人身险等，其中最主要的投诉领域是人寿保险，分红保险和普通人寿保险涉及保险属性和理财属性，理财属性层面受到更多投诉，占比达到36.17%。见表3 -47。

表 3 -47　2016 年全国一季度保险消费投诉问题情况统计表

险种分类			投诉量（个）	占比
一级险种	二级险种	三级险种		
财产险	保证保险	个人贷款抵押房屋保证保险	5	0.08%
		机动车辆消费贷款保证保险	0	0.00%
		保证保险其他	10	0.17%
	机动车辆保险	商业车险	1 565	26.16%
		交强险	174	2.91%

续表

<table>
<tr><th colspan="3">险种分类</th><th rowspan="2">投诉量（个）</th><th rowspan="2">占比</th></tr>
<tr><th>一级险种</th><th>二级险种</th><th>三级险种</th></tr>
<tr><td rowspan="10">财产险</td><td>机动车辆保险</td><td>机动车辆保险其他</td><td>510</td><td>8.53%</td></tr>
<tr><td>货物运输保险</td><td>货物运输保险</td><td>12</td><td>0.20%</td></tr>
<tr><td>企业财产保险</td><td>企业财产保险</td><td>24</td><td>0.40%</td></tr>
<tr><td>责任保险</td><td>责任保险</td><td>44</td><td>0.74%</td></tr>
<tr><td>家庭财产保险</td><td>家庭财产保险</td><td>20</td><td>0.33%</td></tr>
<tr><td>农业保险</td><td>农业保险</td><td>49</td><td>0.82%</td></tr>
<tr><td>船舶保险</td><td>船舶保险</td><td>1</td><td>0.02%</td></tr>
<tr><td>工程保险</td><td>工程保险</td><td>3</td><td>0.05%</td></tr>
<tr><td>财产险其他</td><td>财产险其他</td><td>224</td><td>3.74%</td></tr>
<tr><td colspan="2">小计</td><td>2 641</td><td>44.15%</td></tr>
<tr><td rowspan="10">人身险</td><td rowspan="3">健康保险</td><td>疾病保险</td><td>224</td><td>3.74%</td></tr>
<tr><td>医疗保险</td><td>194</td><td>3.24%</td></tr>
<tr><td>健康保险其他</td><td>27</td><td>0.45%</td></tr>
<tr><td rowspan="4">人寿保险</td><td>分红保险</td><td>1 418</td><td>23.70%</td></tr>
<tr><td>普通人寿保险</td><td>746</td><td>12.47%</td></tr>
<tr><td>万能保险</td><td>94</td><td>1.57%</td></tr>
<tr><td>投连保险</td><td>21</td><td>0.35%</td></tr>
<tr><td>意外伤害保险</td><td>意外伤害保险</td><td>356</td><td>5.95%</td></tr>
<tr><td>人身险其他</td><td>人身险其他</td><td>261</td><td>4.36%</td></tr>
<tr><td colspan="2">小计</td><td>3 341</td><td>55.85%</td></tr>
<tr><td colspan="3">合计</td><td>5 982</td><td>100.00%</td></tr>
</table>

数据来源：保监会消保局。

（二）金融教育普及与消费保护宣传

投诉是对消费者的事后保护，要从根本上提升消费者的消费体验，事前的金融知识普及必不可少。

1. 全国范围内组织开展相关调查，摸底金融素养和消费者权益保护现状

人民银行 2014 年和 2015 年分别开展了消费者金融素养调查。2014 年 8

月，人民银行在全国范围内选定7个具有代表性的省份，首次开展了消费者金融素养调查。2015年，在全国范围内选定9个具有代表性的省份，抽取5 400个有效样本，以调查问卷的形式评估金融消费者教育的有效性和金融消费者的知识缺陷、知识需求以及行为特点，先后形成《中国金融消费者保护与金融消费者教育问卷调查报告》《消费者金融素养调查分析报告（2015）》。

2014年，银监会组织开展首次中国银行业消费者权益保护现状专项调查，内容涵盖消费者基本情况、金融消费习惯、银行产品与服务、金融知识水平以及投诉处理等。

2. 积极开展大众金融知识宣传教育活动

2013年，人民银行在“3. 15”期间开展金融知识宣传教育，并在9月开展金融知识普及月活动，积极探索多种形式，增强金融消费教育的有效性。2014年，人民银行在“3. 15”期间开展“金融消费者权益日”活动和9月开展“普及金融知识、惠及百姓生活、共建和谐金融”为主题的金融知识普及月活动，同时编写《金融知识普及读本》，将其作为主要的金融普及教育材料。同时举办媒体通气会，加大主动宣传力度，并开展金融知识“进军营”“进农村”“进高校”“进机关”“进社区”等活动，设立上百个“中国人民银行金融知识普及示范点”。2015年，人民银行通过“3. 15金融消费者权益日”和9月“金融知识普及月”活动，深入开展金融消费者教育，重点普及与金融消费者日常生产生活紧密相关的金融基础知识及金融新业态的有关知识。

银监会于2013年和2014年9月组织全国银行业金融机构先后开展“金融知识进万家”公益宣传活动。见表3－48。

表3－48　“金融知识进万家”公益宣传活动情况

年份	2013年	2014年
参与网点数	21万余个	20万余个
设立的户外集中宣传点数	12万余个	8万余个
宣传人员数	144万余人次	109万余人次
咨询人数	9 400余万人次	8 400余万人次
发放宣传资料数	1. 1亿册	8 500万册

续表

年份	2013 年	2014 年
投放公益宣传短信数	1.8 亿条	2.6 一条
投放宣传片和广告数	16 万条	108 万条
相关报道	2.9 万余次	3.5 万余次

数据来源：银监会年报。

2013 年银监会开展“送金融知识进工厂”活动，共计 3 122 次，受众 180 万人次；针对金融知识薄弱的老年人群体，开展各类金融知识进社区活动 18 970次，受众超过 4 000 万人次。

3. 保监会编写保险消费者教育资料，拓宽工作教育渠道

2015 年保监会编写并上传至保监会网站消费者教育文章共计 18 篇；积极通过广播、电视、报刊、网络、出版物和专项活动的方式，开展社会普及保险知识、政策法规解读、公众答疑以及科学合理保险消费观念培育活动；持续推动保险公司将消费者教育纳入公司客户服务体系；稳步在学校试点开展保险教育工作。

近年来北京市保监局通过官网发布“汛期保险服务提示”“2016 年汛期汽车出行风险防范提示”“信保险，自主消费”“谨防不法分子假借保险公司名义销售非保险金融产品”“新车投保 三个注意”“学平险为在校学生保驾护”“重视人身保险投保单的填写”“2015 年汛期风险防范提示”“购买投连险 牢记‘一二三’”等大量提示，为北京地区保险消费者提供了相关信息，提高了消费者保险认知和教育水平。

4. 丰富金融教育工具，创新金融教育形式

银监会针对社会公众，推出金融知识动画片、漫画、“金融掌中宝”手机应用以及《银行业金融知识读本》；银监会组织青少年理财足球大赛、设立理财足球游戏体验区；编排“聚场”话剧为老年人普及金融知识；开展“金融知识进校园活动”。北京银监局还与当地社区主管部门合作开展“银发理财，乐享生活”老年金融知识普及公益活动，并编写《老年人金融知识读本》；针对青少年轻体，银监会开展“送金融知识进校园”活动 3 532 次，受众人数超过 162 万人次，23 个银监局编写了金融知识教材，13 个银监局制作了金融知识动画片。

2015 年，证监会在投资者风险提示和防范方面编写了“投资者风险警示词条”“投资者风险警示词条”“‘公平在身边’投资者保护系列丛书”“投资者风险案例”等宣传资料；证监会设立微课堂并编写各类投教资料；设立上海证券交易所股票期权投资者教育专区，设有投教文摘、在线课程、宣传折页、期权动画、模拟交易、期权学堂等栏目；发布《关于加强证券期货投资者教育基地建设的指导意见》，并对首批全国证券期货投资者教育基地进行正式授牌。

针对消费者保险认知薄弱的情况，保监会设立保险知识大讲堂，从保险基础知识、机动车辆险、其他财险、人身保险、保险中介和风险提示六个维度，为消费者传授保险基础知识和实务流程、保险产品、典型案例、保险运行原理和实例等知识，帮助消费者理解保险运行的基本规律，使其能够有效维护自身的合法权利。保险知识大讲堂采用线上网站的形式，便于消费者学习，同时也能方便消费者在遇到困难时，作为资料查询。

北京市金融局在大众金融教育的工具以及形式方面展开了积极尝试，先后制作编写金融安全手册，上传至网站，对银行、证券、保险、融资性担保、小额贷款等金融知识进行宣传与普及，并且编订成册联合北京银监局、证监局等机构进行分发；制作十集金融安全宣传片，对各类诈骗、风险进行剖析，2016 年制作发布了“钱去哪儿了”金融安全宣传片，这些宣传片均上传至网络并提供下载，有效扩大了其传播范围以及受众群体。

5. 打击非法集资，积极开展相关系列宣传活动

2013 年和 2014 年，北京市金融局在北京市海淀区、朝阳区、西城区等 14 个区县开展防范打击非法集资系列宣传活动，向群众介绍了非法集资的特征、表现形式和常见手段，宣传近年来查处的典型非法集资案件，教育群众怎样识别非法集资，揭露犯罪分子的惯用伎俩，揭示非法集资的欺骗性、风险性及社会危害性。见表 3－49。

表 3－49　北京市金融局开展防范打击非法集资系列宣传活动成果

地区	成果
延庆区	悬挂宣传横幅 10 条；发放宣传手册 2 000 余册，宣传单、宣传折页 3 000 余页；发放各种印有宣传标语的物品 1 000 余件；设置宣传展板 20 块；提供咨询服务 300 余人次

续表

地区	成果
朝阳区	宣传活动累计为广大群众发放《打击非法集资、共创和谐社会》《非法集资典型案例》宣传页300余份，发放宣传购物袋等纪念品200余份，并接受现场群众的咨询100余次
房山区	活动期间悬挂宣传横幅十余条；发放宣传手册、宣传单、宣传折页500余页；发放各种印有宣传标语的物品1 000余件；设置宣传展板、橱窗宣传海报20块
平谷区	发放各类宣传材料500余份，接受咨询百余人次
东城区	活动共计发放宣传资料400份，接受咨询500余人次
石景山区	活动共发放宣传材料500余份，布置展板6块，向近千人次的群众宣传了与非法集资相关的金融知识
昌平区	选取了3个大型社区进行主体宣传，并通过向其他社区代表授书的方式，宣传覆盖了辖内30多个社区，活动选区的社区最大的人口数超过1万人
密云区	活动累计为广大群众发放《打击非法集资、共创和谐社会》《非法集资典型案例》宣传页500余份，发放宣传购物袋等纪念品800余份，并接受现场群众的咨询200余次
丰台区	宣传月期间，共安排发放各类宣传材料近6万份
顺义区	活动共发放宣传材料400多份，接受咨询1 000多人次
海淀区	期间共发放验钞笔200余支，宣传手册2 000余册，宣传单、宣传折页3 000余页；发放各种印有宣传标语的物品1 000余件；提供咨询服务300余人次

数据来源：项目组根据北京市金融局网站信息整理。

六、普惠金融发展特点

基于以上分析，项目组总结了北京地区普惠金融的发展现状，北京地区物理网点等基础设施便利，但是金融产品依然不能满足发展需要，金融政策需要进一步协调。具体如下。

（一）普惠金融对象

北京地区经济发展水平较高，扶贫已经不是普惠金融的核心目标，致富和创业是普惠金融的重点。

北京地区小微企业和个体工商户呈逐年下降趋势，这可能与北京地区商圈外迁政策大环境相关；北京作为首都，城乡居民收入较高，低保标准远高于全国贫困标准，从普惠金融的目标看，北京地区应该侧重致富和创业；农村地区平原和山区收入状况差异较大；大学生创业比例较低。

（二）金融机构供给情况

总体看，北京地区物理网点覆盖率较高，随着互联网的发展，物理网点的数量可能接近顶峰，未来将逐渐下降。

银行与保险等大型机构仍是北京居民获得金融服务的主要机构，占机构总数的77%，ATM 和 POS 是银行机构数的118倍，极大拓展了金融服务的范围；新型金融机构呈增长趋势，占14%，在普惠金融对象融资向纵深发展上发挥了重要作用；数字金融机构数占比为6%，业务规模增长迅速，但在严格整治下，未来发展趋势不太明朗；支持性机构数量不足，个人征信尚无牌照发放。

（三）金融产品情况

金融产品的供给不够丰富，贷款渠道单一，理财等产品结构简单，对小微企业等普惠金融对象群体支持不足。

1. 贷款融资情况

北京地区社会融资总额在全国占比较高，涉农贷款余额虽然有小幅增长但占比下降，小微贷款增速较快且超过了中型企业贷款，个人贷款中消费贷款占据主导，个人经营性贷款占比很低，且大幅下降。北京普惠金融融资情况可能并不乐观。受经济形势影响，2015 年北京人民币贷款大幅下降，债券和股票占比上升，达到54%，新三板挂牌企业数量也位居榜首；北京地区涉农贷款增幅较大，但在人民币贷款中的占比却呈下降趋势，涉农贷款支持力度仍需加强；小微贷款增长较快，占比逐年增加，2015 年增长速度首次超过中型企业，小微支持力度持续加强。但是值得注意的是，在银监会“三个不低于”政策要求下，商业银行倾向于将更多业务纳入小微业务的报表范畴；个人贷款持续增加，占比逐年增加，消费贷款结构不合理，个人住房贷款占比高、增速快，个人经营性贷款增长大幅下降；北京信用卡人均发卡量远高于全国平均水平，亦高于上海，农村地区信用卡使用率低于城镇，一半左右用户的信用卡额度小于1 万元。从普惠金融贷款发放机构看，大中型机构占比达72%，新型金融机构占26%，网贷机构尚处于起步阶段；从调研情况看，小型贷款占比较高，需求满足率低，银行仍是主要的贷款渠道。

2. 投资理财情况

从产品看，北京地区个人理财产品结构简单，产品供给层次不够丰富；投资者风险承受能力较强。

北京地区个人金融资产约占全国个人金融资产总额的10%；其中北京地区低风险投资规模占地区个人金融资产的比例比全国范围低风险投资比例少11个百分点，个人风险承受能力更强，投资结构与全国相比差异非常大：北京地区银行存款和银行理财比例相当，全国情况则是银行存款几乎是银行理财的5倍；北京地区个人基金投资占比较高，达到41%，接近全国平均水平（22%）的两倍，私募投资占比为9.27%，远高于全国的1.89%；保险理财与全国情况一样，都不是主要的理财渠道。

3. 保险产品情况

保险产品以人身险为主，农业保障险和信用保证险业务规模不大，对农业风险保障和小微企业贷款的支持力度仍有很大提升空间。

北京市保费收入稳定上升，人身保险保费收入占比较高；人均保险费额、保险密度和保险深度均高于全国。从险种来看，北京地区投保人更倾向于购买寿险与健康险；城乡对比来看，农民更不愿意主动购买保险产品；政策性农业保险和信用保证保险等险种波动较大，总体规模有限；部分农业保险、老年人保险并未全面推广。

4. 支付产品情况

金融机构网点、ATM和POS机等物理设施构成的基础支付环境，网上银行、手机银行、第三方支付、扫码支付等互联网支付模式构成了全天候、无地域限制的支付环境，北京地区网络和手机信号几乎全覆盖，可以实现随时随地的无障碍支付。

全国银行账户开立情况较好，全国平均持卡量3.99张，在全面推广新农合、新农保的情况下，成人银行开卡率几乎可以实现100%；ATM和POS安装量持续上升，但受互联网冲击，ATM增长速度开始大幅下降；网上银行、手机银行、第三方支付、扫码支付等极大降低了支付成本、提高了支付便捷性，消除了支付时空的限制，无论是商业银行互联网支付，还是非银行机构第三方支付的交易笔数都呈快速增长趋势。从调研情况看，北京农村地区使用互联网和第三方支付的频率低，仍主要依靠网点和 ATM，城镇居民使用过电子支付工具的占到一半以上，对网点的依赖大幅下降。

5. 银行产品情况

随着金融市场化进程的推进，金融机构不断进行产品创新，并形成多层次、多品种的产品结构，但相对于需求，产品创新的深度和广度尚显不足。

从理财产品看，从 5 万元起步的银行理财产品到 100 万元起步的私人银行、资产管理、信托等产品，现有理财产品梯度分布不均，主要集中在收益区间的两极，中间产品较少；从融资类产品看，几乎所有银行都有针对小微企业和个人的融资产品，但股份制商业银行、城市商业银行很多没有涉农产品，针对小微产品虽然名称相同，但几万、几十万的小微贷款产品并不多；保险类产品面临着产品不丰富和产品规模不足的问题；支付产品从种类、渠道、便捷性方面都有表现良好，主要问题是从安全考虑对互联网支付模式的限制还较多，对普通消费者的安全教育也值得重视。

（四）政策情况

目前与普惠金融直接相关的制度是小额贴息担保贷款相关制度，是财政转移支持普惠金融对象的一种模式，并被分解为妇女、失业、大学生等各类相关普惠金融对象；另一个直接相关的政策是银监会“三个不低于”的政策，对加大小微支持力度有重要作用，但商业银行是市场主体，政策需要考虑灵活性；此外，普惠金融相关政策还多属于“鼓励性”政策，应更多关注真正惠及普惠金融对象落到实到的成果。

（五）消费者教育和消费者保护

中国经济快速发展，居民金融资产也迅速增长，但金融知识不足和金融风险意识不强导致目前金融消费频频出现金融诈骗、投资失败、投资本息损失等情况，金融本身的特性导致一旦损失事件发生，即使有相关法律诉讼支持也很难收回本息，金融教育对消费者的前置性保护就显得尤为重要。

七、普惠金融面临的问题

过去数年来，北京地区普惠金融的发展，无论从服务对象、参与机构、各类产品的提供上，还是从政策完善和消费者教育、保护的角度，都有了很大改进，但也存在一些不足和待完善之处。

（一）北京地区普惠金融面向的对象本身具有特殊性，普惠金融对象的定位尚需清晰

全国和北京地区，普惠金融的对象都是一个模糊的概念，都处在似清晰又不清晰的状态，既强调普适性、强调弱势群体，也强调可承担、商业可持续。北京地区作为首都，富裕程度较高，为了实现普惠金融的目标，必须根据北京地区的特征，清晰、准确地对普惠金融对象做出定位和分类。只有这样，才能针对不同的人群，出台不同的优惠补贴政策、重点支持政策等。

1. 北京地区缺少有针对性的扶贫支持指标

根据2014年数据，北京市城市低保标准为650元/人/月，农村低保标准为560元/人/月。2014年，城市居民低保人数89 135人，农村居民低保人数51 324人。2016年北京城乡低保标准从家庭月人均710元调整为800元，城乡低收入家庭认定标准从家庭月人均930元调整为1 050元，远高于2015年人均纯收入2 800元/年的全国贫困线。因此，国家意义上的扶贫问题在北京地区已经基本解决，北京地区普惠金融涉及的扶贫优惠政策及人群，应该根据北京地区的人均收入状况，有相应的调整，涉及贴息、优惠贷款时，其标准也应考虑北京的实际情况。从另一个方面讲，北京地区普惠金融的核心重点是致富问题和创业问题。

2. 对小微企业的界定尚不清晰

正如我们在第三章发展现状中所提及的，小微企业的界定有统计局、工信部、财政部、银监会等四种口径，但从普惠金融的角度来看，这些口径都明显偏大。

统计局的数字只谈规模以上企业，2013年北京地区有小型企业19 572家，微型企业6 237家；2013年普查数据则显示，北京地区有小微企业41.7万家；从工商局注册情况看，2015年，注册地在北京且注册资本在100万以下的企业有58.7万家。

按银监会的口径，截至2016年2月末，北京辖内银行业金融机构（北京银行为北京地区口径）小微企业贷款余额7 908.02亿元，小微企业贷款户数14.60万户，小微企业申贷获得率92.20%。按此计算，户均贷款金额542万

元，这对很多小微企业来说是一个大数目。

从国务院印发的《推进普惠金融发展规划（2016—2020年）》（以下简称《规划》）中提到，将小微企业作为普惠金融重要的服务对象，但是没有对小微企业进行明确的界定。

另外，从北京地区未来的发展看，随着"大众创业，万众创新"以及京津冀协同发展战略的实施，小微金融的服务对象也在发生结构性变化：科技创新型小微企业不断增加，而聚集商业圈的传统贸易型小微企业如动物园批发市场、百荣世贸、大红门批发市场等逐步退出北京。

3. 高校毕业生作为普惠金融服务对象定位不明确

北京地区高校聚集，大学毕业生数量不断增加，毕业后去向趋于多样化，选择创业的占比仅有1%。涉及大学生的普惠金融，可以分为两类：一类解决大学生创业的启动资金问题，能有效促进大学生创业；另一类是消费金融，给大学生提供金融服务的同时，也存在一定隐患，使一些大学生过度消费，推迟还款等将造成个人征信的不良记录，并伴随很长时间，影响其未来消费。所以，针对大学生的普惠金融产品创新，应注重加强相关的金融教育和金融知识普及。

（二）普惠金融政策需要进一步分类和聚焦

1. 小额担保贴息贷款政策有优化空间。

小额担保贴息贷款是我国对象精准、额度清晰、贴息明确的普惠金融政策，也是推广比较广泛，并被各地方政府不断细化的优惠政策。2008年，发放小额贴息贷款的机构由农行拓展到所有金融机构，惠及对象广泛，包括失业人员、未就业大学毕业生、复员（转业）军人、农村转移劳动力、农村妇女开办的个体工商户、小微企业以及经区县人力社保部门和财政部门认定的劳动密集型小微企业。

根据中国政府网信息，自2003年到2012年7月，北京市共发放小额担保贷款近2.1亿元，1600家初创小微企业和个体工商户享受了这一政策，直接帮扶了2210人实现创业。小额担保贷款发展成效显著，但与全市63.7万户个体工商户（工商局2016年数据）和41.7万家小微企业（2013年全国普查数据）相比，覆盖面仍然很小，还有很大的空间。

另外，经济持续发展的情况下，定期对小额担保贷款额度和小额担保贷款标准做出调整或优化，可以使小额担保贷款发挥更大的普惠金融价值。

2. 对金融机构的补贴、税收等财务优惠政策相对缺失

从增加普惠金融供给的角度看，为金融机构提供一些补贴或税收优惠，会降低金融机构提供服务的成本，从而增加普惠金融服务的供给，但从项目组整理的北京地区政策制度文件看，目前只有针对科技企业有明确优惠政策，如2009年的《关于促进银行业金融机构在中关村国家自主创新示范区核心区设立为科技企业服务的专营机构的指导意见》，针对科技企业有购（建、租）房补贴、风险拨备补贴、业务增量补贴等规定；2001年《北京市关于进一步促进高新技术产业发展的若干规定》提出，“本市注册的风险投资机构，对本市认定的高新技术成果转化项目投资超过当年投资总额70%的，其当年缴纳所得税地方收入部分的50%，由财政安排专项资金支持；中关村科技园区内政府出资设立的信用担保机构发生贷款担保代偿损失时，可申请财政资金补偿，具体办法按有关规定执行”。针对中小企业贷款、涉农贷款、妇女贷款等普惠金融贷款业务，没有相应的优惠政策。

（三）多层次金融机构体系中不同层次机构的价值尚需深耕

正如在现状分析中指出的，金融机构对普惠金融有弱相关和强相关关系。从数量上看，以银行和保险组成的大中型金融机构在数量上占据绝对主导。按照相关性强弱看，强相关机构数为6 806个，从万人拥有机构数来看，北京地区为2.076 0个，高于上海、广东和浙江的1.654 5个、1.358 7个和1.968 8个。见图3－164。

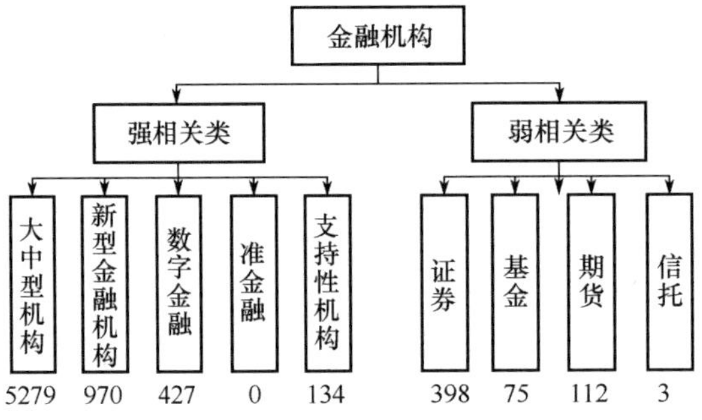

图3－164　金融机构体系层次结构

具体到北京地区，金融机构体系存在的问题既有全国各地面临的共性问题，也有自身特有的问题，主要包括以下几个方面。

1. 弱相关类金融机构与普惠金融的关系主要体现在投资规模上

信托、资管、基金、期货、证券等金融业务，从融资角度看，几乎和普惠金融对象没有关系；从投资理财角度看，由于门槛较高，对普惠金融针对的弱势群体关联度低，这些金融机构属于普惠金融弱相关金融机构。

截至2016年12月末，“新三板”挂牌公司10 163家，其中2015年北京新挂牌企业5 034家，“新三板”准入门槛较高，而且挂牌企业数量与小微企业庞大的基数差距较大，与普惠金融相关度较低。

2. 支付渠道丰富多样，消费者自我保护意识不足

在商业银行的POS服务、网上银行、手机银行等创新服务和互联网金融企业第三方支付等共同推动下，北京地区支付服务已经相当丰富，金融机构的供给不再是制约。支付面临的问题主要表现为如何教会普惠金融对象正确使用各种支付渠道和方式，避免因不熟悉导致上当受骗。

3. 大中型金融机构数量不是主要问题，问题是产品的创新和服务的深度

北京城区普惠金融服务网点覆盖较完善，在郊区也有相当数量的银行等传统机构机构网点，乡镇层面的服务机构则主要是中国农业银行、北京农村商业银行和邮政储蓄银行。

在互联网渠道的贡献下，金融机构的数量已经不是问题，无论是投资、购买理财、支付，还是购买保险，金融互联网化的网上银行和手机银行，以及互联网保险，已经能够让金融机构联通所有人。产品和服务的问题在产品提供方面再展开。

4. 新型金融机构是对大中型金融机构的有益补充，数量上存在供给不足

新型金融机构包括小额贷款公司、担保公司、典当行、商业保理公司、融资租赁公司、金融租赁公司、汽车金融公司、消费金融公司和村镇银行等，是《规划》中多层次金融机构中的重要组成部分。

从数量上看，除小贷公司105家少于上海的128家，北京地区其他新型金融机构如担保公司、典当行、商业保理、融资租赁、村镇银行的数量，都高于上海，汽车金融、消费金融公司的数量都不大，金融租赁虽少于上海，但差距也不大。

作为农村金融的重要补充，村镇银行、农村金融互助合作社的发展受到政府的鼓励，但目前能够统计到的数量和业务量都不大。

项目组调研显示，在郊区除了有经营执照的金融机构，还有相当数量带有“担保”“投资”“理财”“财富管理”“贷款”“典当”等字样的公司，多从事贷款、贷款中介、担保等金融业务，却没有合法的金融经营执照。

《规划》中提到政府为主出资设立融资担保机构或基金、重点支持小微企业和“三农”的省级再担保机构、国家融资担保基金、小微企业信用保证保险基金、小微企业和农业专项资金等；普惠金融相关的政府文件中，也涉及了各种需要政府主导和出资设立的金融机构，包括：科技型中小企业创投基金、市和区县两级小额贷款担保基金、中小企业发展专项资金、高校毕业生创业基金、市级股权投资基金、北京市农业担保资金等国家和北京市政府倡议成立的基金等，但目前其资金量和影响力都有限。

5. 互联网金融蓬勃发展，但遭遇瓶颈

互联网金融机构的发展，能有力促进普惠金融发展，但发展过程中监管缺失，突出表现为P2P平台和众筹平台的跑路倒闭等。截至2016年6月，超过43%的P2P平台无法正常运营，23%的众筹平台在2015年或停运或倒闭或转型。平台运营的合法合规性仍是目前的主要问题。第三方支付公司经历了漫长的续期等待后，进入相对成熟期。

（四）普惠金融监管需要多级多部门的协调

普惠金融的监管问题是各地都存在的共性问题。《规划》中多次提到“引导各类型机构和组织结合自身特点，找准市场定位，完善机制建设”“支持保险机构与基层农林技术推广机构、银行业金融机构、各类农业服务组织和农民合作社合作惠金融服务机构”“鼓励银行机构和非银行支付机构面向农村地区提供安全、可靠的网上支付、手机支付等服务”等，这些工作需要多部门协调，“由银监会、人民银行牵头，发展改革委、工业和信息化部、民政部、财政部、农业部、商务部、林业局、证监会、保监会、中国残联等部门和单位参加”，建立推进普惠金融发展工作协调机制涉及部的委达12个，在地方实施的过程中，还需要增加地方政府这个重要的参与方。协调涉及中央和地方多级多部门，建立这一机制并不简单，需要进一步协调。

（五）普惠金融融资难是普惠金融的核心问题

普惠金融要解决的核心问题是弱势群体的融资问题，也是其发展问题最突出的方面。

1. 普惠金融对象的融资难问题持续存在

2015 年，北京地区社会融资规模为 15 368.9 亿元，其中涉农贷款 2 659 亿元，占 5.26%，户均贷款 25.6 万元；小微企业贷款 5 141 亿元，占比 10.17%，按 2013 年普查数据计算，户均贷款 123 万元；个人消费贷款 11 181.7亿元，占比 22.12%，其中住房消费贷款余额 5 894.2 亿元，占比 52.7%，汽车消费贷款 1 647 亿元，占比 14.7%，其余贷款近似个人经营性贷款，为 3 640.5 亿元，其中约 80% 为小微企业贷款，据此，个体工商户贷款余额 2 912.4 亿元，728.1 万户，2015 年北京有个体工商户 64.6 万户，户均贷款 11.3 万元。从数字看，北京地区的普惠金融融资现状总体良好。

但项目组调查中，有 17% 的主体从没获得过贷款，而基本满足贷款需求的主体也只有 38%，有 62% 的主体融资要求没有得到满足。

2. 存在一明一暗两种体系，非正规渠道融资存在风险隐患

传统金融机构和拥有牌照的金融机构是普惠金融服务的一条“明线”。除了这条“明线”，还存在一条“暗线”，多冠以“担保”“投资”“理财”“财富管理”“贷款”“典当”等名称，公司的职责是互通借贷信息，获取中介服务收益，具体包括：

（1）为银行寻找借款客户，收取 3% ~5% 的中介费。

（2）将不能在正规金融机构获得贷款的客户，介绍到从事民间借贷的公司或公司直接放贷。

（3）寻找有投资需求的客户，为从事财富管理的公司提供投资者。项目组调查中，受访者平均每天收到 1 ~3 个此类营销电话。

3. 不良客户的贷款业务从传统金融机构向高利贷流转

民间金融的存在，逐渐形成了一个从正规金融机构向高利贷的业务流动过程，特别是小微企业贷款业务。第一阶段，小微企业从商业银行获得较低利率贷款，这个过程中民间金融机构参与为商业银行介绍优质客户；第二阶段，当借款人出现还款危机，甚至出现逾期，商业银行不再为客户提供贷款，但当借款人有房产等足额抵押时，客户会被介绍给小贷公司、保理公司、典

当公司等新型金融机构；第三阶段，如果借款人到期仍不能正常还款，客户会被介绍给较大的互联网金融公司；第四阶段，借款人情况持续恶化，则会被介绍给高利贷公司。在整个流转过程中，借款利率不断上升，年利率甚至达到50% ~60%。

4. 普惠金融对象融资难的原因分析

（1）弱势群体缺少信用记录。任何金融机构在发放贷款前，都会进行客户信用情况调查，但弱势群体多为首次贷款，在人行征信系统缺少信用记录，甚至没有多少存取款等交易记录，增加了信用评价的难度，风险等级必然会高。

（2）弱势群体缺少合格抵押物。现行金融体制下，偏重抵质押物的现象非常普遍，对普惠金融对象的贷款大多要求100%抵押，弱势群体缺少合格抵质押物，增加了融资难度。

（3）弱势群体金融服务运营成本高。普惠金融对象存在数量大、金额小、地域分散等特征，特别是涉农贷款，客户调查成本很高，从商业角度考虑，金融机构不愿意提供微型贷款。

（4）弱势群体经营风险也较高。企业的成长过程，无论是微型向小型、小型向中型，还是中型向大型的发展壮大，都有大量企业失败。如果企业是扩大再生产型企业，其风险等级会较高；而小微企业，受经济周期的影响很大，很难对宏观形势有准确把握，钢贸事件、煤炭事件都导致大量小微企业严重亏损或倒闭。农户扶贫性贷款针对的是村内相对贫困的人群，个人能力都相对一般，创业致富能否成功的风险也很大。

（六）征信体系需要进一步完善和提升

目前的征信体系主要依托于中国人民银行征信中心数据，这些数据主要记录历史上发生的借贷情况和偿还情况。广大普惠金融对象多是初次借贷，信用记录的历史空白增加了金融机构征信判断难度。现实情况是，借款人有社保情况、公积金情况、银行存取款情况、工商、税务、法院、公安、水、电、煤气、交通等各种各样的征信信息，《规划》中也强调“加快建立多层级的小微企业和农民信用档案平台”，为每个人、每个企业在初次授信前就建立起征信信息，是普惠金融的重要基础，为每个主体建立起持续的，贯穿主体终身的信用记录，是形成良好信用环境的重要保障。

（七）市场尚未形成不同风险梯次水平、不同收益率水平的产品架构，特别是缺少中等风险、中等收益的产品

北京的投资理财市场总体规模达到120 874.73亿元，主要存在以下问题：

（1）有牌照的银行类金融机构，其理财产品收益保障程度高，但是利率水平很低，人行公布的一年期定期存款基准利率只有1.5%，理财产品利率较高，在4%左右，但部分商业银行的产品也出现达不到预期收益率情况。

（2）准入门槛较高的资管产品和信托产品，收益率水平也较高，在6%~7%左右，但准入门槛至少100万元，随着整体经济环境下行，资管信托产品到期出现隐性刚兑的情况也越来越多，存在隐性风险的问题。

（3）高风险金融产品，像基金、股市、期货等金融产品，市场准入门槛不高，但风险较高，投资者可能面临较高甚至全部损失的风险。

（4）市场上一些不太合法的金融产品，如P2P产品、线下财富管理公司的产品，甚至非法集资产品，打着高收益的口号，是否有真实投资背景、风控能力，都是未知数，北京地区也出现了多起违约后才暴露的违规企业。

越来越多非正规理财渠道违约、跑路案例的发生，表明很多投资者选择了非正规理财渠道，说明除了国债、银行理财和银行存款，很多普惠金融对象缺少有效的投资产品，尤其缺少风险中等、收益率中等的投资产品。

（八）北京地区保险整体覆盖率低，普惠金融对象保险意识有待提高，社保依赖性强，涉农保险和企业信用保险发展受阻

保险领域，普惠金融主要关注人身保险覆盖率和涉农保险、企业信用保险的发展状况。近年来，北京地区人身保险保费收入和赔付支出都稳定增长。但从调研数据来看，农村地区各类商业保险的投保率非常低，只有12%，虽然北京地区新农合、社会保险已经全覆盖，但商业保险替代率是能反映保险覆盖面更重要的指标。北京地区尤其农村地区，保险意识较差，保险的作用无法发挥，因病致贫的隐患极大。

北京地区涉农保险产品相对较多，中国人保、中华联合等大型保险公司均推出涉农保险产品并与相关机构和企业合作。2015年，北京保监局、北京市农委、北京市金融局联合下发了《关于在大兴区建立创新型“三农”保险示范区的试点意见》，旨在以大兴区为示范，推广涉农保险，政策支持力度很大，涉农产品也很丰富，小麦种植保险、玉米种植保险、水稻种植保险、养

殖业保险、生猪价格指数保险等创新型产品众多，但保险覆盖规模和成效却不理想。截至目前，中华联合财产保险的果树树体保险赔款支出仅为615.24万元。来自保险公司的最新消息称，目前涉农保险多有停滞。

近年来信用保障型保险也得到保险公司的重视，中小企业贷款履约保证保险将有效推动中小企业融资发展。中国人民财产保险公司北京分公司首期和11家银行合作试点推出20亿额度，可缓解400~600家中小企业融资难的问题，但与北京地区中小企业总量相比，还有巨大的空间。如何在大力发展信用保险的同时，调动保险公司的主动性，保障保险公司不亏损，除了市场不断发展，更需要相关部门的共同推动。

（九）北京地区普惠金融普及率高，支付环境好，互联网第三方支付覆盖率高，但支付安全性堪忧，诈骗案件频发

北京地区金融支付环境较好，终端普及率高，网上银行、手机银行、支付宝和微信等新兴互联网支付手段和渠道众多，几乎完全摆脱了物理网点对支付的限制，实现了全天候、全地域的支付。支付存在的主要问题集中在支付的安全性上。北京地区大学生群体和资金规模较大的老年人群体众多，在个人信息安全问题无法保障的前提下，数额庞大的金融案件频发，诈骗案件甚至涉及高校教师。如果能创新推出延迟到账的转账方式，可以有效避免诈骗频发的问题。

（十）金融教育和消费者保护任重而道远

北京在消费者教育和消费者保护上着力颇多。但仍存在农村金融知识普及率低，中老年人防范诈骗意识差，保险行业的投诉举报处理率低，数据留存少等问题。

中国人民银行2013年开通“12363”金融消费者权益保护咨询投诉电话，从2014年、2015年收集诉求量达162 971件、135 590件，其中投诉量分别达到了16 535件、22 479件，投诉占比20%左右；证监会2013年开通“12386”热线，投诉通道开通晚，发展时间短，北京地区投资者诉求明显高于其他地区，投诉量460笔；北京银监局投诉电话在2015年3月开通，消费者教育以及投诉处理问题应受到重视。保险行业的投诉大多来自销售误导，近年来保监会连续发文整治销售误导问题，北京地区保险销售误导投诉量下降，财产险投诉件数明显增加，保险合同纠纷、理赔和退保纠纷成为主要投

诉问题，需要通过不断提升保险服务，尤其是投保后的保全服务方式，提升北京地区保险用户的满意度。

金融消费涉及普惠金融对象的财产安全问题，但又有一定的知识门槛，专业的金融知识对部分消费者来讲并不简单，消费前也不会去下功夫学习，因此，金融诈骗、非法集资等恶性事件频发，很多案件只需消费者有简单的金融知识就能避免，如检查一下收款单位、打电话咨询金融机构的公开服务热线等。

消费者教育还包括借款者教育。现在借款者的信用意识还有待提高，经常因为疏忽出现贷款逾期、信用卡逾期等，造成不良信用记录问题，更有甚至忽视信用记录，恶意拖欠贷款本息偿还。

第三类需要金融教育的对象是小型的处于合法或半合法状态的金融机构如各类新型金融机构的从业者。他们往往存在经营管理经验不足的问题，经常出现自融、资金挪用、投资者资金用做运营支出、甚至广告支出，这种问题在小型金融机构尤其是 P2P 公司非常普遍。

北京地区开展了很多针对金融消费者的消费者教育活动，但线下活动的受众数量小，范围受到局限。各监管部门都在注重针对金融消费者的教育，较少有针对金融机构的教育。各部门各类针对性的金融教育活动丰富，但应更加注重金融教育的持续性和系统性。

（十一）普惠金融数据不足

由于普惠金融定位和范围不清晰，各监管部门北京分支机构、北京统计局、北京市金融局等相关部门的普惠金融数据严重不足，研究数据缺失，不同机构不同部门的数据统计口径不一致。数据缺失对普惠金融研究形成制约，不能准确了解发展全貌。

第四章 北京地区普惠金融发展方向及政策建议

自 2005 年联合国“小额信贷年”提出普惠金融的概念以来，国际上一直致力于让金融助力发展中国家扶贫事业的发展，致力于金融扶持弱势群体，并成立了普惠金融联盟（AFI）、普惠金融专家组（FIEG）、全球普惠金融合作伙伴组织国际组织（GPFI）等组织，专门推动普惠金融技术、模式的发展。G20 峰会作为重要的国际政策协调会议，也一直关注并推动普惠金融的发展，2016 年的二十国集团（G20）峰会通过了《G20 数字普惠金融高级原则》这一互联网金融领域的首份国际性指引文件，将数字金融的最新技术进展与推动普惠金融的发展联系起来。本书从国际、全国和北京三个视角，基于普惠金融政策、对象、机构、产品、渠道、技术、模式、消费者教育和保护等维度，提出普惠金融发展的政策建议。

从国际主要评价体系看，广大发展中国家普惠金融的发展中，物理设施仍是主要约束，增加服务于弱势群体的金融分支机构、ATM、POS 等金融接触点，增加弱势群体在存取款、汇款、便捷支付方面的服务是基础目标；金融知识的不足是金融消费的主要问题；通过金融助推发展，摆脱贫困是普惠金融的核心目标；作为新技术和金融的结合，数字金融通过金融创新将为普惠金融提供低成本、便捷的服务，数字金融被寄望能够大幅提升普惠金融的发展。

从中国普惠金融发展看，地区间差异较大，金融设施覆盖率较高，特别是近几年网上银行、手机银行、第三方支付、扫码支付等快速发展，发达地区的网点建设和 ATM 装机等都呈下降趋势，但部分欠发达地区、贫困地区的金融设施还有增长的空间和需求；政策环境方面，为推动全国普惠金融的发展，国务院和各相关部委陆续出台一些支持普惠金融发展的政策。但是由于普惠金融对象具有个体小、群体分散且数量众多等特征，需要地方制定有针对性的措施去实施。目前的具体政策支持包括：贴息政策、税收优惠政策、金融机构准入政策、金融产品创新政策、征信体系建设推动、互联网金融创新政策等，一定范围内的宽松政策，可能是对普惠金融最大的支持，为保证政策的落地实施，需要建立多级多部门的协调机制。

从北京地区来看，全国性的政策已经基本划定，作为地方，最重要的是具体的实施工作，包括明确组织模式，确定管理办法，制定相应的工作流程，形成明确的监督机制等。见图4－1。

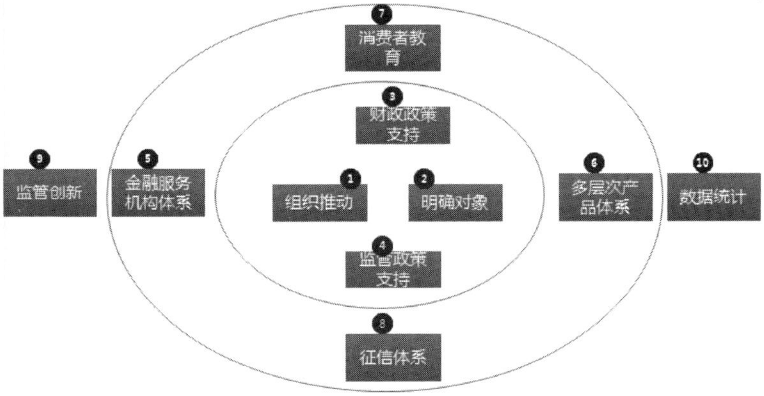

图4－1　政策建议整体框架

一、明确普惠金融发展职责部门

要提高普惠金融的可得性和满意度，机构间的良好合作是普惠金融体系良好运转的前提。提供普惠金融服务的各种金融机构，在主体金融体系中的功能定位各有侧重又非完全隔离。发放金融牌照的监管部门包括：人民银行（支付牌照），银监会（银行、信托、金融租赁、消费金融、村镇银行），证监会（证券、基金、期货），保监会（保险），商务部（融资租赁、典当），地方金融工作部门（小额贷款、融资担保），地方农委或农经委（专业合作社、资金互助社），保理业务受银监会和商务部两个部门监管。《规划》中明确的普惠金融实施需要协调的部门就有12个，部门间良好的协作非常重要。

普惠金融工作的开展要联合协调这么多部门，要想落到实处显然难度不小。《规划》中明确，部委层面由“人民银行和银监会”牵头组织协调。但在各省市的实施中，建议设立由地方政府牵头，金融办落实协调的普惠金融工作组。

二、明确界定普惠金融对象

普惠金融对象可以简单分为三个层次，第一个层次是狭义的概念，这一群体需要通过政府财政的支持，来帮助其获得金融服务，服务的核心是支持性贷款，如贴息贷款；第二个层次是相对宽泛的概念，包括金融消费者教育的惠及群体和便捷支付设施惠及的对象；第三个层次是广义的概念，主要是金融理财、保险保障等金融服务全面惠及的对象。在普惠金融实施中，真正需要明确界定的是第一个层次的普惠金融对象。

普惠金融具有公益性，是对弱势群体的金融支持，在普惠金融的实施中，必然要投入大量的社会资源来优先支持普惠金融对象，政府需要制定如贴息性质的政府财政支付转移、优惠利率的资金等针对弱势群体的特殊政策，提升其金融服务的获取能力。显然，不同政策适用群体是不同的，因此必须清晰界定普惠金融对象，明确小微企业、个体工商户、农村人口、老年人、享受低保人群、毕业大学生等弱势群体内涵及外延，才能提供更好、更多的金融服务，实现金融的普惠性、公平性。

从《扶贫贷款财政贴息管理办法》的实施看，在省级、地级、县级等政府部门都有对该文件的进一步落实，其中详细界定了可以享受贴息优惠的对象，并在实施过程中扩展到了妇女、小微企业、失业人群、大学生等群体。从北京地区的普惠金融实践看，需要各普惠金融对象的主管部门，如农业部门、林业部门、民政部门、妇联、残联、扶贫办等部门互相协调，结合现有支持资金、发展目标和相关政策，确定北京地区小微企业、个体工商户、创新创业企业、农户、妇女、大学生等群体中普惠金融惠及对象。

三、完善普惠金融服务机构体系

金融服务机构包括国有各大商业银行、政策性银行、保险公司等大型金融机构、村镇银行等小型金融机构、P2P 和众筹等互联网金融机构和消费金融等新兴金融机构等。这些机构共同构成了金融服务机构主体，在推进普惠金融发展的过程中，要通过政策引导，鼓励各类金融机构向普惠金融产品和服务倾斜，有效促进金融服务进一步下沉，提高普惠金融的可得性与满意度。不同规模和体量的金融机构，在普惠金融体系中发挥着不同的作用，在明确各金融机构主体作用和角色的同时，还要注意金融机构间的协同发展。

（一）发挥政策性金融机构在扶贫、支农等普惠金融领域的作用，加大北京地区基础设施、棚户区改造、支农扶贫等领域的资金投放

政策性金融机构有着不同的角色定位，农村发展银行主要服务于农村建设，国家开发银行主要服务于市内重大民生工程贷款，进出口银行则涉及少量的农村产品和金融外贸服务。在政策性银行中，农村发展银行和国家开发银行是普惠金融的主要力量。对普惠金融的重点服务群体，尤其是“三农”群体和小微企业，积极协调政策性银行给予相应的政策倾斜，结合各区农村经济发展程度的不同，创新性地提供差异化的普惠金融服务，加大对北京地区基础设施、棚户区改造、农村扶贫等领域的金融支持。

（二）引导商业银行等大型金融机构在资金、网络、技术等方面的创新，降低服务成本，增加普惠金融服务社会供给

商业银行的主体业务是纯粹的商业性金融业务，普惠金融业务主要面向偏远地区和低收入群体，受主客观条件的制约，普惠金融自身隐含的风险必然高于传统的商业银行业务。对商业银行来说，参与普惠金融体系建设是一项全新的事业，而且由于普惠金融投入大、风险高、收益低等特点，商业银行发展普惠金融的积极性不高。因此需要通过合理的政策引导和监管，促进商业银行参与普惠金融的深度和广度。政府可以出资建立涉农、小微、创业型担保基金，为金融机构的金融服务提供增信措施；财税部门可以考虑出台相关办法，对商业银行参与普惠金融体系给予一定的税收优惠；地方政府可以将当地部分优质资源向普惠金融业务倾斜，吸引商业银行增加对普惠金融的投入。

（三）发挥新型金融机构的灵活性，推进其在普惠金融重点服务地区的落地

小额贷款公司、村镇银行、典当、保理、担保、信用互助合作社、专业

合作社资金互助等新型金融机构具有企业规模小、与普惠金融对象距离近、能够充分了解客户信息等特征，因此在服务普惠金融对象方面具有天然的优势。调查情况显示，在合法合规金融机构之外，还存在很多从事金融服务的组织和个人，基于以上情况，应引导新型金融机构合规化运作，增加普惠金融服务供给。

（四）鼓励互联网金融机构在普惠金融体系发展中发挥补充作用，并进行适当监管

互联网金融机构创新活力强，发展迅速，是普惠金融发展不容忽视的力量。政府部门需要规划互联网金融发展，研究互联网金融对传统金融、货币政策调控、金融稳定的影响机制和路径，制定互联网金融战略行动计划。进一步加大互联网金融发展的配套支撑，引导互联网金融商业创新支持普惠金融体系。加快云计算、物联网、大数据、区块链等信息技术在关键业务和管理环节中的应用。进一步建立健全基于普惠金融服务统一的相关法规。从监管角度鼓励和规范互联网金融的发展，明确监管主体和准入门槛。

（五）积极学习和引进国内外普惠金融典型模式

资料显示，国际上在普惠金融对象、渠道、金融教育和技术等方面做了大量探索，格莱珉模式、印尼村镇银行模式、肯尼亚手机银行模式等都成为国际普惠金融的典范，国内也有包商银行 IPC 模式、民生银行小微模式、江山农商行模式、合作社资金互助模式、蚂蚁金服和京东的金融下乡模式等探索。在普惠金融模式的学习和引进方面，地方政府要起到积极引导作用。

四、丰富普惠金融产品体系

（一）在金融风险可控的前提下，鼓励多样化的贷款途径和商业模式创新

发挥担保机构的市场化增信功能，更多引导担保机构加强对普惠金融重点服务人群的金融支持。积极将以往未能覆盖到的重点人群纳入信用体系评估，通过适当的政策引导，使得这些人群也能寻求适当的担保机构支持，实现风险的可评估和小型贷款风险的控制。

积极探索扩充抵质押物的范围，尤其是针对普惠金融重点服务的“三农”群体、小微企业和低收入人群，进行抵质押物的价值评估和创新，探索农村

宅基地和知识产权的质押方式与规则的制定，使得拥有这些资产的重点服务对象能够享受到普惠金融带来的金融便利，提高贷款的可获得性。

更多鼓励互联网金融等多样化的金融服务创新，比如股权众筹、P2P 等，参与重点服务对象贷款，为有稳定现金流的项目提供融资，这既能盘活社会资本，也拓展了普惠金融服务对象的融资手段。在积极探索股权众筹、P2P 等金融模式创新的同时，结合在北京地区开展金融试点的具体问题，健全具体的监管体系和保障机制，有效控制金融创新风险。

（二）鼓励拓宽理财产品的获得渠道，对互联网理财进行有效的规范和引导

由于资金规模较小和投资渠道受限，普惠金融重点服务对象往往不能享受合适的资金保值增值方式。理财作为最主要的投资渠道之一，并不能很好的覆盖这一群体。通过政策引导和各金融机构协调合作，降低理财产品对普惠金融重点服务对象的门槛，为其提供多期限、不同风险偏好程度、多样化的理财支持，拓宽以往金融体系未能覆盖的弱势群体的投资路径，提高普惠金融服务的满意度。

在降低理财产品门槛的同时，对互联网理财等创新方式要予以适当的引导和规范。相对于传统理财方式，互联网理财收益率较高，往往能够吸引更多的普惠金融服务人群关注，但这一群体金融风险承受能力有限，在发展互联网理财的同时，也要通过政策引导和监管体系对这一新渠道予以规范，保障投资者利益。

（三）鼓励保险机构产品创新，提高保险服务的深度和广度，加强对重点服务群体的保障能力

作为风险分担的方式，保险在普惠金融服务体系中扮演重要角色。普惠金融的重点服务对象，特别是“三农”群体和贫困人群，是最需要保障的群体，使他们脱贫致富的同时，也要为其分散因病返贫、因灾返贫的风险。但目前这一群体保险购买意识不足。

通过适当的产品创新，提高保险服务的深度和广度是发展普惠金融必须推进的重要举措。针对农村人群的农业生产保险和针对弱势群体的健康险、大病险，能够有效分散普惠金融重点服务对象的风险。保险机构要加快探索和研究这一全新领域，对风险水平和期限结构有合理的度量，加快新型产品

服务的创新和研究，切实推动保险服务覆盖面的拓宽和覆盖深度的下沉。

五、制定合理的普惠金融财税政策

普惠金融的核心是金融，金融机构普惠金融供给不足的主要原因是成本问题。而财政提供的直接财政资金支持（如贴息）和间接财政资金支持（如对金融机构的税收优惠），都会改变金融服务的成本函数，刺激普惠金融服务供给增加，如财政部2016年9月24日发布《普惠金融发展专项资金管理办法》涉及对金融机构的奖励性财政资金。但财政资金的数量是有限的，如何将财政资金的作用最大限度发挥出来，需要注意以下几点。

（一）匡算合理的预算规模

直接性优惠政策包括贴息贷款、优惠利率贷款等形式，政策的受益方直接享受货币优惠支持，具有支持的直接性、补偿性等特点，其目标是帮助弱势群体获得融资、激励金融机构增加金融服务，其资金不是没有约束的，而是需要在财政预算的框架内实施。因此，需要在整体层面对财政补贴的规模有一个合理的匡算，地方政府要在自己的财力范围内量力而行，在支持普惠金融对象发展和财政约束间寻找平衡。

（二）设计合理的政策支持框架

政策支持包括直接贴息、优惠利率、金融机构奖励、普惠金融对象的税收优惠、金融服务机构的税收优惠、金融机构不良资产补贴等等，在合理匡算预算规模时，可以尝试不同类型财政政策的组合搭配，提高财政政策的效果。

（三）给予产业基金必要的政策支持

产业基金包括创投引导基金、“三农”专项基金、小微扶持基金和信保基金等多种形式，重点服务于小微企业、“三农”、贫困人群等普惠金融的重点服务对象。因为普惠金融对象风险较高，通过政府的参与和引导，逐步培育一个新的产业环境，形成一个新的产业经济。具体做法是政府直接提供全部或部分资金，形成初始的引导资金，通过吸引民间资本进入，发挥政府资金的杠杆作用。设立创业投资引导基金，引导民间资金进入创业投资等领域。创业投资基金有利于引导、扶持创业投资企业增加对高新技术中小企业的投资，特别是有利于增加对处于初创期和成长期创业企业的投资，在改善技术创新、产业培育、缓解中小企业融资困难、优化创业投资环境等方面发挥作用。目前创业投资主体呈多元化趋势，通过政府引导基金的引导、优惠政策和各行业优秀人才的专业理财，可以吸引更多的资金集合成创业投资资金，投资于成长性中小企业，民间资本也可实现良好的投资收益，实现良性循环。

提高“三农”专项基金的覆盖水平和效率，加强和改进“三农”专项资金使用和管理。北京地区各村经济发展不均衡，结合各村实际，加大村级财政转移支付、农村基础设施建设等资金投入，出台一些发展集体经济的扶持政策，如扶贫项目配套资金、加大资金贷款支持等，帮助经济薄弱村发展产业，形成“输血促造血”的良性发展机制。“三农”专项基金对农村基础设施和社会事业建设的投入过程中，要管好用好资金，确保惠农政策落到实处。加强资金使用情况监管，严格执行专项资金管理的相关规定，尤其是对用于购建生产、管理、公益事业设施方面的重大工程投入，规范使用投放的资金。

鼓励小微专项基金和信用保证基金的发展，发挥其对小微企业的金融支持作用。建立稳定的资金补给机制，考虑将小微企业信用担保资金列入财政预算，并根据年度代偿损失情况以及经济景气和企业发展情况增加注资，拓展信用保证基金的资金来源，使金融机构投入、小微企业会员费以及民间投资成为政府出资的有益补充。通过信用保证基金制度及产品创新，增大信用保证基金的吸引力。作为政府主要出资的非营利性组织，信保基金的运作应确保公开化、透明化，及时做好信息披露，接受外部监督。及时公示信保基金担保的申请条件、申请流程、业务合作银行、担保费率、惩戒机制等情况，方便小微企业充分掌握信息，按需申请担保。定期对外公开披露基金资本状况、担保余额、代偿情况、盈亏水平、运营费用等信息，接受外部合理监督。

（四）健全相关工作机制

普惠金融政策的执行，涉及普惠金融对象主管部门、财政部门、金融机构、普惠金融对象多方。因此，北京地区普惠金融政策的落地实施时，需要做到以下几点：一是根据北京地区实际情况制定《管理办法》和《实施细则》；二是制定相应资金使用的具体操作流程；三是监督资金的使用效果。

六、创造相对宽松的金融创新监管环境

（一）制定相对宽松的机构准入门槛

金融机构数量不足导致的金融服务供给不足，是中国金融服务不足的原

因之一。各金融牌照发放部门如一行三会、商务部、地方金融金融工作部门等，都有很长的机构准入待审批队列和分支机构设立审批队列。虽然金融机构准入的审批要考虑竞争环境、机构素质和能力等问题，但金融机构总体不足也是现状，特别是普惠金融发展需要大量的小贷公司、村镇银行、典当行、保理、担保公司等新型金融机构，相对宽松的金融准入也有利于打击非法民间金融、降低民间融资成本。

（二）营造相对宽松的金融产品创新政策环境

根据客户类型、业务类型，结合技术进步等因素，设计新的金融产品，是金融机构提高服务能力、降低服务成本、提高服务规模的重要动力源泉。各金融监管部门需要与时俱进，为金融机构提供宽松的产品创新政策环境，使金融产品创新有充足的空间。比如，生物识别技术已经取得了很好的发展，适时放开依靠生物识别技术来“证明我是我”，将提高金融服务的便捷性，至少可以考虑在小额支付领域放开。

通常新金融产品的出现会带来金融监管的挑战和新商业模式的挑战。作为金融监管机构，在加强金融风险评估的同时，如何在总体上保持对产品创新的鼓励和支持态度，考验着监管者的智慧。在总体金融风险可控的前提下，鼓励更多的金融机构、更多的社会力量参与到普惠金融的产品创新中，盘活存量资本的活力，引导普惠金融的良性循环发展。

（三）引导互联网金融等依法合规参与普惠金融

第三方支付在普惠金融方面已经发挥了巨大的作用，为降低现金使用量、扩大金融机构的服务范围做出了巨大的贡献，其价值有目共睹。但互联网金融存在的问题也不容忽视，特别是 P2P 平台跑路、失联更是影响极坏，因此 2016 年成为互联网金融的“监管年”“检查年”“整治年”。但互联网金融是发展普惠金融、弥补传统金融服务不足的重要路径选择。在信贷（P2P 网贷）、支付结算（第三方支付、移动支付）、投融资（互联网基金、互联网证券、互联网保险等）、征信体系建设（大数据金融）、风险管理与防范（大数据、云计算、区块链应用）等多个领域，互联网金融因其创新的商业模式表现强劲的生命力，是传统金融机构的有效补充。

《规划》提出，“对需要深入研究解决的难点问题，可在小范围内分类开展试点示范，待试点成熟后，再加以总结推广。各地区要在风险可控、依法合规的条件下，开展推进普惠金融发展试点，推动改革创新，加强实践验证。”因此，面对目前的互联网金融困局，北京地区应该积极与互联网金融相关各部委沟通协调，积极探索互联网金融、数字金融的发展模式、争取在北京地区开展普惠金融“试点”。

七、开展系统全面的普惠金融教育

金融消费者保护问题突出，主要有三个原因：一是金融风险和收益的关系问题，金融领域高收益伴随高风险，追求更高收益的欲望可能使其进入“风险陷阱”或“诈骗陷阱”；二是金融消费者的损失可能会远高于其日常消费，消费者金融投资可能是家庭全部资产、可能是养老金，一旦损失将严重影响家庭生活；三是金融消费者损失几乎很难全部追回。一般商品购买，消费者很快就能判断质量好坏，也很容易和他人讨论产品质量，投诉后经常会得到双倍或多倍补偿，但金融消费者往往需要经过较长时间才能知道是否有损失发生，而且一旦形成损失，几乎不可能100%收回本息，100%损失的情况也时有发生。

对普惠金融消费者的教育，需要系统的组织和实施，印度、俄罗斯、秘鲁等国的普惠金融教育就取得了很好的效果。系统性、全面性的普惠金融教育可以从教育对象、教育渠道和教育形式三方面展开，见图4－2。

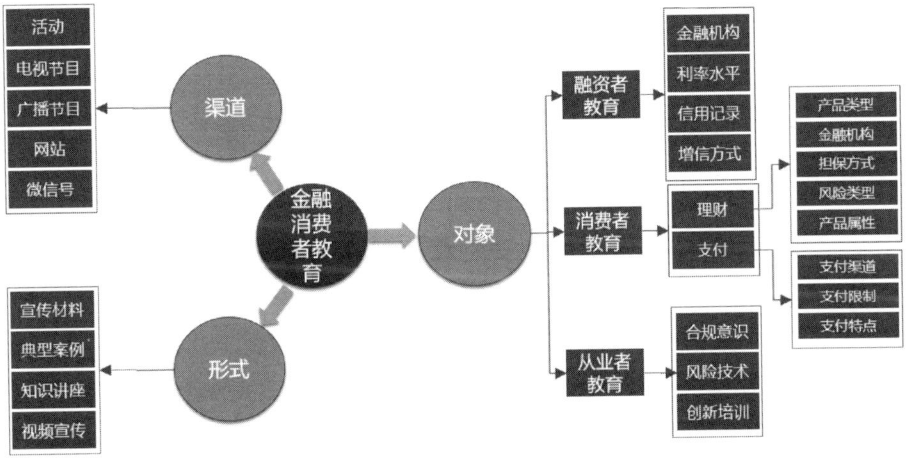

图4－2　普惠金融教育体系框架

（一）普惠金融教育对象

普惠金融教育对象应该从更加广泛的概念上讨论，普惠金融直接的相关方可以分为三类：金融消费者、融资者和金融从业者。

1. 消费者教育

金融消费者主要面临着庞氏骗局性诈骗、投资失败性损失、金融诈骗等风险，既有金融知识不足造成的损失，也有利益引诱造成的损失。金融是一个相对复杂的领域，很多消费者没有了解学习金融知识。消费者教育要综合考虑这样几方面内容：第一，系统性和趣味性结合。金融产品像个积木，由期限、利率、金额、机构、媒介、币种等要素组合成存款、理财、信托、资管、公募基金、私募基金、期货、期权、万能险等产品。基于金融产品的系统性设计趣味教育产品，更容易让广大金融消费者了解金融产品的特性；第二，风险因素和案例相结合。通过金融风险案例介绍投资产品金融机构、产品类型、担保方式、风险类型等风险要素；第三，示范与教育相结合。通过展示网点、ATM、网上银行、手机银行、第三方支付等支付渠道的操作流程，揭示每种支付方式的风险因素，达到消费者教育的目的。

2. 融资者教育

虽然借款者占据金融交易的主动，但也经常因为没有选择合适的借款产品、借款机构、适当增信方式，而被各种违法分子欺骗。融资者教育需要综合考虑这样几方面内容：第一，充分展示借款者的融资渠道。利用各种方式向潜在借款者展示其可以选择的商业银行、典当行、融资租赁、小贷公司等各种借款渠道及每种渠道的借款流程、利率水平、借款周期等相关要素，避免借款者因选择借款中介而受骗；第二，充分展示各种增信方式带来的成本降低作用。通过充分揭示抵押、质押、保证的意义和操作方式，让借款者充分了解降低借款成本的方式，避免陷入高利贷陷阱；第三，大力宣传维护信用的价值。让消费者了解影响自己信用的因素及维护信用的价值，避免借款者因为不当信用活动影响未来的融资成本。

3. 金融从业者教育

目前在传统大型金融机构之外，还有小贷公司、消费金融公司、保理公司、典当行、担保公司、租赁公司、村镇银行、信用互助合作社、合作社资金互助等各种金融机构。这些新兴金融机构起步较晚、根基浅，管理水平及人员素质参差不齐。机构从业人员教育需要综合考虑以下几个方面：第一，建立系统的从业培训体系。打破目前小贷公司、保理公司、典当行、担保公司、租赁公司、村镇银行、信用互助合作社、合作社资金互助等各种金融机构分业监管、分业培训的局面，建立系统性的微型金融机构从业培训体系；第二，合规意识和风险技术相结合。微型金融机构普遍存在合规水平低的问题，加强对从业人员的合规教育，既有利于提高从业人员的合规水平，也有利于了解从业人员的素质现状。同时，结合风险管理技术薄弱，风控团队的水平不高的特点，推动风险技术人员素质提升，这样才能促进健康的融资环境的形成，促进微型金融机构合法合规经营；第三，推动金融创新培训。通过对各种普惠金融模式和技术的总结，对从业人员进行创新模式、产品创新等培训，有利于增加成本更低的金融服务的供给。

（二）普惠金融教育渠道

普惠金融教育的对象极为宽泛，包括所有金融知识和金融经验不足的人群。因此，要利用传统模式和互联网模式各种渠道，尽可能增加宣传力度和效果。普惠金融宣传的渠道包括：一是宣传活动。在金融社区、学校、金融机构网点、人口集聚区进行普惠金融活动宣传，是最直接有效的渠道。二是广播节目和电视节目。通过录制节目进行普惠金融宣传，具有宣传面广的特点。三是网站和微信公众号。金融知识太多，利用网站和微信公众号等互联网渠道，可以实现普惠金融教育的持续性、系列性、全面性。

（三）普惠金融教育形式

金融知识专业性强，让普通消费者有一种陌生感，因此普惠金融教育要强调趣味性，通过有趣的故事、连环画、游戏等方式传播金融知识。普惠金融教育的形式包括：一是宣传材料，印制宣传材料是最传统的方式，也是最直接的方式。二是典型案例，将金融诈骗的典型案例汇集成册，以趣味的方式进行传播，具有信息量大的优势。三是知识讲座，在社区、电视、网站等进行反复播放，具有直观性的特点。

将各种各样系统化编制的纸质、音频、视频、电子等普惠金融宣传材料，通过线下等传统模式和互联网等线上模式系统性、趣味性地传播，将极大增强普惠金融教育的效果。普惠金融教育需要强调内容的完善性、针对性、趣味性，宣传渠道和形式的多样性。

八、建立覆盖面更广的征信体系

普惠金融重点服务人群缺乏信用记录是制约普惠金融发展的一个重要因素。完善普惠金融的发展环境，必须加强征信体系建设。

（一）努力实现人人有征信

在现有中国人民银行征信中心信贷交易记录的基础上，针对所有的社会主体进行征信建档，特别是农户、小微企业、个体工商户的征信建档工作，通过政府组织支持，依靠互联网技术等方式，推进征信体系的建设，力求人人有征信。

（二）丰富完善征信体系信息

随着互联网技术的发展，各个政府部门都存储了大量征信相关信息。为有效提高信用风险评估的准确性，应协调多部门，建立包含征信中心信息、反洗钱信息、司法审判信息、公安执法信息、交通违章信息、工商信息、税务信息、社保信息等各种信息在内的更加全面的个人征信体系。

（三）有效借助大数据技术完善征信系统

构建金融信用体系，建立健全基于大数据的互联网普惠金融信用评估咨询平台。互联网金融可以将个人或者企业的信用记录建立起来，形成可随时按法定程序查询、评估的大数据库。将符合条件的机构或平台接入征信系统，随着央行个人网上信用查询等服务逐步开通，整合互联网数据，可以为普惠金融服务平台构建良好的基础环境。要在切实防范金融风险，守住不发生系统性和区域性金融风险底线的基础上，逐步建立多层次、全覆盖、高效率的以行业自律、社会监督、市场抉择为主的金融风险预警机制。

（四）加快构建征信信息交互平台

作为普惠金融深化良性发展中的必备基础支持，征信数据的发展尚处于初始阶段，但良好的征信数据体系搭建是促使不同金融主体快速参与到普惠金融体系，使广大对象获得金融服务所必需的风险评估和判断的基础。因此，金融基础设施发展较好的北京地区，在全国率先开展征信体系建设有很强的指导意义和现实意义。

面对普惠金融对象大量存在首次授信以及信用状况变化大的特点，为了更好、更全面的让金融机构能够掌握普惠金融的征信情况，将现有的司法、工商税务、交通违章、养老保险、社保、医保、支付结算、人行清算、反洗钱等各种涉及个人和企业的信息进行整合的信息交互平台，将有效提高普惠金融金融服务的针对性和准确性。当然，相关部门就数据信息的整合也在尝试，但进展缓慢。为此，也可以转变思路建立一个可以与各平台相连接的接口平台，通过允许数据查询来解决第一层的数据需求问题，同时通过查询信息留存解决数据库建立问题。

九、创新普惠金融监管和协作

我国目前实行分业监管的金融监管模式，发放金融牌照的机构包括人民银行、银监会、证监会、保监会、商务部和地方金融工作部门。如何进行监管创新，协调好业务发展与金融稳定的关系，是构建和谐的普惠金融环境的重要内容。

创新监管需要重点关注以下几个方面的问题：

（一）建立统一的微型金融机构信息平台

微型金融机构都具有地方经营的特色，对各个监管单位来说，进行信息整合都有难度。就北京而言，建立北京地区统一的微型金融机构数据信息平台，可以有效对信息进行整合。

（二）建立统一的微型金融机构评级管理制度

微型金融机构规模较小，没有统一的信用管理制度和规则，通过地方金融机构评级工作，有利于提高北京地区金融管理水平。

（三）加强微型金融机构从业资格管理

为提高微型金融机构的管理水平，对微型金融机构从业人员进行合规培训、风险管理技术培训，将有利于提高微型金融机构管理水平。

（四）建立微型金融机构非现场检查体系

利用互联网通信技术、大数据分析技术、爬虫技术、数据挖掘技术等互联网相关技术，进行“互联网＋金融监管”模式创新，建立现代化的微型金融机构非现场检查体系，提高对微型金融机构的监管能力和监管水平。

十、建立完善的数据统计体系

在普惠金融研究中，面临金融统计数据的缺失和延续性不够两大问题，反映了北京地区对普惠金融缺乏较好的数据统计体系。而良好的数据统计体系是政策制定者评估普惠金融发展现状，不断优化和调整政策的必需凭据。在发展普惠金融的过程中，需要对普惠金融的重要统计指标做全面统计和持续性跟踪，在此基础上，恰当提炼出能够反映北京地区普惠金融发展现状的金融统计体系，既可为未来普惠金融指数研究提供基础，也能为政策制定者提供更多的政策参考。

（一）强化数据深度

从项目组开展课题收集数据的情况看，国家统计局、“一行三会”等层面的数据相对容易查找，北京地区及各区经济总量指标、金融资产指标、企业数量指标、企业和个人融资指标、各种金融产品指标等数据查询难度较大，甚至缺失。

（二）扩大数据覆盖面

从项目组开展课题收集数据的情况看，存款、贷款、支付结算、理财等金融产品的存量数据、总量数据容易查找，而交易笔数、交易发生额等数据很难查找，不利于对普惠金融受众对象的覆盖面和频度的分析。

（三）提高数据及时性

从收集数据的情况看，国家统计局、“一行三会”等层面的数据发布相对及时，一般在 1 ~6 个月内发布，各地方的数据则延迟 6 ~ 12 个月，数据发布相对落后。

（四）实现数据共享

各个政府部门都掌握大量的业务数据、经济数据及各种相关统计数据，但目前对外开放查询的数据相对较少，从公众服务的角度，在满足保密性的基础上，应该努力放宽可查询数据的范围，为普惠金融的分析提供更准确的信息。

参考文献

[1]SME Financial Inclusion Indicators Base Set. AFI. Nov 4,2015.

[2]Rwanda's Financial Inclusion Success Story. AFI. Jul 3,2014.

[3]Financial Inclusion:Can It Meet Multiple Macroeconomic Goals? Ratna Sahay, Sep 15,2015.

[4]Opportunities and Challenges in Driving Mobile Point of Sale Adoption in Africa. External Resource. Aug 11,2015.

[5]Financial citizenship report central bank brazil. GPFI. Mar 3,2015.

[6]GPFI SME Finance Subgroup 2016 Work Plan. GPFI. May 16,2016.

[7]A Study on the Effect of Financial Inclusion on the Relationship Between Income Inequality and Economic Growth. Jong - Hee Kim. 2016.

[8]GPFI Regulation and Standard - Setting Bodies Subgroup 2016 Work Plan GPFI. May 16,2016.

[9] GPFI Market and Payment Systems Subgroup 2016 Work Plan GPFI. May 16,2016.

[10] GPFI Financial Consumer Protection and Financial Literacy Subgroup 2016 Work Plan GPFI. May 16,2016.

[11] Global Standard - Setting Bodies and Financial Inclusion: The Evolving Landscape. GPFI. Feb 29,2016.

[12]Global Partnership for Financial Inclusion(GPFI)China 2016 Priorities Paper. GPFI. Jan 29,2016.

[13] Inclusive Growth and Development: 2015 Antalya Development Roadmap. GPFI. Nov 19,2015.

[14] Innovative Digital Payment Mechanisms Supporting Financial Inclusion Stocktaking Report. Nov 19,2015.

[15]The Use of Financial Inclusion Data Country Case Study_Peru. Jan 19,2014.

[16]Understanding Gender in Maldives. World Bank Group. Jan 19,2014.
[17]Microfinance Banks and Financial Inclusion. Martin Brown. May 3,2016.
[18]International Review of Management and Business Research. Bedjo Santoso. Mar 3,2015.
[19]Republic of India:Technical Assistance(non-lengding)for Financial inclusion initiative. Government of Meghalaya. Benjamin Guin. 2015.
[20] Financlial Inclusion, Productivity Shocks, and Consumption Volatility in Emerging Economics. Karolin Kirschenmann. 2014.
[21]Enhancing SME Access to Finance Case Studies. SME Finance Forum,2013.
[22] Financially Inclusive Ecosystems: The Roles of Government Today. Ahamed Kameel. 2014.
[23]杜晓明."双创"时代小额信贷企业的发展模式探究[J]. 商场现代化,2016(8):231-233.
[24]赵明元. 如何解决农村普惠金融发展问题——基于云南惠农支付点的实践调查研究[J]. 银行家,2016(4):114-117.
[25]马彧菲. 杜朝运普惠金融指数的构建及国际考察[J]. 国际经贸探索,2016,32(1):105-114.
[26]白钦先,高霞. 普惠金融发展的思考[J]. 中国金融,2016(3):45-47.
[27]许桂红. 普惠金融视角下农村金融机构的贷款定价策略[J]. 农业经济,2016(1):104-106.
[28]陈雪瑛. 互联网金融对农村普惠金融发展作用的探析[J]. 现代商业,2016(7):113-114.
[29]王馨. 对小微企业金融服务效率的评价[J]. 财经科学,2016(2):24-33.
[30]孙雅姗. 普惠金融视角下的陕西民间借贷规范化发展研究[J]. 北方经济,2016(1):66-69.
[31]国务院关于印发推进普惠金融发展规划(2016—2020年)的通知[J]. 中华人民共和国国务院公报,2016(3):6-12.
[32]杨杰钦. 基于普惠金融下突破我国小微企业融资难瓶颈的对策探析[J]. 湖南科技学院学报,2016,37(4):111-112.
[33]彭红丽. 基于普惠金融视角小微企业融资难问题分析[J]. 国际商务财会,

2016(3):41－43.
[34]李芒环. 我国新型农村合作金融组织的发展障碍与实现路径[J]. 农业经济,2016(1):109－110.
[35]许争. 移动支付与农村地区普惠金融服务发展问题探析[J]. 武汉金融,2016(2):57－60.
[36]蒋晓. 公益性小额信贷利率分析[J]. 合作经济与科技,2016(11):73－75.
[37]赵旭. 美国消费金融发展及对我国的借鉴研究[J]. 现代管理科学 CSSCI,2016(6):24－26.
[38]石明杰. 浅析网络金融的发展对农村普惠金融的影响[J]. 新经济,2016(12):52－52.
[39]王煜宇. 新型农村金融机构的制度障碍与法律完善[J]. 西北农林科技大学学报:社会科学版,2016,16(2):117－125.
[40]王亚茹. 新常态下加快我国普惠制金融建设研究[J]. 对外经贸,2016(2):101－102.
[41]李巧莎. 征信系统应用成效分析及效率提升建议[J]. 银行家,2016(4):110－113.
[42]钟慧安. 普惠金融的国际经验与启示[J]. 武汉金融. 2016(1):44－45.
[43]张忠宇. 我国农村普惠金融可持续发展问题研究[J]. 河北经贸大学学报,2016,37(1):80－85.
[44]苗昕. 关于山西省村镇银行发展及风险状况的调查[J]. 经济师,2016(1):179－180.
[45]陈郁城. 普惠金融国内外发展现状及比较分析[J]. 新经济,2016(11):64－66.
[46]李瑞红. 对商业银行普惠金融服务的几点思考[J]. 天津经济,2016(4):41－45.
[47]蔡晓军. 我国农村普惠金融发展现状分析[J]. 对外经贸,2016(4):93－95.
[48]马延霞. 普惠金融视阈下的社区银行发展研究[J]. 山东社会科学,2016(5):134－138.
[49]宋汉光. 可持续的普惠金融模式[J]. 中国金融,2016(3):48－49.

[50]蔺森山. 基于 IFI 指数的甘肃省普惠金融指标研究[J]. 甘肃科技纵横, 2015,44(12).
[51]何永清. 基于模糊一致偏好关系的农村金融普惠水平测度[J]. 研究理论探讨,2015(10).
[52]温跃. 打造普惠金融的度量标尺[J]. 金融时报,2014(7).
[53]罗斯丹,陈晓. 基于普惠金融综合指数的我国区域普惠金融发展水平测度[J]. 数学研究,2015(10).
[54]林秋萍. 普惠金融视角下农村金融发展与改革研究[J]. 金融教育研究, 2014(6).
[55]焦瑾璞. 中国普惠金融发展进程及实证研究[J]. 上海金融,2015(4).
[56]张见. 城镇地区普惠金融发展的调查研究——以吉林省为例[J]. 经济纵横,2016(3).
[57]刘勤昌. 对金昌市普惠金融政策执行绩效的调查[J]. 西部金融,2011(11).
[58]齐贵权. 发展普惠金融的可行性和路径选择——来自吉林阳光村镇银行的典型实践调查[J]. 银行家,2016(3).
[59]张玉茹. 农村普惠金融发展情况调查及建议[J]. 河北金融,2014(7).
[60]伍旭川. 基于全球视角的普惠金融指数研究[J]. 南方金融,2014(6).
[61]杜朝运. 基于省际数据的我国普惠金融发展测度[J]. 区域金融研究,2015(3).
[62]翟帅. 江苏省普惠金融指数及其影响因素研究[J]. 金融与理财,2015(12).
[63]祁永忠. 宁夏农村普惠金融发展研究——基于 IFI 指标的实证分析[J]. 农业经济·管理,2016(2).
[64]董鹏. 普惠金融发展的定量分析和对策研究:山东例证[J]. 北方金融,2015(9).
[65]王韦程. 普惠金融国外文献述评:内涵、度量及经济后果[J]. 金融理论与实践,2015(2).
[66]杨燕. 普惠金融水平的衡量及其对经济增长的影响——基于中国经济区域2005—2013 年的面板数据[J]. 金融与经济,2015(6).

[67]肖翔. 普惠金融指数的编制研究[J]. 武汉金融,2014(9).
[68]马彧菲. 普惠金融指数的构建及国际考察[J]. 国际经贸探索,2016(1).
[69]杨慧. 普惠金融指数核心指标体系构建研究[J]. 中国集体经济,2015(7).
[70]李明贤. 普惠制农村金融机构支农能力指标体系的构建[J]. 中南财经政法大学学报,2013(4).
[71]刘明. 山东省普惠金融发展现状及影响因素分析——基于普惠金融发展指数的实证研究[J]. 金融发展研究,2014(12).
[72]肖瑞. 中国各省普惠金融发展指数测算[J]. 财政金融,2015(31).
[73]何忠伟. 北京农村小额贷款公司支农探讨[J]. 中国集体经济,2010(3).
[74]曹伟. 北京农村金融发展现状研究[J]. 北京农学院学报,2011(2).
[75]周立. 北京市农村金融服务体系的重新构建[J]. 银行家,2009(9).
[76]曹洪谦. 北京市农户贷款调查[J]. 投资北京,2007(3).
[77]李海平. 关于北京市农村金融体系建设的思考及建议[J]. 北京农业职业学院学报,2011(3).
[78]小贷行业深度报告:存在即是合理,预期差铸就小贷投资价值[J]. 招商证券,2016(5).
[79]租赁行业深度报告:乘风而起,租赁启航[J]. 华泰证券,2016 年 4 月.
[80]互联网众筹行业系列报告 3:股权众筹,2016,股权众筹异彩纷呈之年[J]. 平安证券,2016(4).
[81]中国个人征信行业报告(2015):应时而生、雏形初现、任重道远[J]. 波士顿咨询公司,2016(3).
[82]银行业“银行新兴业务”系列报告之 16:普惠金融,不仅有情怀[J]. 中信建投,2016(3).
[83]消费金融行业专题研究报告:下一站消费[J]. 国泰君安,2016 年 3 月.
[84]银行行业:网商银行,普惠金融践行者[J]. 中信证券,2016(3).
[85]川财证券 · 互联网金融之第三方支付:在竞争和技术革新中前行[J]. 川财证券,2016(2).
[86]综合金融服务行业跟踪报告:国务院发布《推进普惠金融发展规划》,利好互联网金融[J]. 海通证券,2016(1).
[87]互联网金融行业 2016 年度策略报告:欲戴王冠必承其重[J]. 国信证券,

2015(12).

[88]银行业互联网金融专栏第17期:征信迎来监管指引,基础设施建设突进[J].中信证券,2015(12).

[89]互联网金融行业报告系列之三:蚂蚁金服之九层塔[J].安信证券,2015(10).

[90]农村互联网金融报告之一:在希望的田野上[J].阿里研究院,2015(5).

[91]软件行业:微众银行正式开业,互联网银行变革开始[J].国金证券,2015(5).

[92]银行行业:互联网+重新定义普惠金融,与传统金融错位竞争中合作[J].广发证券,2015(5).

[93]银行业互联网金融产业链研究一:从Zestfinance、芝麻信用看网络征信崛起[J].招商证券,2015(2).

[94]网络与服务行业:移动金融行业专题研究——移动金融迎来春天,潜力无限[J].国信证券,2015(2).

[95]互联网金融行业深度报告P2P行业专题之四:中国网贷行业,成长的烦恼[J].东方证券,2015(1).